Innovation
und Außenhandel

Wirtschaftswissenschaftliche Beiträge

Informationen über die Bände 1–74 sendet Ihnen auf Anfrage gerne der Verlag.

Band 75: W. Sesselmeier, Gewerkschaften und Lohnfindung, 1993, ISBN 3-7908-0659-5

Band 76: R. Frensch, Produktdifferenzierung und Arbeitsteilung, 1993, ISBN 3-7908-0663-3

Band 77: K. Kraft, Arbeitsmarktflexibilität, 1993, ISBN 3-7908-0666-8

Band 78: R. P. Hellbrück, Synergetik und Marktprozesse, 1993, ISBN 3-7908-0668-4

Band 79: L. Linnemann, Multinationale Unternehmungen und internationale Wirtschaftspolitik, 1993, ISBN 3-7908-0670-6

Band 80: K. Cuhls, Qualitätszirkel in japanischen und deutschen Unternehmen, 1993, ISBN 3-7908-0672-2

Band 81: B. Erke, Arbeitslosigkeit und Konjunktur auf segmentierten Arbeitsmärkten, 1993, ISBN 3-7908-0695-1

Band 82: M. Hillmer, Kausalanalyse makroökonomischer Zusammenhänge mit latenten Variablen, 1993, ISBN 3-7908-0703-6

Band 83: M. Heinisch, W. Lanthaler, Im Brennpunkt Universität, 1993, ISBN 3-7908-0713-3

Band 84: M. Göcke, Starke Hysteresis im Außenhandel, 1993, ISBN 3-7908-0722-2

Band 87: M. Raab, Steuerbeiträge, Kapitalmarktgleichgewicht und Unternehmensfinanzierung, 1993, ISBN 3-7908-0734-6

Band 88: K.-J. Duschek, Ein sequentielles empirisches allgemeines Gleichgewichtsmodell zur Beurteilung von Steuerreformprogrammen, 1993, ISBN 3-7908-0736-2

Band 89: R. Schwager, Geld überlappende Nachfragestruktur und bilaterale Transaktionen, 1994, ISBN 3-7908-0739-7

Band 90: M. Sander, Die Bestimmung und Steuerung des Wertes von Marken, 1994, ISBN 3-7908-0742-7

Band 91: T. Ursprung, Propaganda, Interessengruppen und direkte Demokratie, 1994, ISBN 3-7908-0743-5

Band 94: F. Kugler, Preisbildung auf spekulativen Märkten, 1994, ISBN 3-7908-0750-8

Band 95: J. Schmoranz, Die Energienachfrage privater Haushalte, 1994, ISBN 3-7908-0761-3

Band 96: M. Carlberg, Makroökonomische Szenarien für das vereinigte Deutschland, 1994, ISBN 3-7908-0763-X

Band 97: U. Schiller, Vertikale Unternehmensbeziehungen, 1994, ISBN 3-7908-0774-5

Band 98: S. Huschens, Zur Modellierung der Erwartungsbildung in makroökonomischen Modellen, 1994, ISBN 3-7908-0776-1

Band 99: T. Gerhards, Theorie und Empirie flexibler Wechselkurse, 1994, ISBN 3-7908-0780-X

Band 100: K. Morasch, Strategische Allianzen, 1994, ISBN 3-7908-0783-4

Band 101: N. Lamar, Makroökonomische Konvergenz und Währungssystem, 1994, ISBN 3-7908-0784-2

Band 102: G. M. Winkler, Entscheidungen und Präferenzen, 1994, ISBN 3-7908-0786-9

Band 104: C. Fantapié Altobelli, Kompensationsgeschäfte im internationalen Marketing, 1994, ISBN 3-7908-0801-6

Band 105: R. Wagner, Die Grenzen der Unternehmung, 1994, ISBN 3-7908-0812-1

Band 106: H. Richter, Marktorientierte Neugestaltung des Einkommensteuersystems, 1995, ISBN 3-7908-0819-9

Band 107: M. Graff, Bildung und technischer Fortschritt als Determinanten wirtschaftlicher Entwicklung, 1995, ISBN 3-7908-0820-2

Band 109: T. Kuhn, Theorie des kommunalen Finanzausgleichs, 1995, ISBN 3-7908-0828-8

Band 110: B. Schaden, Effektive Kapitalsteuerbelastung in Europa, 1995, ISBN 3-7908-0831-8

Band 111: G. Georgi, Job Shop Scheduling in der Produktion, 1995, ISBN 3-7908-0833-4

Band 112: V. Kaltefleiter, Die Entwicklungshilfe der Europäischen Union, 1995, ISBN 3-7908-0838-5

Band 113: B. Wieland, Telekommunikation und vertikale Integration, 1995, ISBN 3-7908-0849-0

Band 114: D. Lucke, Monetäre Strategien zur Stabilisierung der Weltwirtschaft, 1995, ISBN 3-7908-0856-3

Band 115: F. Merz, DAX-Future-Arbitrage, 1995, ISBN 3-7908-0859-8

Band 116: T. Köpke, Die Optionsbewertung an der Deutschen Terminbörse, 1995, ISBN 3-7908-0870-9

Band 117: F. Heinemann, Rationalisierbare Erwartungen, 1995, ISBN 3-7908-0888-1

Fortsetzung auf Seite 215

Thomas Trauth

Innovation und Außenhandel

Ein Beitrag zur Theorie des endogenen Wachstums in interdependenten Volkswirtschaften

Mit 30 Abbildungen
und 7 Tabellen

Physica-Verlag
Ein Unternehmen
des Springer-Verlags

Reihenherausgeber
Werner A. Müller

Autor
Dr. Thomas Trauth
Schweizerische
Rückversicherungs-Gesellschaft
Economic Research
Mythenquai 50/60
Postfach
CH-8022 Zürich, Schweiz

ISBN-13: 978-3-7908-1019-6 e-ISBN-13: 978-3-642-47004-2
DOI: 10.1007/978-3-642-47004-2

Die Deutsche Bibliothek – CIP-Einheitsaufnahme
Trauth, Thomas: Innovation und Außenhandel: ein Beitrag zur Theorie des endogenen Wachstums in interdependenten Volkswirtschaften / Thomas Trauth. – Heidelberg: Physica-Verl., 1997
(Wirtschaftswissenschaftliche Beiträge; Bd. 145)
Zugl.: Mainz, Univ., Diss., 1996

Umschlaggestaltung: Erich Kirchner, Heidelberg

SPIN 10627692 88/2202-5 4 3 2 1 0 – Gedruckt auf säurefreiem Papier

Vorwort

Die vorliegende Arbeit entstand als Dissertationsschrift während meiner Zeit als Assistent am Institut für Allgemeine und Außenwirtschaftstheorie an der Johannes Gutenberg-Universität Mainz. An erster Stelle möchte ich meinem Doktorvater, Herrn Professor Klaus Rose, danken, der durch seine Anleitung und Unterstützung wesentlich zum Gelingen dieser Arbeit beigetragen hat. Mein Dank gilt auch Herrn Professor Karlhans Sauernheimer, der im Oktober 1994, nach der Emeritierung von Herrn Professor Rose, die Leitung des Instituts übernommen hat und als Zweitreferent fungierte. Herr Professor Sauernheimer war ein stets bereitwilliger Diskussionspartner, der mir viele sehr nützliche Hinweise geben konnte. Darüber hinaus möchte ich mich ganz herzlich bei Herrn Professor Michael Frenkel bedanken, der nicht nur das Manuskript gelesen und mit wertvollen Anregungen versehen hat, sondern stets ein bereitwilliger Diskussionspartner und freundschaftlicher Ratgeber war.

Dank gebührt auch Herrn Ralf Fendel, der das Manuskript gelesen und wertvolle Verbesserungsvorschläge gemacht hat. Wichtige Anregungen habe ich auch von Herrn Günter Schmidt erhalten. Last but not least möchte ich mich bei der "besten" Sekretärin, Frau Christel Giebel, bedanken, die das Manuskript unermüdlich nach Schreibfehlern und sprachlichen Mängeln durchsucht hat.

Thomas Trauth

Inhaltsverzeichnis

Verzeichnis der Abbildungen

Verzeichnis der Tabellen

Kapitel 1

Problemstellung und empirische Bestandsaufnahme

1.1 Zielsetzung und Aufbau der Arbeit

Die vorliegende Arbeit beschäftigt sich mit den Zusammenhängen zwischen Innovationen, dem Wachstum einer Volkswirtschaft und dem Außenhandel. Ende der 80er und Anfang der 90er Jahre hat sich in der wirtschaftswissenschaftlichen Fachliteratur ein Zweig herausgebildet, der genau diese Zusammenhänge zum Gegenstand hat. In der Zeit davor wurden die genannten Untersuchungsgegenstände in den Disziplinen Industrieökonomik, Wachstumstheorie und Außenhandelstheorie isoliert behandelt. Es traten nur vereinzelt Verknüpfungspunkte auf. So etwa bei der Frage, inwieweit ein Outputwachstum den Handel beeinflußt, wobei das Wachstum vereinfachend als exogene Veränderung der Faktorproduktivität modelliert wurde.[1] Während der letzten zehn Jahre gab es sowohl in der Wachstumstheorie als auch in der Handelstheorie wichtige Weiterentwicklungen. In der Wachstumstheorie gelang es, Modelle zu entwickeln, die den Wachstumsmotor endogen erklären können. Zuvor war es zwar möglich gewesen, die Eigenschaften eines gleichgewichtigen und stabilen Wachstumspfades abzuleiten, die gleichgewichtige Wachstumsrate blieb jedoch exogen. Im Gegensatz dazu gelingt es der *endogenen* oder auch *Neuen Wachstumstheorie*,[2] die gleichgewichtige Wachstumsrate zu endogenisieren, also die Funktionsweise des Wachstumsmotors

---

[1] Vgl. hierzu den Überblicksartikel von Findlay (1984).

[2] Beide Begriffe werden häufig synonym verwendet, wobei in dieser Arbeit der Terminus "Neue Wachstumstheorie" Verwendung finden wird. Zwar ist diese Bezeichnung nicht sonderlich glücklich gewählt, wird doch dieser Literaturzweig früher oder später nicht mehr "neu" sein, jedoch vermag der Begriff "Endogene Wachstumstheorie" auch nicht zu überzeugen. Schließlich sollte es ja selbstverständliches Ziel jeder Wachstumstheorie sein, die Wachtsumsursachen modellendogen zu beschreiben.

zu erklären. Auf die hierbei verwendeten Konzepte wird im einzelnen im Kapitel 2 eingegangen.[3] Ein besonders wichtiger Modelltyp der Neuen Wachstumstheorie erklärt den Wachstumsmotor über die Innovationstätigkeiten (Forschungs- und Entwicklungstätigkeiten) privater Unternehmer und verwendet dazu Konzepte aus der Industrieökonomik. Die Grundideen dieses Ansatzes gehen auf Schumpeter (1934 und 1942) sowie Schmookler (1966) zurück. Bereits diese Autoren haben die These vertreten, daß die Innovationen privater Unternehmer die Hauptantriebskräfte des Wachstumsmotors sind. Da privaten Innovationstätigkeiten immer Wirtschaftlichkeitsüberlegungen zugrunde liegen, müssen folglich Marktzusammenhänge einen Einfluß auf das wirtschaftliche Wachstum haben. In der Neuen Wachstumstheorie wird aufbauend auf diesen Ideen versucht, die relevanten Marktkräfte zu identifizieren und zu untersuchen, wie verschiedene Einflußgrößen, wie etwa der Handel oder wirtschaftspolitische Maßnahmen, die Innovationsrate und damit den technischen Fortschritt beeinflußen. Dabei wird die Annahme vollkommener Güter- und Faktormärkte aufgegeben, die in der neoklassischen Wachstumstheorie vorherrschend war. Ein Hauptargument dieser Theorie ist nämlich, daß die Innovationsanreize besonders dann groß sind, wenn innovative Unternehmen zumindest zeitweilig Vorsprungsgewinne realisieren können, diese sich also zeitweilig dem direkten Wettbewerb zu entziehen vermögen.

Auch die *Neue Handelstheorie* rückt von dem bis dahin herrschenden Konzept der vollkommenen Güter- und Faktormärkte ab und führt Marktunvollkommenheiten ein. Darüber hinaus wird es durch das Abrücken vom Zwei-Güter-Konzept und der Einführung von differenzierten Gütersets möglich, intraindustriellen Handel und eine neue Art von Handelsgewinnen zu beschreiben, die aus der Verfügbarkeit einer größeren Produktvielfalt resultieren (*Love-for-variety*-Konzept).[4]

Vor allem den Autoren Grossman und Helpman (1991) sowie Rivera-Batiz und Romer (1991a und 1991b) kommt das Verdienst zu, die vorgestellten Literaturrichtungen in einem einheitlichen Modellrahmen zu verbinden. Dadurch ist es möglich, sowohl den Einfluß des Außenhandels auf den Wachstumsmotor, die

---

[3] Einen Überblick zu den verschiedenen Ansatzmöglichkeiten der Endogenisierung des Wachstumsprozesses liefern Barro und Sala-i-Martin (1995), Flemming und Götz (1993), Fratianni und Huang (1995), Gries, Wigger und Hentschel (1994), Homburg (1995), Hammond und Rodriguez-Clare (1993), Helpman (1992), Schneider und Ziesemer (1995) sowie Verspagen (1992).

[4] Überblicksartikel zu den neueren Entwicklungen in der Handelstheorie finden sich beispielsweise bei Bender (1994) sowie Greenaway und Winters (1994).

dynamischen Handelsgewinne als auch die aus der Forschung und Entwicklung (F&E) resultierenden Handelsstruktureffekte zu untersuchen.[5]

In der vorliegenden Arbeit wird davon ausgegangen, daß vor allem der private F&E-Sektor den Wachstumsmotor antreibt. Hierbei wird ein Modelltyp zugrunde gelegt, der auf Romer (1990b) zurückgeht. Bevor jedoch dieses Modell diskutiert wird, soll im Kapitel 2 ein kurzer Überblick über die wichtigsten Ansätze der Neuen Wachstumstheorie gegeben werden. Da die moderne Wachstumstheorie in vielerlei Hinsicht auf die Arbeiten von Solow (1956) und Swan (1956) zurückgeht, bildet ein modifiziertes Solow-Swan-Modell die Grundlage für die Diskussion der weiteren Modellentwicklungen. Ein Mangel dieses Modells besteht darin, daß es nicht möglich ist, mit modellendogenen Elementen Wachstumspfade mit dauerhaft positiven Wachstumsraten zu beschreiben. Dies gelingt nur durch die Einführung von exogenem technischen Fortschritt. Es schließen sich kurze Beschreibungen von Wachstumsmodellen an, die auf unterschiedliche Weise modellendogene Wachstumspfade mit positiven Wachstumsraten generieren können. Es wird weniger Wert auf eine vollständige Diskussion der Modelle gelegt als vielmehr versucht, die grundlegende Modellmechanik zu erklären. Dabei wird jeweils auf die Stärken und Schwächen dieser Ansätze hingewiesen.

Im Kapitel 3 wird das F&E-Modell vorgestellt, das die Basis dieser Arbeit bildet. Es ist ein etwas modifiziertes Romer-Modell (1990b). Es sollen die grundlegenden Zusammenhänge verdeutlicht werden, die zum Verständnis der folgenden Kapitel notwendig sind. Im Romer-Modell wird der technische Fortschritt und damit der Wachstumsmotor über private gewinnorientierte F&E-Unternehmen vorangetrieben, die neue Kapitalgüter entwickeln und deren Einsatz die totale Faktorproduktivität erhöht. Zunächst wird vom Autarkiefall ausgegangen und sowohl die Implikationen einer rein marktgesteuerten Volkswirtschaft als auch die einer von einem wohlmeinenden Planer gelenkten Volkswirtschaft abgeleitet und verglichen.

Kapitel 4 bildet den Hauptteil der Arbeit. Nach der klassifizierenden Diskussion der Integrationseffekte werden anhand verschiedener Modellvarianten die Wachstumswirkungen beim Übergang von Autarkie zu Freihandel untersucht. Für die Integrationseffekte kommt es entscheidend darauf an, ob und wie sich die Länder unterscheiden und ob es neben dem Güterhandel auch zu einem internatio-

[5] Einen Überblick zu den Wachstumswirkungen handelsliberalisierender Maßnahmen geben Frenkel und Trauth (1996a).

nalen Austausch des technischen Wissens kommt. Deshalb wird zunächst der Fall der Integration gleicher Länder untersucht, um dann in einer vergleichenden Analyse der Frage nachzugehen, wie die Ergebnisse zu modifizieren sind, wenn sich die Länder in der Ausstattung mit Humankapital, der Produktivität und den Präferenzen unterscheiden. Diese Untersuchungen werden zum einen für den Fall fehlender internationaler Wissensdiffusion und zum anderen für den Fall der vollkommenen internationalen Wissensdiffusion angestellt. Während des gesamten Kapitels wird versucht, Parallelen und Unterschiede zur traditionellen Handelstheorie aufzuzeigen. Es wird deutlich werden, daß einige Modellergebnisse in der Tradition des Heckscher-Ohlin-Modells stehen.

Im Kapitel 5 werden dann Subventionspolitiken untersucht. Da die marktgesteuerte Wirtschaft im Romer-Modell zwei Verzerrungen aufweist, kann eine adäquate Kombination von zwei Subventionsinstrumenten die Wohlfahrt verbessern. Im Kapitel 5.2 wird zunächst der Autarkie-Fall untersucht, wobei sich Implikationen für den optimalen Policy-mix ergeben. Es läßt sich zeigen, daß eine Erlössubvention für den monopolistischen Kapitalgütersektor einen anderen Policy-mix erforderlich macht als eine Kostensubvention. Anschließend, im Kapitel 5.3, werden die internationalen Rückwirkungen untersucht, die eine nationale Subventionspolitik nach sich zieht. Es ergeben sich interessante Implikationen. Eine Subventionspolitik in einem Land, das einen komparativen Nachteil im F&E-Sektor aufweist, führt zu einem größeren Wachstumseffekt als eine gleiche Subvention im relativ produktiveren Land. Es wird deutlich werden, daß eine Subventionspolitik, die in Autarkie gerechtfertigt ist, im internationalen Kontext weiteren Prüfungen zu unterziehen ist.

Das abschließende Kapitel faßt die wichtigsten Ergebnisse und Kritikpunkte zusammen und diskutiert wirtschaftspolitische Implikationen der behandelten Modelle. Insbesondere erfolgt eine kurze Bewertung der Uruguay-Beschlüsse von 1994 aus der Sicht der Neuen Wachstumstheorie.

1.2 Die ökonomischen Eigenschaften von Technologie

Während der gesamten Arbeit wird der technische Fortschritt eine herausragende Rolle spielen. Deshalb sollen zunächst einige grundsätzliche Überlegungen zu den

Eigenschaften und Wirkungen von Technologie vorangestellt werden.[6] Der technische Fortschritt macht es möglich, dauerhafte Wachstumsprozesse zu erklären. Hätten wir keinen technischen Fortschritt, würde eine Vermehrung der Produktionsfaktoren, etwa Arbeit und Kapital, dazu führen, daß früher oder später aufgrund abnehmender Grenzerträge der Wachstumsprozeß zum Erliegen kommen würde. Wenn es aber zusätzlich zur Vermehrung der Produktionsfaktoren auch noch möglich ist, diese aufgrund eines höheren Wissens oder aufgrund verbesserter Verfahren effizienter zu nutzen, können die Grenzerträge der Faktoren konstant gehalten oder gar erhöht werden. Romer (1990a) hat folgendes Gedankenexperiment entwickelt, das die Wirkung des technischen Fortschritts veranschaulicht. Es sei unterstellt, daß alle Faktoren einer Volkswirtschaft bei einem gegebenen technischen Wissen verdoppelt werden. Unter diesen Annahmen ist es intuitiv einleuchtend, daß sich auch der Output genau verdoppelt. Würde sich aber neben den Faktoren auch noch der Stand des technischen Wissens verdoppeln, würde der Output mit Sicherheit um mehr als das Zweifache steigen. Welche Eigenschaften des technischen Wissens führen nun dazu, daß die beschriebenen Wirkungen auftreten? Zum einen besteht für das technische Wissen *Nichtrivalität*, d. h. mehrere Wirtschaftssubjekte können unabhängig voneinander zur gleichen Zeit dieselbe Technologie verwenden, ohne sich gegenseitig zu beeinträchtigen. Zum anderen ist Technologie zumindest teilweise ein Gut, für das das *Nichtausschließbarkeitsprinzip* gilt. Derjenige, der neues Wissen generiert, ist oft nicht oder nur eingeschränkt in der Lage, andere davon abzuhalten, dieses Wissen zu nutzen. Es ist meist nicht möglich, Wissen geheimzuhalten, besonders dann, wenn marktgängige Produkte daraus resultieren. Sehr häufig sind nämlich über das Produkt selbst Rückschlüsse auf das technische Wissen möglich, das zur Herstellung notwendig ist (Reengineering).

Die Verwirklichung des Ausschlußprinzips bei einem Gut beruht entweder auf den technischen Gegebenheiten oder auf den rechtlichen Rahmenbedingungen. Beispielsweise kann das Eigentumsrecht an einem Auto im Prinzip durchgesetzt werden. Es besteht sowohl die Möglichkeit, das Auto mehr oder weniger effektiv vor Diebstahl zu schützen als auch den Eigentumsnachweis zu erbringen und gerichtlich zu verteidigen. Im Gegensatz dazu sind bei Computer-Software zwar die rechtlichen Rahmenbedingungen eindeutig geklärt (es ist nur derjenige zum

---

[6] Die Gedanken hierzu gehen auf Arrow (1962a) zurück. Weitere Ausführungen finden sich auch bei Romer (1990a und 1990b) sowie Grossman und Helpman (1991), S. 15f.

Benutzen einer Software berechtigt, der eine Lizenz dafür erworben hat), jedoch ist es ausgesprochen schwierig, diese Rechte auch durchzusetzen, da das Kopieren von Software sehr einfach und billig möglich ist und illegale Kopien nur sehr schwer ausfindig zu machen sind. Beim technischen Wissen ist es sogar noch schwieriger, das Ausschlußprinzip zu verwirklichen. Zwar ist es möglich, eine technische Neuerung vom Staat durch das Patentrecht schützen zu lassen, jedoch besteht auch hier die Schwierigkeit, die technische Neuerung genau zu definieren und das illegale Kopieren auch wirklich effektiv zu unterbinden. Dies gelingt in aller Regel nur für den Teil der Innovation, der an produktspezifische Kriterien geknüpft ist.

Das technische Wissen läßt sich gedanklich in zwei Komponenten zerlegen. Zum einen ist es das produktspezifische Wissen, das ein konkretes Produkt oder einen konkreten Produktionsprozeß betrifft. Zum anderen ist es die damit verbundene allgemeinere Information, die bei einer größeren Anzahl von Anwendungen genutzt werden kann.[7] Je allgemeiner das Wissen ist, desto schlechter läßt es sich durch ein Patent schützen. Als Beispiel kann die Erfindung des schnellaufenden Verbrennungsmotors durch Gottlieb Daimler und Wilhelm Maybach angeführt werden, der 1883 patentiert wurde. Zwar konnte Gottlieb Daimler zunächst zusammen mit Carl Benz, der unabhängig von Daimler und Maybach einen eigenen Verbrennungsmotor entwickelte, diese Erfindung nutzen, um das erste Automobilunternehmen zu gründen, gleichwohl griffen andere Unternehmen das Prinzip des Verbrennungsmotors und die Idee, denselben zum Antrieb von Fahrzeugen zur Personenbeförderung einzusetzen, auf und nutzten beides für weitere Entwicklungen.

Damit wird eine weitere Eigenschaft des technischen Wissens beleuchtet: Das technische Wissen ist ein Input für weitere Innovationen und Produktionsprozesse. Da das Wissen teilweise frei verfügbar ist, spricht man auch von einem Wissens-Spillover. Der Produktionsfaktor Wissen unterscheidet sich zumindest in zwei Aspekten von den herkömmlichen Produktionsfaktoren. Zum einen kann das Wissen ohne Grenzen wachsen, d. h. es gibt keine physischen Grenzen des Wissensstocks. Zum anderen scheinen die Grenzerträge bei der Wissensvergrößerung nicht abzunehmen, sondern konstant zu sein. Es ist nämlich weder plausibel anzunehmen, daß die Ideen und Erkenntnisgewinne der heutigen Wissenschaftler besser oder schlechter als die der zukünftigen Forscher sind,

---

[7] Diese Unterscheidung geht auf Schmookler (1966) zurück.

noch daß sie besser oder schlechter als die der vorangegangenen Forscher sind. Die hier beschriebenen Aspekte des technischen Wissens spielen eine wichtige Rolle in den Modellen der folgenden Kapitel dieser Arbeit.

1.3 Einige empirische Befunde

Ausgangspunkt der neueren Forschung, insbesondere auf dem Gebiet der Wachstumstheorie, waren einige empirische Erkenntnisse, die sich nicht befriedigend durch die traditionelle Wachstumstheorie erklären lassen. Barro und Sala-i-Martin (1995) führen die folgenden stilisierten Fakten der Wachstumstheorie auf, die auf Kaldor (1961) zurückgehen:[8]

(1) Der Pro-Kopf-Output wächst beständig, ohne daß die Wachstumsrate im Zeitablauf abnimmt.

(2) Die Wachstumsraten des Pro-Kopf-Outputs unterscheiden sich im internationalen Vergleich deutlich.

(3) Die Sachkapitalausstattung je Arbeiter (Kapitalintensität) wächst beständig an.

(4) Das Verhältnis von Sachkapital zu Output (Kapitalkoeffizient) ist annähernd konstant.

(5) Die Kapitalerträge sind annähernd konstant.

(6) Die Einkommensanteile von Arbeit und Sachkapital am gesamten Volkseinkommen sind annähernd konstant.

Die Fakten (3) bis (6) sind mit der traditionellen Wachstumstheorie kompatibel, wobei jedoch von einem exogen gegebenen technischen Fortschritt ausgegangen werden muß, der allein das Wachstumstempo bestimmt. Damit bleiben aber die Fakten (1) und (2) letztlich unerklärt. Zum einen kann nur ein exogenes Modellelement, der technische Fortschritt, dauerhaftes Wachstum des Pro-Kopf-Einkommens erklären. Bei fehlendem technischen Fortschritt würde der Wachstumsprozeß früher oder später zum Erliegen kommen. Zum anderen sind damit auch die internationalen Differenzen in der Wachstumsdynamik nicht erklärt, die darüber hinaus von systematischen Einflußfaktoren abzuhängen scheinen. Eine große Vielzahl empirischer Studien hat sich deshalb mit der Analyse von Querschnittsdaten beschäftigt, um systematische Einflußfaktoren auf die Wachstums-

[8] Vgl. Barro und Sala-i-Martin (1995), S. 5f.

raten zu erklären. Die wichtigsten Ergebnisse können wie folgt zusammengefaßt werden:[9]

- Innerhalb von Ländergruppen, die ähnliche wirtschaftspolitische Rahmenbedingungen aufweisen, sind niedrige Einkommensniveaus mit relativ hohen Wachstumsraten korreliert, so daß sich die Einkommensniveaus angleichen. Man bezeichnet dies auch als *conditional β convergence*.
- Zwischen der Investitionsquote und der Wachstumsrate des Inlandsprodukts besteht ein positiver Zusammenhang.
- Verschiedene Maße für den Humankapitalbestand einer Volkswirtschaft, so etwa der Anteil der Bevölkerung, der eine weiterführende Schulausbildung genossen hat, oder die Alphabetisierungsquote, sind positiv mit dem Wachstum des Pro-Kopf-Einkommens verknüpft.
- Das Bevölkerungswachstum ist negativ korreliert mit der Wachstumsrate des Pro-Kopf-Einkommens.
- Politische Instabilität, beispielsweise gemessen an der Anzahl von Revolutionen oder Kriegen, ist negativ korreliert mit dem Wachstumstempo.
- Länder mit stark verzerrten Märkten, gemessen beispielsweise durch die Schwarzmarktprämie am Devisenmarkt oder dem Ausmaß an Handelsbeschränkungen, weisen geringere Wachstumsraten auf.
- Länder mit funktionierenden Finanzmärkten, gemessen beispielsweise durch das Verhältnis der liquiden Wertpapiere zum Einkommen, weisen eher höhere Wachstumsraten auf.

In dieser Arbeit soll nun die besondere Rolle des Handels und die Bedeutung der Erforschung und Entwicklung neuer Produkte für den technischen Fortschritt und damit der Wachstumsdynamik untersucht werden. Darüber hinaus wird in der vorliegenden Arbeit der Frage nachgegangen, welche Interdependenzen zwischen der Innovationsrate und dem Handel bestehen.

Zunächst sollen einige Daten zu grundlegenden Entwicklungstrends vorgestellt werden. So ist nach einer Studie der OECD, die von Maddison (1995) angefertigt wurde, die Weltproduktion zwischen den Jahren 1820 und 1992 um das 40fache gestiegen. Dieser Anstieg war ausreichend, um das durchschnittliche Welt-Pro-Kopf-Einkommen um das 8fache steigen zu lassen. Diese Entwicklung der Ein-

---

[9] Vgl. hierzu Mankiw (1995), S. 302, sowie Grossman und Helpman (1991), S. 2f. Es gibt eine große Anzahl empirischer Querschnittsanalysen, von denen hier nur einige genannt seien: Kormendi und Meguire (1985), Barro (1991 und 1996), Mankiw, Romer und Weil (1992), Fischer (1991 und 1993) sowie King und Levine (1993a und 1993b).

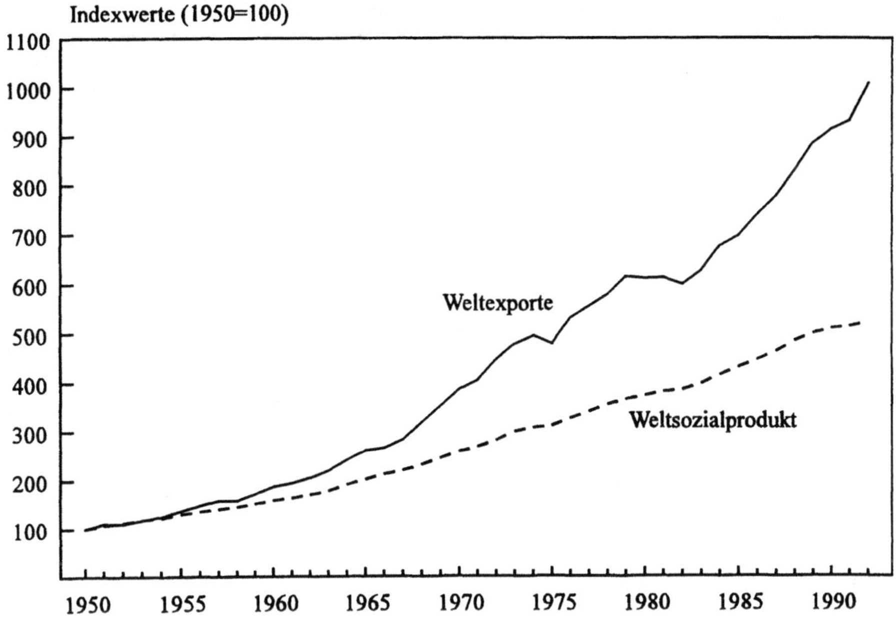

Abb. 1.1: Welthandel und Weltsozialprodukt;
Quelle: Maddison (1995), Tabellen G-2 und I-4.

kommen ging einher mit einer noch stärkeren Expansion des Welthandels. So wuchsen die Weltexporte zwischen 1820 und 1992 um das 520fache. Selbst wenn man einen kürzeren Zeitraum wählt, kann diese Entwicklung nachgezeichnet werden. Abb. 1.1 zeigt, daß sich zwischen 1950 und 1992 das Weltsozialprodukt verfünffacht und die Weltexporte verzehnfacht haben. Das durchschnittliche Welt-Pro-Kopf-Einkommen ist in diesem Zeitraum um das 2,5fache gestiegen (nicht abgebildet).

Leider konnten nicht alle Länder gleichermaßen an der Vergrößerung der Lebensstandards partizipieren. Dies verdeutlicht Abb. 1.2. Während die führende Wirtschaftsnation der letzten Jahrzehnte, die USA, das Pro-Kopf-Einkommen zwischen 1950 und 1992 verdoppeln konnte, gelang es beispielsweise der Bundesrepublik Deutschland, das Pro-Kopf-Einkommen um mehr als das 4fache zu steigern, Japan gar um mehr als das 10fache und Singapur um das 7,5fache (zwischen 1960 und 1992). Andere Länder, wie Burundi und der Tschad, mußten hingegen massive Realeinkommenseinbußen von 12% und 45% hinnehmen (zwischen 1960 und 1992). Erschreckend groß sind die Unterschiede der Einkom-

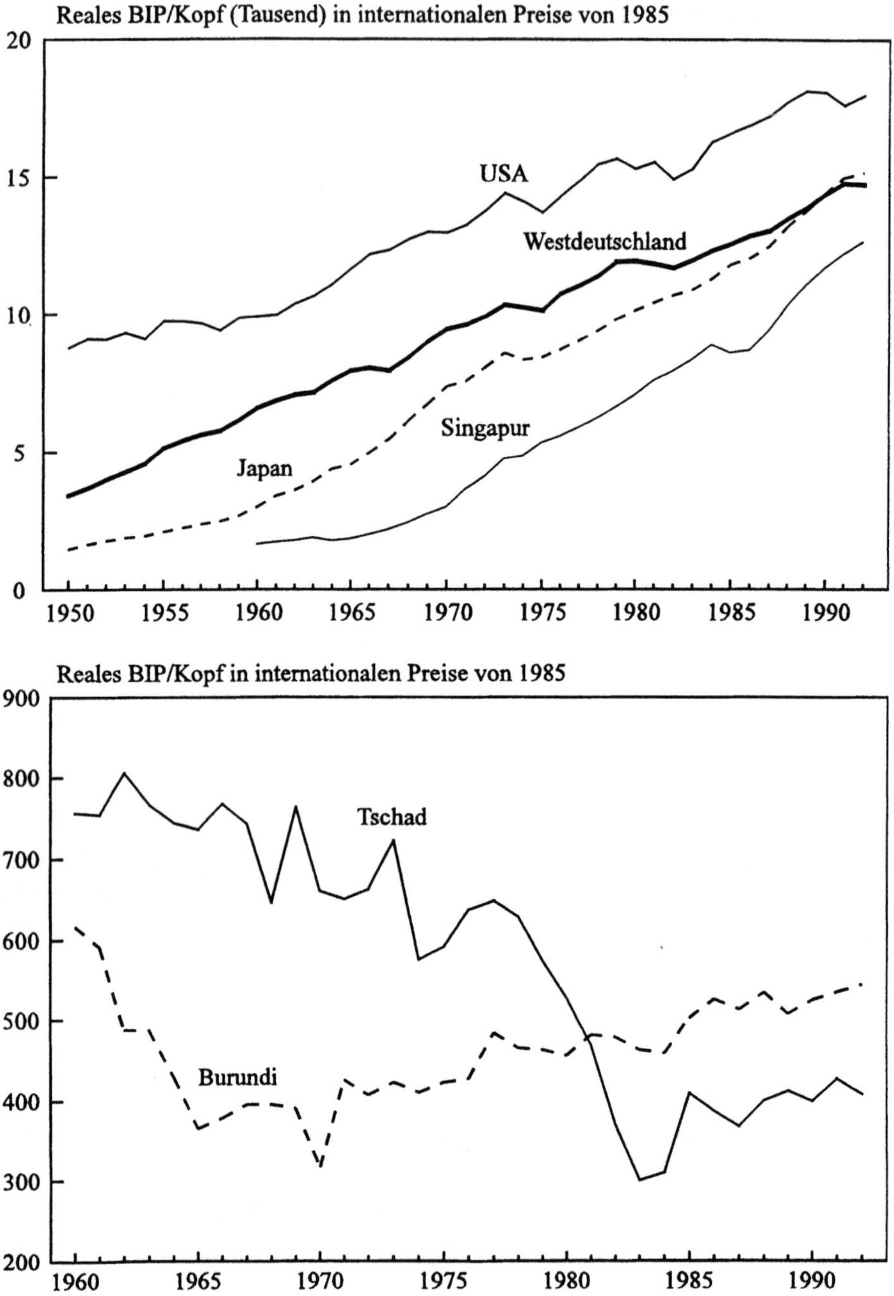

Abb. 1.2: Wachstum in ausgewählten Ländern; Daten aus: Penn World Table Version 5.6 von Summers und Heston (1991).

mensniveaus zwischen den Ländern: So hatte ein US-Amerikaner 1992 durchschnittlich das 44fache Einkommen eines Einwohners des Tschads zur Verfügung.

Abb. 1.1 legt die Vermutung nahe, daß die Entwicklung des Welthandels die Wachstumsdynamik begünstigt haben könnte. In der Tat gibt es eine Reihe von Studien, die versuchen, den positiven Effekt des internationalen Handels auf das Wachstum und die Wohlfahrt der Nationen nachzuweisen. Empirische Studien zum Zusammenhang von Außenhandel und Wachstum sind im Ansatz sehr unterschiedlich und bisher weder ausgereift noch direkt miteinander vergleichbar. So hebt auch der Internationale Währungsfonds (1994a) hervor, daß sich solche Studien vor allem deshalb schwierig gestalten, weil sie Daten zur Protektion voraussetzen, die zwischen Ländern (bei Querschittsanalysen) und unterschiedlichen Zeiträumen (bei Längsschnittanalysen) vergleichbar sind. Gerade die Quantifizierung der Größe "Offenheit heimischer Märkte gegenüber dem Weltmarkt" ist jedoch mit erheblichen Problemen in bezug auf die Definition und die Zusammenfassung von Maßnahmen und Daten für einzelne Märkte zu einer Makrogröße verbunden. So verwundert es nicht, daß die bisher durchgeführten Studien diese Probleme auf sehr unterschiedliche Weise zu lösen versuchen. Des weiteren besteht ein Problem darin, daß handelsliberalisierende Maßnahmen in der Regel nicht isoliert vorgenommen werden, sondern meist Teil eines umfassenderen Reformprogrammes sind. Deshalb findet häufig gleichzeitig die Freigabe von vorher staatlich fixierten Preisen, die Privatisierung vormals staatlicher Unternehmen, eine Deregulierung und eine veränderter Budgetpolitik statt.

Baldwin (1989) hat die Effekte geschätzt, die sich in der Folge des Binnenmarktprogramms der EG nach 1992 einstellen. Er kritisiert in dieser Arbeit den Cecchini-Bericht der Europäischen Kommission, der nur die einmaligen Effekte der Handelsliberalisierung berücksichtigt. Der Cecchini-Bericht berechnet die Steigerung des Sozialprodukts mit 2,5% bis 6,5%. Nach Baldwins Berechnungen sind jedoch die Handelsgewinne deutlich höher, was insbesondere durch die zusätzliche Berücksichtigung dauerhaft gestiegener Wachstumsraten resultiert. Baldwin kommt zu dem Ergebnis, daß die jährlichen Wachstumsraten nach 1992 in den EG-Ländern um 0,3 bis 0,8 Prozentpunkte höher liegen.[10]

---

[10] Die Ergebnisse von Baldwin (1989) werden auch von einer neueren Studie von Henrekson, Torstensson und Torstensson (1996) bestätigt, die für die EG und die EFTA Mitgliedsländer ein signifikant höheres Wachstum beobachten als für die Nichtmitgliedsländer. Einen Überblick (Fortsetzung...)

Neuere empirische Analysen zum Einfluß des Offenheitsgrades auf die Wachstumsraten wurden beispielsweise von Syrquin und Chenery (1989), Dollar (1992), Edwards (1992), Harrison (1995) sowie Sachs und Warner (1995) durchgeführt. Den genannten Arbeiten ist gemeinsam, daß sie Querschnittsdaten analysieren. Dabei werden unterschiedliche Kriterien für den Offenheitsgrad verwendet und unterschiedliche Ländergruppen untersucht. Jedoch gelangen alle Studien zu dem Ergebnis, daß Länder, die sich dem Weltmarkt öffnen, ein höheres Wachstumstempo aufweisen. Beispielsweise haben Sachs und Warner (1995) 111 Länder in offene und geschlossene Volkswirtschaften eingeteilt. Dabei ist nach ihrer Definition eine Volkswirtschaft dann geschlossen, wenn mindestens einer der folgenden fünf Punkte zutrifft:[11]

(1) Mindestens 40% des Handelsvolumens eines Landes ist von nichttarifären Handelsschranken betroffen.
(2) Die durchschnittlichen Zollsätze sind 40% oder mehr.
(3) Der Schwarzmarktwechselkurs ist um 20% oder mehr gegenüber dem offiziellen Wechselkurs abgewertet.
(4) Die Volkswirtschaft ist sozialistisch organisiert.
(5) Es besteht ein Staatsmonopol für die wichtigsten Exportgüter.

Ein Land ist nach ihrer Definition dann offen, wenn keiner der genannten Punkte zutrifft. Sachs und Warner gelangen zu dem Ergebnis, daß im Zeitraum von 1970 bis 1989 die offenen Entwicklungsländer im Durchschnitt mit einer jährlichen Rate von 4,49%, die geschlossenen Entwicklungsländer hingegen nur mit einer Rate von 0,69% gewachsen sind. In der Gruppe der Industrieländer wuchsen im gleichen Zeitraum die offenen Volkswirtschaften im Durchschnitt mit einer Jahresrate von 2,29% und die geschlossenen Volkswirtschaften mit einer Rate von 0,74%.[12] Aus den Zahlen wird deutlich, daß die geschlossenen Entwicklungsländer etwa mit der gleichen Rate gewachsen sind wie die geschlossenen Industrieländer, während die offenen Entwicklungsländer schneller als die offenen Industrieländer wachsen. Dies ist ein Indiz dafür, daß sich die Einkommensniveaus der offenen Länder anzugleichen scheinen, während die Einkommensunterschiede zwischen den geschlossenen Ländern scheinbar bestehenbleiben.

---

[10] (...Fortsetzung)
über empirische Studien zu den Wachstumswirkungen der europäischen Integration geben Baldwin und Seghezza (1996).

[11] Vgl. Sachs und Warner (1995), S. 22.

[12] Vgl. Sachs und Warner (1995), S. 35f.

Auch dieser Frage sind Sachs und Warner in weitergehenden Konvergenzanalysen nachgegangen und haben in der Tat β-Konvergenz[13] in der Ländergruppe der offenen Volkswirtschaften feststellen können, während die Einkommensniveaus der geschlossenen Volkswirtschaften nicht konvergieren. Dieses Ergebnis wird auch von Ben-David (1995) bestätigt, der für 25 Länder unterschiedliche Gruppen von Handelspartnern gebildet hat. Dabei stellt er fest, daß sich zwischen 1960 und 1985 innerhalb der meisten dieser Gruppen die Einkommensunterschiede signifikant vermindert haben. Außerdem bauen sich die Einkommensunterschiede um so schneller ab, je größer der Umfang des Außenhandels ist. Die Konvergenz-Hypothese kann auch mit Hilfe einer etwas anderen Methode untersucht werden, nämlich wie sich die jährlichen Streuungsmaße der Einkommensniveaus verändern (σ-Konvergenz). Auch hier hat Ben-David (1993 und 1994) gezeigt, daß eine Handelsliberalisierung zur Konvergenz der Einkommen führt.

Eine weitere Möglichkeit, die Wachstumswirkung von handelsliberalisierenden Maßnahmen zu untersuchen, besteht darin, die durchschnittlichen Wachstumsraten vor und nach einem Regimewechsel zu vergleichen. So haben Sachs und Warner (1995) das Wachstum in solchen Ländern beobachtet, die, ausgehend von einer protektionistische Handelspolitik, zu Freihandel übergegangen sind. In der Tabelle 1.1 sind die Ergebnisse aufgeführt. In fast allen Fällen hat der Übergang zu Freihandel das Wachstum beschleunigt.

In den letzten Jahren wurden einige Studien angefertigt, die die Rolle der F&E-Aktivitäten für das Wachstum zum Gegenstand haben. Es ergeben sich jedoch eine ganze Reihe empirischer Probleme. So ist es beispielsweise sehr schwierig, den Beitrag der F&E-Aktivitäten auf das Wachstum der totalen Faktorproduktivität zu isolieren. Darüber hinaus muß das technische Wissen in irgendeiner Form gemessen werden, was naturgemäß nur mit Hilfe von Indikatoren möglich ist und somit das Problem der geeigneten Wahl eines solchen Indikators aufwirft.[14] Bevor nun die Studien im einzelnen vorgestellt werden, sollen zunächst einige Fakten zu den F&E-Aktivitäten zusammengefaßt werden.

Die F&E-Aktivitäten sind sehr ungleich über die Welt verteilt. In den Industrieländern wurden 1990 96% aller F&E-Ausgaben in der Welt getätigt. Fernerhin addieren sich die F&E-Ausgaben der G-7-Länder zu einem Anteil von

---

[13] β-Konvergenz beschreibt eine Situation, bei der innerhalb von Ländergruppen die Wachstumsraten des realen Pro-Kopf-Einkommens negativ mit dem Ausgangsniveau des realen Pro-Kopf-Einkommens korreliert sind. Vgl. hierzu etwa Barro und Sala-i-Martin (1995), S. 7.

[14] Zur Problematik der Messung von F&E-Wirkungen vgl. Griliches (1994 und 1995).

Tabelle 1.1: Wachstum vor und nach der Handelsliberalisierung

Länder	Handelspolitik		Durchschnittliches Pro-Kopf-Wachstum (%)	
	Offen	Geschlossen	Offen	Geschlossen
Bolivien	1956-78	1979-85	2,49	-2,52
Costa Rica	1952-61	1962-86	3,39	1,84
Ecuador	1950-82	1983-91	2,64	-0,31
El Salvador	1950-61	1962-89	1,72	0,93
Guatemala	1950-61	1962-88	0,86	0,91
Honduras	1950-61	1962-91	0,49	1,22
Jamaika	1962-73	1974-88	4,15	-0,65
Kenia	1963-67	1968-92	2,94	1,67
Marokko	1956-64	1965-84	4,15	2,14
Nicaragua	1950-60	1961-91	7,20	0,55
Peru	1948-67	1968-91	3,51	-0,64
Sri Lanka	1950-56	1957-77	0,48	1,23
Syrien	1951-65	1966-92	6,51	3,16
Türkei	1950-53	1954-89	11,67	2,40
Venezuela	1950-59	1960-89	3,88	-0,45

Quelle: Sachs und Warner (1995), S.34. Die Daten basieren auf der Penn World Table Version 5.6 von Summers und Heston (1991).

92% an den gesamten F&E-Ausgaben innerhalb der OECD. Die großen Forschungsnationen sind die USA (37,1% der Welt-F&E-Ausgaben), Japan (24,4%), Deutschland (10,9%), Frankreich (6,9%) und Großbritannien (5%).[15] Gleichzeitig sind diese Länder auch die reichsten Länder dieser Erde. Dort macht der Anteil der F&E-Ausgaben am Bruttoinlandsprodukt (BIP) bis zu 3,12% (in Schweden) aus. Weitere Länder, die einen besonders hohen Anteil der F&E-Ausgaben am Bruttoinlandsprodukt haben, sind Japan (3%), die Schweiz (2,68%), die USA (2,61%) und Deutschland (2,37%) (vgl. Tabelle 1.2). Dies sind gleichzeitig diejenigen Länder, die die meisten Patente im Verhältnis zur Anzahl der Einwohner anmelden. Jedoch spiegeln sich in den Zahlen zu den Patentanmeldungen auch unterschiedliche strategische Verhaltensweisen der Unternehmen im Umgang mit Erfindungen und nationale Unterschiede im Patentrecht wider. So schätzen die Unternehmen in den verschiedenen Ländern den Nutzen der Patentanmeldung sehr unterschiedlich ein. Des weiteren variiert die Neigung, sich

[15] Vgl. Coe, Helpman und Hoffmaister (1995), S. 1, sowie Chui, Levine, Pearlman und Sentance (1996), S. 17.

Tabelle 1.2: Einige Kennzahlen zur F&E

	Ausgaben für F&E, Anteil am BIP in % (1988)	Ausgaben für F&E, Anteil am BIP in % (1993)	Patentanmeldungen pro 1 Mill. Einwohner (1993)	Zukünftiger Anstieg der F&E-Ausgaben der Untern. [a]
Belgien	1,65	1,57	81	4,21
Dänemark	1,44	1,70	216	4,62
Deutschland	2,79	2,37	415	4,06
Frankreich	2,31	2,38	224	4,51
Großbritannien	2,27	2,11	336	4,55
Irland	0,94	1,06	223	4,63
Italien	1,34	1,20	150	4,00
Japan	2,85	3,00	2665	4,18
Kanada	1,32	1,47	12	4,48
Niederlande	2,32	1,87	145	4,30
Portugal	0,45	0,61	10	4,00
Österreich	1,33	1,62	270	4,50
Schweden	2,91	3,12	368	4,58
Schweiz	2,88	2,68	465	4,38
Spanien	0,71	0,84	56	3,64
USA	2,66	2,61	388	4,03

[a] Umfrage: Wie wahrscheinlich ist es, daß die F&E-Ausgaben Ihres Unternehmens in den nächsten zwei Jahren steigen werden? (1 = sehr unwahrscheinlich, 6 = sehr wahrscheinlich)

Quelle: World Economic Forum und IMD (1995); Europäisches Patentamt (1994).

lieber durch eine strikte Geheimhaltung der Erkenntnisse zu schützen, im internationalen Vergleich sehr stark.[16] Bemerkenswert ist, daß nach den Ergebnissen einer Unternehmensbefragung, in fast allen Ländern steigende F&E-Ausgaben erwartet werden, was darauf hinweist, daß der F&E eine tendentiell steigende Bedeutung zugemessen wird.

In letzter Zeit wurden einige Studien erstellt, die den Einfluß von F&E-Aktivitäten auf das Wachstum untersuchen. Dabei bezieht die überwiegende Mehrzahl der Studien den Einfluß von F&E-Aktivitäten im Ausland auf die heimische Produktivität mit ein. Dies wird damit begründet, daß sich das technische Wissen nicht nur innerhalb der Landesgrenzen ausbreitet und damit positive Produktivitätseffekte im Inland entstehen, sondern daß vielmehr auch die Industrien und Forschungslabors im Ausland profitieren. Bayoumi, Coe und Helpman (1996) haben eine Simulationsstudie angefertigt, die den Einfluß von F&E-Aktivitäten auf das globale Wachstum untersucht. Dabei stellen sie fest, daß ein Land sein

[16] Vgl. hierzu Europäisches Patentamt (1994).

Tabelle 1.3: Heimische F&E-Komponente versus Spillover-Beiträge zum Produktivitätsfortschritt

Land	Beitrag heimischer F&E am Produktivitätswachstum (in %)
Australien	0,94
Belgien	0,82
Dänemark	0,28
Deutschland	11,25
Finnland	1,44
Frankreich	4,95
Griechenland	0,07
Großbritannien	7,62
Kanada	2,83
Irland	0,13
Italien	2,81
Japan	27,02
Holland	1,09
Norwegen	0,98
Österreich	0,33
Portugal	0,05
Spanien	0,74
Schweden	1,22
USA	81,86

Quelle: Eaton und Kortum (1995a).

Wachstum fördern kann, wenn es entweder selbst F&E betreibt oder mit Ländern Handel treibt, die technologisch führend sind. Zu ähnlichen Ergebnissen kommen auch Eaton und Kortum (1995a und 1995b). Sie untersuchen für die OECD-Länder, durch welche Faktoren der nationale Produktivitätsfortschritt erklärt werden kann. Dabei heben sie zum einen den Einfluß heimischer Innovationen und zum anderen den Einfluß des technologischen Spillovers aus dem Ausland hervor. Die Ergebnisse zeigen, daß die Höhe des technologischen Wissenstransfers die Produktivitätssteigerungen deutlich positiv beeinflußt. Mit Ausnahme der USA ist in allen OECD-Ländern mehr als die Hälfte des Produktivitätswachstums durch Forschungsaktivitäten in anderen OECD-Ländern erklärbar (Tabelle 1.3). Die gleiche Untersuchung kommt zu dem Ergebnis, daß Länder mit einem hohen Humankapitalbestand besonders stark von den Spillover-Effekten profitieren können. Insgesamt deuten die Ergebnisse auf die hohe Bedeutung der Diffusion von neuen Ideen hin, die von den F&E-Modellen betont wird.

Wie weiter oben gezeigt wurde, sind die F&E-Ausgaben in der Welt sehr ungleich verteilt und werden fast ausschließlich in den reichen Industrieländern getätigt. Man könnte daraus die Frage ableiten, ob dies mit Sorge betrachtet werden muß oder ob dies nur Ausdruck einer wirtschaftlich sinnvollen internationalen Arbeitsteilung ist. Insbesondere dieser Frage sind Coe, Helpman und Hoffmaister (1995) nachgegangen. Dabei wurden 77 Entwicklungsländer für den Zeitraum 1971-1990 betrachtet. Die Autoren berechnen, daß ein einprozentiger Anstieg des

Tabelle 1.4: Einfluß des F&E-Kapitalstocks auf die totale Faktorproduktivität

	Elastizität der totalen Faktorproduktivität in bezug auf die:				
	Welt-F&E	ausländische F&E			heimische F&E
	1990	1971	1980	1990	1971-90
USA	0,267	0,016	0,030	0,033	
Japan	0,261	0,028	0,037	0,027	
W-Deutschl.	0,311	0,056	0,072	0,077	
Frankreich	0,301	0,045	0,061	0,067	0,243 [a]
Italien	0,292	0,046	0,067	0,058	
GB	0,315	0,063	0,081	0,081	
Kanada	0,309	0,059	0,078	0,075	
Australien	0,132	0,043	0,049	0,055	
Österreich	0,192	0,091	0,106	0,114	
Belgien	0,337	0,129	0,181	0,260	
Dänemark	0,169	0,091	0,094	0,092	
Finnland	0,152	0,079	0,088	0,075	
Griechen-	0,172	0,050	0,063	0,094	
land	0,243	0,124	0,180	0,165	0,078 [b]
Irland	0,231	0,147	0,154	0,153	
Israel	0,236	0,133	0,146	0,158	
Niederlande	0,144	0,075	0,086	0,066	
Neuseeland	0,188	0,133	0,124	0,111	
Norwegen	0,210	0,099	0,117	0,132	
Portugal	0,141	0,043	0,043	0,063	
Spanien	0,171	0,067	0,087	0,093	
Schweden	0,190	0,115	0,106	0,113	
Schweiz					

[a] Dies ist der Durchschnittswert für die G7-Länder. [b] Dies ist der Durschnittswert für die Nicht-G7-Länder.

Quelle: Coe und Helpman (1995), S. 871.

F&E-Kapitals in den Industrieländern die totale Faktorproduktivität der Entwicklungsländer im Durchschnitt um 0,1% erhöht. Dabei bestätigen sie die obigen Thesen, daß die induzierte Produktivitätserhöhung um so größer ist, je offener ein Land gegenüber dem Weltmarkt ist, je intensiver der Handel mit den hochindustrialisierten Staaten ist und je größer der verfügbare Humankapitalbestand ist.

Eine weitere interessante Studie geht auf Coe und Helpman (1995) zurück. Sie analysieren die Wirkungen von F&E-Aktivitäten in 21 OECD-Ländern sowie in Israel auf das Wachstum in den jeweiligen Ländern und bei deren Handelspartnern. Auch sie kommen zu ähnliche Ergebnissen wie die oben genannten Studien.

Ein Teil ihrer Ergebnisse ist in Tabelle 1.4 zusammengefaßt. Dort sind die Elastizitäten aufgeführt, die den Einfluß einer Änderung des F&E-Kapitalstocks auf die totale Faktorproduktivität angeben. Dabei ist unterschieden nach dem Einfluß einer Änderung des ausländischen F&E-Kapitalstocks und einer Änderung des inländischen F&E-Kapitalstocks. Der F&E-Kapitalstock ist definiert als die Summe der bis zum Untersuchungszeitpunkt getätigten F&E-Ausgaben, wobei eine Abschreibungsrate von 5% unterstellt wurde. Aus der Tabelle wird deutlich, daß der Beitrag der heimischen F&E-Aktivitäten zum Produktivitätswachstum in den besonders forschungsintensiven G-7-Ländern deutlich höher ist als in den anderen Ländern der OECD. Die kleineren OECD-Länder hingegen scheinen offener zu sein als die G-7-Länder. Das Produktivitätswachstum dort ist nämlich fast immer stärker von ausländischen F&E-Aktivitäten beeinflußt als in den G-7-Ländern.

Einige der oben genannten Studien haben auf die positive Rolle der Humankapitalausstattung für das Wachstum hingewiesen. Dies läßt sich damit erklären, daß die Fähigkeit einer Volkswirtschaft, technisches Wissen zu absorbieren, in hohem Maße von der Qualifikation der Bevölkerung abhängt. Dabei ist es offenbar nicht primär entscheidend, daß in einem Land selbst High-Tech-Produkte entwickelt werden. Viel wichtiger ist es, daß die Nutzbarmachung von High-Tech-Produkten gewährleistet ist.

In den folgenden Kapiteln wird ein Modellrahmen vorgestellt und diskutiert werden, der eine Vielzahl der genannten Fakten erklären und in einen systematischen Zusammenhang stellen kann.

Kapitel 2

Die Modellierung endogenen Wachstums

2.1 Grundstruktur neoklassischer Wachstumsmodelle

In diesem Kapitel sollen die Grundelemente und wesentlichen Wirkungszusammenhänge einiger Wachstumsmodelle beschrieben werden. Die Reihenfolge, in der die Modelle präsentiert werden, orientiert sich in etwa an der historischen Entwicklung. Der Überblick beginnt mit der Diskussion des traditionellen Solow-Swan-Modells mit exogenem technischen Fortschritt, das zusammen mit dem Ramsey-Modell als Grundlage für die modernen wachstumstheoretischen Weiterentwicklungen dient. Besonders die *Neue Wachstumstheorie* baut auf diesen traditionellen Wachstumsmodellen auf.[1] Das Neue an der Neuen Wachstumstheorie ist, daß versucht wird, den technischen Fortschritt modellendogen zu erklären. Dies konnten die Ansätze von Ramsey, Solow und Swan nicht. Die Neue Wachstumstheorie läßt sich ganz grob in drei Kategorien einteilen:

- Modelle mit nach unten konstanten Grenzerträgen des Kapitals (Kapitel 2.3 und 2.4),
- Modelle mit steigenden Skalenerträgen aufgrund externer Effekte (Kapitel 2.5) und
- Modelle mit endogenem technischen Fortschritt (Kapitel 2.6, 2.7 und 3).

In Abb. 2.1 sind die Modellkategorien und die in der vorliegenden Arbeit behandelten Modelle im Überblick dargestellt. Die Kernaussagen dieser Wachstumsmodelle können durch einige wenige Grundgleichungen skizziert werden. Eine her-

[1] Überblicksartige Beschreibungen sowohl der traditionellen als auch der neueren Wachstumsansätze finden sich in den Arbeiten von Barro und Sala-i-Martin (1995), Hammond und Rodriguez-Clare (1993) sowie Schneider und Ziesemer (1995).

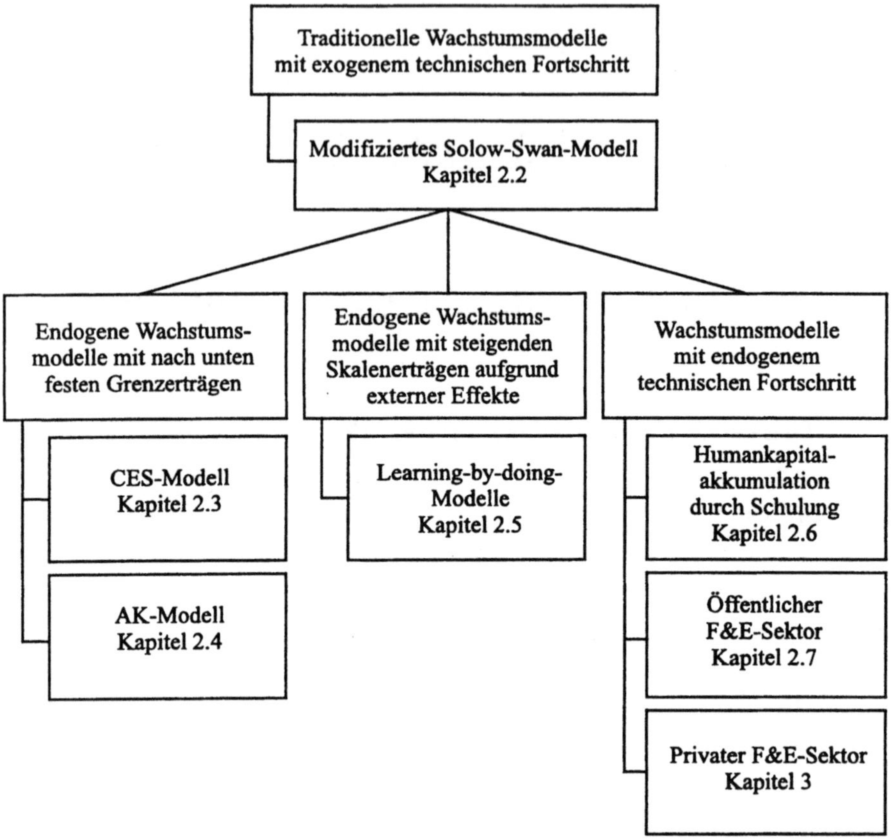

Abb. 2.1: Wachstumsmodelle im Überblick

ausragende Rolle spielt dabei die Produktionstechnologie. In der Regel wird unterstellt, daß der Output (Y) durch die Kombination von Kapital (K) und Arbeit (L) hergestellt wird. Die Produktionsfunktion lautet dann

$$Y = F(L,K) \ . \tag{2.1.1}$$

Zur Darstellung der Grundstruktur neoklassischer Wachstumsmodelle ist es sinnvoll, im folgenden einige vereinfachende Annahmen zu treffen. Die Arbeitsbevölkerung sei konstant. Des weiteren soll zunächst von außenwirtschaftlichen Einflüssen abstrahiert werden. Auf den Kapitalstock müssen keine Abschreibungen vorgenommen werden. Installationskosten sind nicht notwendig. Die beiden letzten Annahmen implizieren, daß die Investitionsausgaben in voller Höhe zu einer Vergrößerung des Kapitalstocks führen. Weiterhin gilt unter den getroffenen

Annahmen, daß der Output nur entweder zu Konsumzwecken (C) oder zur Vergrößerung des Kapitalstocks verwendet werden kann, also:

$$Y = C + \dot{K} . \tag{2.1.2}$$

Eine Volkswirtschaft befindet sich auf einem gleichgewichtigen Wachstumspfad (Steady-state), wenn alle Variablen konstante Wachstumsraten aufweisen.[2] Die Wachstumsraten der Variablen müssen nicht notwendigerweise identisch sein, und es kann auch Nullwachstum auftreten. Für die Wachstumsrate des Kapitalstocks folgt aus Gleichung (2.1.2) definitionsgemäß

$$g_K = \frac{\dot{K}}{K} = \frac{Y}{K} - \frac{C}{K} . \tag{2.1.3}$$

Hier, wie im folgenden, bezeichnet g immer eine Wachstumsrate. Das Subskript bezeichnet die jeweilige Größe, die mit dieser Wachstumsrate wächst. Fehlt das Subskript, bezeichnet g die Wachstumsrate mehrerer Größen, die alle mit der gleichen Rate wachsen. Aus der obigen Gleichung läßt sich eine wichtige Schlußfolgerung ziehen: Die Wachstumsrate des Kapitalstocks kann nur dann konstant sein und somit die Bedingung für gleichgewichtiges Wachstum erfüllen, wenn sowohl der Output als auch die Konsumausgaben mit der gleichen Rate wachsen wie der Kapitalstock.[3] Im Steady-state muß also gelten $g_K = g_Y = g_C$. Aus diesen

---

[2] Vgl. zur Definition etwa Romer, D. (1996), S. 14, oder Barro und Sala-i-Martin (1995), S. 19.

[3] Der Nenner des Bruchs (Y-C)/K wächst definitionsgemäß mit g_K. Damit der Bruch konstant bleibt, muß folglich auch der Zähler, die Investitionen, mit g_K wachsen. Die Definitionsgleichung (2.1.2) läßt sich in Wachstumsraten ausdrücken, wobei die Wachstumsraten der Investitionen (I), der Konsumausgaben (C) und des Outputs (Y) in folgender Beziehung zueinander stehen:

$$g_Y = \frac{I}{Y} g_I + \frac{C}{Y} g_C .$$

Diese Identitätsgleichung ist nur dann im Sinne eines Wachstumsgleichgewichts erfüllt, wenn alle drei Wachstumsraten gleich groß sind. Würden zwei Variablen mit einer konstanten, aber voneinander abweichenden Rate wachsen, so könnte die Wachstumsrate der dritten Variable nicht mehr konstant sein. Würden etwa beispielsweise die Investitionsausgaben schneller wachsen als die Konsumausgaben, so müßte der Anteil der Konsumausgaben am Output asymptotisch null werden, der Anteil der Investitionsausgaben asymptotisch eins. Die Wachstumsrate des Outputs müßte immer zwischen den beiden Wachstumsraten liegen und sich asymptotisch der Wachstumsrate der Investitionen annähern. Eine solche Situation würde man nicht als gleichgewichtiges Wachstum bezeichnen.

Überlegungen folgt, daß entlang eines Steady-state die Durchschnittsproduktivität des Kapitals (Y/K) konstant bleiben muß.

Die Produktionsseite determiniert noch nicht, welche Wachstumsrate als optimal angesehen werden kann. Um die optimale Wachstumsrate zu bestimmen, sind die Präferenzen der Haushalte zu berücksichtigen. Es seien Präferenzen unterstellt, die durch folgende intertemporale Nutzenfunktion beschrieben werden können:

$$U_s = \begin{cases} \int_s^\infty e^{-\rho(t-s)} \frac{C^{1-\sigma}}{1-\sigma} dt & mit\ \sigma > 0 ; \sigma \neq 1 , \\ \int_s^\infty e^{-\rho(t-s)} \ln C \, dt & mit\ \sigma = 1 . \end{cases} \tag{2.1.4}$$

Diese Nutzenfunktion ist additiv separabel und isoelastisch mit einer Substitutionselastizität von $\upsilon = 1/\sigma$. Der zukünftige Nutzen wird gemäß einer positiven, konstanten Zeitpräferenzrate (ρ) abdiskontiert. Ein rational handelnder Haushalt wird gemäß der intertemporalen Budgetbeschränkung seinen Gesamtnutzen zum Zeitpunkt s (U_s) maximieren wollen. Das Nutzenmaximum erreicht der Haushalt dann, wenn er einen Konsumpfad wählt, der der folgenden Keynes-Ramsey-Regel entspricht:[4]

$$g_C = \frac{\dot{C}}{C} = \frac{r - \rho}{\sigma} . \tag{2.1.5}$$

Bei der Wahl der optimalen Wachstumsrate des Konsums wägt ein Haushalt die Erträge eines Konsumverzichtes (den Zinssatz) gegen den Nutzenentgang der Konsumverlagerung (in Höhe der Zeitpräferenzrate) gemäß seiner Substitutionsneigung (Substitutionselastizität) ab. Für die weitere Analyse in diesem Kapitel ist vereinfachend angenommen, daß die intertemporale Substitutionselastizität gerade gleich eins ist, d. h. $\upsilon = \sigma = 1$.

---

[4] Die hier gewählte intertemporale Nutzenfunktion geht auf Ramsey (1928) zurück. Die Berücksichtigung der intertemporalen Präferenzen und die daraus abgeleitete optimale Konsumentscheidung führt zur Endogenisierung der Sparquote. Die Eigenschaften der intertemporalen Nutzenfunktion sind im Anhang 2A, die Ableitung des dynamischen Konsumoptimums (Keynes-Ramsey-Regel) im Anhang 2B beschrieben. Eine ausführliche Diskussion des Ramsey-Modells findet sich beispielsweise in Blanchard und Fischer (1989), Kapitel 2.

Aus den obigen Ausführungen folgt, daß im Steady-state folgende Bedingung erfüllt sein muß:

$$g = \frac{\dot{K}}{K} = \frac{\dot{Y}}{Y} = \frac{\dot{C}}{C} = r - \rho = \frac{\partial Y}{\partial K} - \rho = \textit{konstant} \ . \qquad (2.1.6)$$

Hierbei wurde unterstellt, daß der Zinssatz der Grenzproduktvität des Kapitals entspricht. Es wird deutlich, daß eine Voraussetzung für das Zustandekommen eines gleichgewichtigen Wachstumspfades mit positiver Wachstumsrate darin besteht, daß die Grenzerträge des Kapitals konstant und größer als die Zeitpräferenzrate sein müssen. Die nun folgenden Wachstumsmodelle versuchen, dies auf unterschiedliche Art und Weise zu modellieren.

2.2 *Das Solow-Swan-Modell mit exogenem technischen Fortschritt*

Die traditionelle neoklassische Wachstumstheorie ist untrennbar mit den Namen Solow (1956) und Swan (1956) verbunden. Das Solow-Swan-Modell bildet die Grundlage für die diversen Weiterentwicklungen der endogenen Wachstumstheorie. Deshalb sollen im weiteren zunächst die Grundgedanken des Solow-Swan-Modells dargestellt werden. Im Vergleich zu den Originalarbeiten werden einige Modifikationen vorgenommen: Vom Bevölkerungswachstum wird abstrahiert, die Sparquote wird endogenisiert und exogener Harrod-neutraler technischer Fortschritt eingeführt.[5] Der technische Fortschritt (A) wächst mit einer

---

[5] Unter Harrod-neutralem Fortschritt versteht man eine Effizienzsteigerung, die bei gegebenem Kapitalkoeffizienten (K/Y) die relativen Inputanteile von Kapital und Arbeit (rK/wL) konstant läßt. r bezeichnet den Zinssatz, der bei unverzerrter Preisbildung der Grenzproduktivität des Kapitals entspricht, w bezeichnet den Lohnsatz, der bei unverzerrter Preisbildung der Grenzproduktivität von Arbeit entspricht. Bezeichnet man den Stand der Technologie mit A, so läßt sich die Produktionsfunktion mit Harrod-neutralem technischen Fortschritt wie folgt formulieren:

$$Y = F(AL,K) \ .$$

Man bezeichnet den Harrod-neutralen Fortschritt auch als arbeitsvermehrend, da er wirkt, als hätte sich der Arbeitseinsatz erhöht. Nur Harrod-neutraler technischer Fortschritt ist mit Steady-state-Wachstum vereinbar, da nur hier die Durchschnittsproduktivität des Kapitals (Inverse des Kapitalkoeffizienten) konstant ist. Weiter oben wurde gezeigt, daß dies Voraussetzung für das Zustandekommen von Steady-state-Wachstum ist. Ein formaler Beweis hierfür findet sich in

(Fortsetzung...)

konstanten Rate. Es ist eine Cobb-Douglas-Produktionsfunktion unterstellt, die wie folgt definiert ist:

$$Y = \left(A\,L\right)^{\alpha} K^{\beta} \qquad mit\ \alpha > 0,\ \beta > 0,\ \alpha + \beta = 1\ . \tag{2.2.1}$$

Der Ausdruck AL kann als Arbeitsmenge in Effizienzeinheit bezeichnet werden. Die Cobb-Douglas-Produktionsfunktion weist für einen gegebenen Stand des technischen Fortschritts konstante Skalenerträge auf, die partiellen Grenzerträge sind positiv, aber abnehmend, und die Inada-Bedingungen sind erfüllt.[6]

Um die Bedingungen für einen Steady-state zu ermitteln, wird die Produktionsfunktion (2.2.1) in die Bewegungsgleichung (2.1.3) eingesetzt und die Bedingung für konstante Skalenerträge ($\alpha+\beta=1$) berücksichtigt:

$$\frac{\dot{K}}{K} = \frac{Y}{K} - \frac{C}{K} = \left(\frac{A\,L}{K}\right)^{\alpha} - \frac{C}{K}\ . \tag{2.2.2}$$

Wie bereits gezeigt, wird ein Steady-state genau dann erreicht, wenn die Durchschnittsproduktivität des Kapitals konstant bleibt. Im obigen Fall, mit unterstelltem konstanten Arbeitseinsatz (L), muß der Kapitalstock (K) mit der gleichen Rate wie der technische Fortschritt (A) wachsen. Wie bereits gezeigt, müssen im Steady-state auch die Konsumausgaben (C) mit der gleichen Rate wie der Kapitalstock wachsen. Aus den Gleichungen (2.1.6) und (2.2.1) ergibt sich für das Konsumwachstum:

---

[5] (...Fortsetzung)
Barro und Sala-i-Martin (1995), S. 54f.

Andere Formen des technischen Fortschritts sind Solow-neutraler technischer Fortschritt und Hicks-neutraler technischer Fortschritt. Bei Solow-neutralem technischen Fortschritt bleibt der Arbeitskoeffizient (A/Y) konstant; er wirkt, als ob der Kapitalstock steigen würde. Hicks-neutraler technischer Fortschritt läßt die Kapitalintensität (K/A) konstant und wirkt wie eine gleichmäßige Vermehrung von Arbeit und Kapital. Zur genauen Beschreibung und Klassifikation der genannten Fortschrittskonzepte vgl. Rose (1987), S. 145f., oder Barro und Sala-i-Martin (1995), S. 32f.

[6] Die Inada-Bedingungen besagen, daß die partiellen Grenzprodukte der Produktionsfaktoren für sehr kleine Faktoreinsatzmengen sehr groß und für sehr große Faktoreinsatzmengen sehr klein werden. Formal lauten die Inada-Bedingungen:

$$\lim_{K\to 0} \frac{\partial Y}{\partial K} = \infty\ ;\ \lim_{L\to 0} \frac{\partial Y}{\partial L} = \infty\ ;\ \lim_{K\to \infty} \frac{\partial Y}{\partial K} = 0\ ;\ \lim_{L\to \infty} \frac{\partial Y}{\partial L} = 0\ .$$

Vgl. hierzu beispielsweise Barro und Sala-i-Martin (1995), S. 16f.

$$\frac{\dot{C}}{C} = \frac{\partial Y}{\partial K} - \rho = \beta \left(\frac{A\,L}{K} \right)^{\alpha} - \rho \; . \tag{2.2.3}$$

Der Kapitalstock und der Konsum müssen sich während der Anpassungsphase zum Steady-state so einstellen, daß die beiden obigen Bedingungen erfüllt sind. Würde im Solow-Swan-Modell kein technischer Fortschritt stattfinden, so würde sich ein Steady-state mit Nullwachstum einstellen. Dies folgt aus der Tatsache, daß ohne technischen Fortschritt die Grenzproduktivität des Kapitals im Laufe des Wachstumsprozesses sinken und asymptotisch gegen null gehen würde. Sinkt jedoch die Grenzproduktivität des Kapitals auf einen Wert, der kleiner oder gleich der Zeitpräferenzrate ist, verschwinden die Sparanreize der Haushalte, und der Wachstumsprozeß kommt zum Erliegen. Die Gleichungen (2.2.2) und (2.2.3) machen deutlich, daß sich ein Wachstumsgleichgewicht nur dann einstellt, wenn der Kapitalstock bei konstanter Erwerbsbevölkerung mit der gleichen Rate wie der technische Fortschritt wächst. Folglich wird die Steady-state-Wachstumsrate allein durch die Wachstumsrate des technischen Fortschritts (g_A) bestimmt.

Es ist natürlich äußerst unbefriedigend, den technischen Fortschritt modellexogen einzuführen. Der Wachstumsmotor selbst bleibt dadurch letztlich unerklärt, die Produktivitätssteigerungen fallen wie *Manna vom Himmel*. Zwar können so die Eigenschaften und Bedingungen für gleichgewichtige Wachstumspfade beschrieben werden, das eigentliche Ziel einer Wachstumstheorie jedoch sollte darin bestehen, den Wachstumsprozeß selbst zu modellieren und seine Bestimmungsgründe zu erklären.

Das Hauptproblem der Wachstumstheorie während der letzten drei Jahrzehnte bestand darin, zu erklären, wie auch ohne exogenen technischen Fortschritt dauerhaftes Wachstum entstehen kann. Die vorangegangenen Ausführungen machen deutlich, daß dies nur dann möglich ist, wenn es gelingt, zumindest langfristig ein konstantes positives Grenzprodukt des Kapitals zu modellieren. Dazu müssen jedoch eine oder mehrere der herkömmlichen produktionstheoretischen Annahmen aufgegeben werden. Aus wachstumstheoretischer Sicht sind dies vor allem die Annahmen über konstante Skalenerträge, abnehmende partielle Grenzerträge sowie die Inada-Bedingungen. Wie noch zu zeigen sein wird, ist jedoch die Aufgabe der genannten Annahmen nicht unproblematisch.

In der Literatur werden im wesentlichen drei verschiedene Lösungswege diskutiert, um zumindest asymptotisch eine positive und konstante Grenzproduktivität des Kapitals und damit dauerhaft wachsende Volkswirtschaften zu modellieren. Erstens wird versucht, ohne technischen Fortschritt, nur durch geeignete Wahl einer Produktionsfunktion mit konstanten Skalenerträgen, dauerhaftes Wachstum zu modellieren. Bei diesen Ansätzen werden nur die oberen Inada-Bedingungen verletzt. Hierzu werden im folgenden die CES-Produktionsfunktion und die AK-Produktionsfunktion diskutiert. Zweitens kann die Annahme konstanter Skalenerträge aufgehoben werden. In der Regel werden hierbei positive externe Effekte bei der Kapitalbildung zur Erklärung herangezogen. Diese Klasse von Modellen wird unter dem Stichwort Learning-by-doing diskutiert. Drittens kann die Entstehung des technischen Fortschritts selbst endogen durch optimierendes Verhalten der Wirtschaftssubjekte modelliert werden. Dazu wird in der Regel ein eigener Technologiesektor eingeführt. Besondere Bedeutung haben in dieser Modellklasse vor allem zwei Ansätze gefunden: Zum einen Modelle mit Humankapitalbildung, wobei die Humankapitalbildung in einem Schulungssektor erfolgt, und zum anderen Modelle mit einem Forschungs- und Entwicklungssektor, in dem neue Produkte entwickelt werden.

2.3 *Ein Wachstumsmodell mit einer CES-Produktionsfunktion*

Das folgende Modell geht auf Arrow u.a. (1961) zurück. Es sei die folgende CES- (Constant-Elasticity-of-Substitution-) Produktionsfunktion[7] unterstellt:

$$Y = \left(\alpha L^{\varsigma} + \beta K^{\varsigma}\right)^{\frac{1}{\varsigma}} \qquad mit\ \alpha > 0, \beta > 0, \alpha + \beta = 1, \varsigma \leq 1 \ . \tag{2.3.1}$$

Die Skalenerträge sind konstant. α und β sind Distributionsparameter, die die relativen Faktoreinkommensanteile mitbestimmen. ς ist ein Substitutionsparameter. Die Substitutionselastizität zwischen Arbeit und Kapital ist konstant ($\sigma_{K,L} = 1/(1-\varsigma)$) und kann Werte zwischen null (Produktionsfaktoren sind perfekte Komplemente) und unendlich (Produktionsfaktoren sind perfekte Substitute) annehmen. Bei einer Substitutionselastizität von eins, d. h. $\varsigma = 0$, folgt die Cobb-Douglas-Produktionsfunktion. Das Solow-Swan-Modell ist folglich ein Spezialfall

[7] Eine ausführliche Diskussion der Eigenschaften einer CES-Produktionsfunktion erfolgt im Anhang 2C. Im Lehrbuch von Chung (1994), S. 110f., werden die Eigenschaften von CES-Produktionsfunktionen beschrieben. Etwas abweichende Diskussionen von CES-Produktionsfunktionen im Wachstumskontext finden sich bei Barro und Sala-i-Martin (1995), S. 42f., sowie bei Rose (1987), S. 104f.

des hier vorgestellten Wachstumsansatzes. Die Grenzproduktivität des Kapitalstocks ergibt sich als[8]

$$\frac{\partial Y}{\partial K} = \beta \left(\alpha \left(\frac{L}{K} \right)^{\varsigma} + \beta \right)^{\frac{1-\varsigma}{\varsigma}} , \tag{2.3.2}$$

die Durchschnittsproduktivität des Kapitals als

$$\frac{Y}{K} = \left(\alpha \left(\frac{L}{K} \right)^{\varsigma} + \beta \right)^{\frac{1}{\varsigma}} . \tag{2.3.3}$$

Für die wachstumstheoretischen Implikationen müssen zwei Fälle unterschieden werden. Liegt der Substitutionsparameter (ς) in einem Wertebereich zwischen null und eins, stehen Arbeit und Kapital also in einem Substitutionsverhältnis, so konvergieren Grenz- und Durchschnittsproduktivitäten des Kapitalstocks für große Kapitalstöcke gegen einen konstanten positiven Wert, nämlich

$$\lim_{K \to \infty} \frac{\partial Y}{\partial K} = \lim_{K \to \infty} \frac{Y}{K} = \beta^{1/\varsigma} , \qquad \textit{für } 0 < \varsigma \leq 1 . \tag{2.3.4}$$

Wenn dieser Wert größer ist als die Zeitpräferenzrate, entsteht zumindest asymptotisch ein Steady-state mit positivem Wachstum. Die Wachstumsrate ist dann

$$\lim_{K \to \infty} g = \lim_{K \to \infty} \left(\frac{\partial Y}{\partial K} - \rho \right) = \beta^{1/\varsigma} - \rho , \qquad \textit{für } 0 < \varsigma \leq 1 . \tag{2.3.5}$$

Würde jedoch ein Komplementärverhältnis zwischen den beiden Produktionsfaktoren bestehen, d. h. $\varsigma < 0$, so würde die Grenzproduktivität des Kapitals asymptotisch gegen null gehen,

$$\lim_{K \to \infty} \frac{\partial Y}{\partial K} = \lim_{K \to \infty} \frac{Y}{K} = 0 , \qquad \textit{für } \varsigma < 0 . \tag{2.3.6}$$

---

[8] Bei der Ableitung der folgenden Gleichung wurde folgende Identität verwendet:

$$K^{\varsigma-1} = \left(K^{-\varsigma}\right)^{(1-\varsigma)/\varsigma} .$$

Als Folge davon würde die Steady-state-Wachstumsrate ebenfalls gegen null konvergieren.

Die Bewertung des Konzepts der CES-Produktionsfunktion im wachstumstheoretischen Zusammenhang hängt ganz offensichtlich davon ab, wie man die Stärke der Substitutionsbeziehung zwischen Arbeit und Kapital einschätzt. Ein Wachstumsgleichgewicht mit einer Wachstumsrate größer als null kann nur dann gerechtfertigt werden, wenn starke Substitutionsbeziehungen zwischen Arbeit und Kapital bestehen. Jedoch würde dies auch implizieren, daß Arbeit vollständig obsolet werden könnte. Dies ist jedoch gesamtwirtschaftlich kein realistisches Szenario.

2.4 Das AK-Modell

Die grundlegende Idee für das AK-Modell besteht darin, den Kapitalstock breiter zu definieren, da so konstante Grenzerträge des Kapitalstocks erklärt werden können.[9] Faßt man nämlich unter dem Kapitalstock nur das Sachkapital zusammen, so sind nur abnehmende Grenzerträge zu rechtfertigen. Die breitere Definition des Kapitalstocks wird vor allem mit zwei Argumenten gerechtfertigt. Zum ersten können externe Effekte auftreten, die dazu führen, daß die Produktivität des Sachkapitals über die ihm zugerechneten Erträge hinausgehen. Zum zweiten ist es plausibel, auch das Humankapital und den Wissensstand einer Volkswirtschaft dem Kapitalstock zuzurechnen.[10] Die Produktionsfunktion, der dieser Ansatz seinen Namen verdankt, lautet

$$Y = A K . \tag{2.4.1}$$

A ist ein Shiftparameter, der den technischen Wissensstand widerspiegelt. Die gleichgewichtige Wachstumsrate ist sehr einfach abzuleiten als

$$g = \frac{\partial Y}{\partial K} - \rho = A - \rho . \tag{2.4.2}$$

[9] Eine Lehrbuchdarstellung des AK-Modells findet sich bei Barro und Sala-i-Martin (1995), S. 39f.

[10] Vgl. zu dieser Argumentation Mankiw (1995), S. 297.

Die Grenz- und Durchschnittsproduktivitäten von Kapital sind immer gleich dem Parameter A. Ähnliche Implikationen lassen sich auch herleiten, wenn eine modifizierte Cobb-Douglas-Produktionsfunktion unterstellt wird

$$Y = A\,K + B\,L^{\alpha}\,K^{\beta} \qquad \textit{mit } \alpha > 0,\ \beta > 0,\ \alpha + \beta = 1\ . \tag{2.4.3}$$

Durch einfaches Nullsetzen des Parameters B kann die Produktionsfunktion (2.4.1) abgeleitet werden. Die Modifikation hat keine substantiellen Folgen für das Wachstumsgleichgewicht.[11] Die Grenz- und Durchschnittsprodukte des Kapitals ergeben sich asymptotisch als

$$\begin{aligned} \lim_{K\to\infty}\left(\frac{\partial Y}{\partial K}\right) &= \lim_{K\to\infty}\left(A + B\,\beta\left(\frac{L}{K}\right)^{\alpha}\right) = A \\ \lim_{K\to\infty}\left(\frac{Y}{K}\right) &= \lim_{K\to\infty}\left(A + B\left(\frac{L}{K}\right)^{\alpha}\right) = A\ . \end{aligned} \tag{2.4.4}$$

In der Folge wird, zumindest asymptotisch, die durch die Gleichung (2.4.2) beschriebene gleichgewichtige Wachstumsrate erreicht.

Die beiden Produktionsfunktionen implizieren, daß zumindest für große Kapitalstöcke der Faktor Arbeit seine Bedeutung für die Kapitalproduktivität verliert. Dies wäre dann realistisch, wenn der Kapitalstock breit definiert und somit L für relativ wenig qualifizierte Arbeit stehen würde. Für den Wohlstand hochentwickelter Volkswirtschaften mag in der Tat der Bestand an unqualifizierten Arbeitern kaum ins Gewicht fallen. Kritisch anzumerken ist, daß es ausgesprochen willkürlich erscheint, anzunehmen, daß im Falle der Produktionsfunktion (2.4.1) die Produktionselastizität von Kapital gerade eins ist. Außerdem würde bei technischem Fortschritt die Steady-state-Wachstumsrate ständig größer werden, eine Implikation also, die sehr unrealistisch ist. Das AK-Modell erscheint simplifizierend und bietet deshalb wenig Möglichkeiten der weiterführenden Diskussion wachstumstheoretischer oder wachstumspolitischer Fragen.

[11] Jedoch unterscheiden sich die Modelle hinsichtlich der Anpassungsdynamik und dem Konvergenzverhalten. Die Produktionsfunktion (2.4.3) impliziert konditionale Konvergenz, die Produktionsfunktion (2.4.1) hingegen impliziert kein Konvergenzverhalten. Vgl. Barro und Sala-i-Martin (1995), S. 41f.

2.5 *Learning-by-doing-Modelle*

Eine weitere Möglichkeit, ohne explizite Berücksichtigung des technischen Fortschritts dauerhaftes Wachstum zu modellieren, besteht darin, die Annahme konstanter Skalenerträge aufzugeben. Dabei geht es in erster Linie nicht um die steigenden Skalenerträge selbst, sondern vielmehr darum, zumindest asymptotisch konstante Grenz- und Durchschnittsproduktivitäten des Kapitals zu erzielen. Diese Modellklasse wurde von Arrow (1962b), Sheshinski (1967), Romer (1986) und Lucas (1988) entwickelt und wird unter dem Begriff Learning-by-doing-Ansätze zusammengefaßt.[12]

Die Annahme steigender Skalenerträge von makroökonomischen Produktionsfunktionen wirft eine Reihe von Problemen auf. So ist es beispielsweise unrealistisch anzunehmen, daß der Aufbau eines zweiten identischen Unternehmens dazu führt, daß der Output beider Unternehmen mehr als doppelt so groß ist wie der Output eines einzelnen Unternehmens. Wäre dies der Fall, würden alle Unternehmer versuchen, die Anzahl ihrer Unternehmen zu erhöhen. Dies wäre natürlich keine stabile gesamtwirtschaftliche Situation. Ein zweites Problem steigender Skalenerträge tritt noch hinzu: Würden alle Faktoren nach ihrem Grenzprodukt entlohnt, überstiege die Summe der Faktorentgelte den Output, da in einem solchen Fall die Summe der Grenzerträge größer als die Summe der Durchschnittserträge wäre.[13]

Trotzdem ist es den Learning-by-doing-Ansätzen gelungen, durch Berücksichtigung externer Effekte das Auftreten steigender Skalenerträge zu erklären. Bei diesen Ansätzen wird angenommen, daß auf einer mikroökonomischen Ebene die Produktionsfunktion für die von den einzelnen Unternehmen kontrollierten und entlohnten Produktionsfaktoren linear-homogen ist. Diese Faktoren können dann gemäß ihrem Grenzprodukt entlohnt werden. Die Produktion eines einzelnen Unternehmens löst jedoch, quasi automatisch und ungeplant, Lernprozesse aus, die auch anderen Unternehmen zugute kommen. Dadurch entstehen steigende

---

[12] Einen Überblick über Learning-by-doing-Modelle geben beispielsweise Barro und Sala-i-Martin (1995), S. 146f.; Grossman und Helpman (1991), S. 35f., sowie Hammond und Rodriguez-Clare (1993), S. 8f.

[13] Bei konstanten Skalenerträgen wäre das Adding-up-Theorem erfüllt, nach dem die Summe der Faktorentgelte dem Output genau entspricht. Eine Diskussion dieses Tatbestandes findet sich beispielsweise bei Rose (1987), S. 68f.

Skalenerträge. Die gesamtwirtschaftlichen Erlöse dieser Spillover-Effekte können von einem einzelnen Unternehmen nicht internalisiert werden.

Üblicherweise wird im Rahmen der Learning-by-doing-Modelle eine mikroökonomische Produktionsfunktion der folgenden Form unterstellt:

$$Y_i = F\left(B(K)\,L_i, K_i\right) . \tag{2.5.1}$$

Der Index i steht für einzelne Unternehmen oder einzelne Sektoren. B symbolisiert den beschriebenen effizienzsteigernden Effekt. Man könnte B auch beispielsweise mit dem Wissensstand in einer Volkswirtschaft gleichsetzen, der den Charakter eines öffentlichen Gutes hat und somit allen Unternehmen frei zugänglich ist. Annahmegemäß erhöht jede Investition, d. h. jede Vergrößerung des gesamtwirtschaftlichen Kapitalstocks, den Wissensstand der einzelnen Unternehmen gemäß der Lernfunktion B(K).

Die verschiedenen Learning-by-doing-Modelle unterscheiden sich vor allem durch die unterstellten Hypothesen bzgl. der Lernfunktion. Zur Erläuterung der wesentlichen Wirkungsketten dieser Ansätze sei im folgenden nach Sheshinski (1967) unterstellt, daß sich der Wissensstand exakt so wie der gesamtwirtschaftliche Kapitalstock entwickelt: Es gilt also B(K)=K. Werden die einzelnen Produktionsfunktionen aller Unternehmen i aggregiert und wird eine Cobb-Douglas-Produktionsfunktion unterstellt, ergibt sich die gesamtwirtschaftliche Produktionsfunktion

$$Y = A\,(K\,L)^{\alpha}\,K^{\beta} = A\,L^{\alpha}\,K . \tag{2.5.2}$$

Die Steady-state-Wachstumsrate läßt sich daraus errechnen als

$$g = \frac{\partial Y}{\partial K} - \rho = A\,L^{\alpha} - \rho . \tag{2.5.3}$$

Die Wachstumsrate hängt direkt von der Ausstattung der Volkswirtschaft mit Arbeit ab. Würde die Erwerbsbevölkerung jetzt mit einer konstanten Rate wachsen, würde die gleichgewichtige Wachstumsrate ständig zunehmen. Dies ist natürlich ökonomisch wenig überzeugend. Würde man jedoch wie Lucas (1988) unterstellen, daß die Wissensakkumulation proportional zur Kapitalintensität erfolgt, also B(K)=K/L, so würde die Produktionsfunktion (2.5.2) zu Y=AK werden. Es würde also einfach das AK-Modell folgen. Die Steady-state-Wachstumsrate wäre dann $g=A-\rho$. Romer (1986) hingegen unterstellt abnehmende Erträge in der Wissensakkumulation, wobei jedoch die Durchschnittserträge der

Wissensakkumulation (B(K)/K) asymptotisch einen positiven Wert annehmen. Wenn dieser Wert nicht zu klein ist, ist dauerhaftes Wachstum möglich.

Durch den externen Effekt folgt die dezentrale Wirtschaft einem ineffizienten Wachstumspfad. Da die positiven Spillover von den einzelnen Unternehmen bei ihrer Investitionsentscheidung nicht berücksichtigt werden, sind die Investitionen zu gering und der Kapitalstock in der Folge zu klein.[14]

Kritisch anzumerken ist, daß die Learning-by-doing-Modelle sehr spezielle Annahmen bzgl. der Wissensakkumulation erforderlich machen, um ein Wachstumsgleichgewicht modellieren zu können. Unbefriedigend ist auch, daß der Produktivitätsfortschritt quasi per Zufall als Nebenprodukt der Investitionstätigkeit abfällt. Im Unterschied hierzu führt in den nun folgenden Modellen zielgerichtetes Handeln und bewußter Konsumverzicht zum Entstehen technischen Fortschritts.

2.6 *Das Humankapitalmodell nach Uzawa und Lucas*

Es soll nun eine Gruppe von Modellen vorgestellt werden, die den technischen Fortschritt durch bewußtes Handeln der Wirtschaftssubjekte modellendogen erklären. Dazu wird neben dem güterproduzierenden Sektor ein zweiter Sektor, der Technologiesektor, eingeführt. Die Tätigkeiten im Technologiesektor führen je nach Modell über unterschiedliche Kanäle zu einer Harrod-neutralen Effizienzsteigerung im güterproduzierenden Sektor. Der Technologiesektor kann entweder wie bei Lucas (1988) ein Schulungssektor sein, wie bei Shell (1967) ein durch Steuern finanzierter öffentlicher Forschungssektor oder wie bei Romer (1990b) ein privater, gewinnorientierter Forschungs- und Entwicklungssektor sein. All diesen Modellen ist gemeinsam, daß auf der Firmenebene konstante Skalenerträge unterstellt sind.

Das folgende Modell wurde von Uzawa (1965) eingeführt und von Lucas (1988) weiterentwickelt. Es ist folgende Produktionsfunktion unterstellt:

$$Y = \left(u\,h\,L\right)^{\alpha} K^{\beta} \qquad mit\ \alpha > 0, \beta > 0, \alpha + \beta = 1, 0 < u \leq 1 \ . \tag{2.6.1}$$

[14] Vgl. zur Diskussion der Pareto-Optimalität in Learning-by-doing-Modellen Barro und Sala-i-Martin (1995), S. 149f.

Der Output wird mit Hilfe einer Cobb-Douglas-Produktionsfunktion mit den Faktoren Sachkapital und Humankapital hergestellt. Das Humankapital in der Güterproduktion ergibt sich aus der Erwerbsbevölkerung (L) und dem Grad der Ausbildung, d. h. der erreichten Humankapitalausstattung pro Kopf (h).[15] Von der insgesamt zur Verfügung stehenden Arbeitszeit, die auf eins normiert ist, verwendet ein repräsentativer Arbeiter u Anteile, um in der Güterproduktion tätig zu sein. Den Rest der Zeit (1-u) verwendet er damit, sich fortzubilden, d. h. seine persönliche Ausstattung mit Humankapital (h) zu erhöhen. Der Erfolg der Fortbildungsmaßnahme hängt neben der eingesetzten Zeit von einem Produktivitätsparameter (δ) und davon ab, wie hoch der bereits erreichte Ausbildungsstand des Arbeiters ist. Es ergibt sich im einfachsten Fall folgende Produktionsfunktion für die Fortbildung:

$$\dot{h} = (1-u)\,\delta\,h \qquad mit\ \delta > 0\ . \tag{2.6.2}$$

Die Arbeiter können durch Humankapitalakkumulation ihre zukünftigen Löhne steigern. Sie müssen also ihre Arbeitszeit unter intertemporalen Gesichtspunkten auf Güterproduktion und Fortbildung aufteilen. Im Optimum muß der Grenzertrag einer weiteren Zeiteinheit in der Güterproduktion genau so groß sein wie der Grenzertrag, den eine weitere Zeiteinheit in der Ausbildung in Form der summierten zukünftigen Lohnsteigerungen erbringen würde. Eine Erhöhung der Humankapitalausstattung der Arbeiter wirkt wie Harrod-neutraler technischer Fortschritt. Im Steady-state wird der Sachkapitalstock folglich in gleichem Tempo wie die Humankapitalausstattung (hL) wachsen müssen. Dies wird anhand folgender Gleichung deutlich, die aus (2.1.6) folgt:

$$g = \frac{\partial Y}{\partial K} - \rho = \beta\left(\frac{u\,h\,L}{K}\right)^{\alpha} - \rho \tag{2.6.3}$$

Im Steady-state bleibt u konstant. Der zweite Sektor bestimmt die Wachstumsrate des Humankapitals pro Kopf

---

[15] Lucas (1988) hat darüber hinaus angenommen, daß es einen externen Effekt des Humankapitals gibt. Die durchschnittliche Humankapitalausstattung erhöht in seinem Modell zusätzlich den Output, ohne daß die Wirtschaftssubjekte diesen Effekt in ihr Entscheidungskalkül aufnehmen. Dadurch werden zusätzlich steigende Skalenerträge modelliert, die auf Learning-by-doing-Effekten beruhen. Dieser Effekt wurde bereits im Kapitel 2.5 vorgestellt. Die hier unterstellte Produktionsfunktion (2.6.1) hat konstante Skalenerträge für die Faktoren Sachkapital und Humankapital (hL).

$$\frac{\dot{h}}{h} = (1 - u)\,\delta \;. \tag{2.6.4}$$

Die Steady-state-Wachstumsrate wird also sowohl durch die Produktivität im Bildungsbereich als auch durch die intertemporale Allokationsentscheidung der Arbeiter bestimmt.

Zum Lucas-Modell kann kritisch angemerkt werden, daß die Entlohnung der im Bildungssektor beschäftigten Ressourcen nicht bzw. nicht explizit modelliert ist. Im Gegensatz dazu werden die Faktoren im Technologiesektor in den Modellen von Shell (1967) und Romer (1990b) gemäß ihrem Grenzprodukt entlohnt. Im Lucas-Modell entstehen im Bildungssektor nur Opportunitätskosten in Form entgangener Produktionsmöglichkeiten.

2.7 *Das Shell-Modell mit öffentlicher Forschung und Entwicklung*

Ein weiteres Modell mit endogenem technischen Fortschritt wurde von Shell (1967) entwickelt. Shell unterstellt, daß ein öffentlicher Forschungs- und Entwicklungssektor, der über Steuergelder finanziert wird, Wissen und damit technischen Fortschritt produziert. Dieses Wissen ist als öffentliches Gut modelliert und steht somit kostenlos allen Wirtschaftssubjekten gleichzeitig zur Verfügung. Wissen ist unbegrenzt akkumulierbar und erhöht die Produktivität sowohl im privaten güterproduzierenden Sektor als auch im öffentlichen Forschungssektor in Harrod-neutraler Weise. Die Güterproduktion erfolgt mit der bekannten Cobb-Douglas-Produktionsfunktion

$$Y = \left(A\,L_Y\right)^{\alpha} K_Y^{\beta} \;. \tag{2.7.1}$$

Für die Koeffizienten α und β gelten die üblichen Bedingungen. Das Subskript Y kennzeichnet den Teil der Faktorausstattung, der in der Güterproduktion eingesetzt wird. Die Produktionsfunktion weist für Kapital (K_Y) und Arbeit (L_Y) konstante Skalenerträge auf. Der öffentliche Forschungssektor produziert durch Einsatz von Arbeit und Kapital neues Wissen ($\dot{A}$)

$$\dot{A} = \left(A\,L_A\right)^{\alpha} K_A^{\beta} \;. \tag{2.7.2}$$

Hier ist also angenommen, daß in der Forschung die gleiche Technologie verwendet wird wie in der Güterproduktion. Da sich kein Preis für das öffentliche Gut, das Wissen, bilden kann, wird dieses mit den Opportunitätskosten bewertet, d. h. mit der Anzahl der Gütereinheiten, auf die durch die Forschungsaktivitäten verzichtet werden muß. Zwischen den Sektoren herrscht Faktormobilität und die Faktorpreise sind flexibel, so daß in beiden Sektoren identische Faktorpreise gelten müssen und beide Faktoren vollbeschäftigt sind. Die Gesamtproduktion setzt sich aus dem Güteroutput und dem neuen Wissen zusammen. Es gilt also

$$Y + \dot{A} = (A\,L)^{\alpha}\, K^{\beta}\ , \qquad mit\ K = K_Y + K_A\, , L = L_Y + L_A\ . \tag{2.7.3}$$

Anders als im Lucas-Modell erfolgt die Ressourcenaufteilung auf die zwei Sektoren nicht gemäß dem intertemporalen Optimierungskalkül der Faktoranbieter, sondern wird zentral durch die Steuerpolitik gelenkt. Die Ressourcen für den öffentlichen Sektor werden nämlich mit einer Einkommenssteuer finanziert. Es gilt ein fester Steuersatz (t). Die Steuereinnahmen (T) werden ausschließlich zur Forschung, d. h. zur Entlohnung der im öffentlichen Sektor beschäftigten Faktoren, aufgewendet. Es gilt also

$$T = t\,Y = w_L L_A + r\,K_A\ , \tag{2.7.4}$$

wobei w_L der Lohn für Arbeit ist. Der Güteroutput läßt sich also auch angeben als

$$Y = (1 - t)\,(A\,L)^{\alpha}\, K^{\beta} \tag{2.7.5}$$

und die Wissensproduktion als

$$\dot{A} = t\,(A\,L)^{\alpha}\, K^{\beta}\ . \tag{2.7.6}$$

Im Shell-Modell ergeben sich zwei voneinander unabhängige Wachstumsbedingungen: eine für den technischen Fortschritt und eine für das Konsumwachstum. Im Steady-state müssen beide Wachstumsraten übereinstimmen. Das Tempo des technischen Fortschritts kann mit der Wachstumsrate der Wissensakkumulation gleichgesetzt werden

$$\frac{\dot{A}}{A} = t\,L\left(\frac{K}{A\,L}\right)^{\beta} = t\,L\,k^{\beta}\ , \qquad mit\ k = \frac{K}{A\,L}\ . \tag{2.7.7}$$

Die Variable k gibt den Kapitalstock pro Arbeitseffizienzeinheit an. Die Wachstumsrate der Konsumausgaben wird, anknüpfend an die zuvor verwendete Bedingung (2.1.6), bestimmt durch

$$\frac{\dot{C}}{C} = \frac{\partial Y}{\partial K} - \rho = (1-t)\,\beta\left(\frac{A\,L}{K}\right)^{\alpha} - \rho = (1-t)\,\beta\,k^{-\alpha} - \rho\,. \tag{2.7.8}$$

Bei gegebenem Steuersatz (t) und gegebener Erwerbsbevölkerung ergibt sich mit Hilfe der Gleichungen (2.7.7) und (2.7.8) eine eindeutige Steady-state-Wachstumsrate und ein Steady-state-Kapitalstock pro Arbeitseffizienzeinheit. Allerdings ist die Lösung dieses nicht-linearen Gleichungssystems analytisch nicht allgemein möglich. Der Steady-state kann jedoch grafisch recht einfach ermittelt werden. In Abb. 2.2 sind entlang der Abszisse der Kapitalstock pro Arbeitseffizienzeinheit (k) und entlang der Ordinate die Wachstumsraten der Konsumausgaben (g_C) sowie des technischen Fortschritts (g_A) abgetragen. Die Wachstumsrate der Konsumausgaben sinkt mit steigendem Kapitalstock pro Arbeitseffizienzeinheit, da bei sinkendem Grenzprodukt des Kapitals auch die Sparanreize sinken. Je höher jedoch der Kapitalstock in Arbeitseffizienzeinheit ist, desto höher ist der Output im Technologiesektor, was gleichzeitig eine höhere Wachstumsrate impliziert. Die g_C-Kurve hat folglich fallenden Verlauf, die g_A-Kurve einen steigenden Verlauf. Im Schnittpunkt der beiden Kurven (im Punkt S) entsprechen sich beide Wachstumsraten, der Steady-state ist erreicht. Wird nun der Steuersatz erhöht, um mehr öffentliche Forschung zu betreiben, so verschiebt sich die g_A-Kurve nach oben, da ein höherer Ressourceneinsatz im Technologiesektor den technischen Fortschritt beschleunigt. Die g_C-Kurve verschiebt sich nach unten, da die Nettorealrendite (nach Steuern) sinkt und damit auch die Sparanreize und das Konsumwachstum abnehmen. Im neuen Steady-state (im Punkt S') ist der Kapitalstock pro Arbeitseffizienzeinheit eindeutig gesunken, die Steady-state-Wachstumsrate kann jedoch entweder gesunken, gestiegen oder konstant geblieben sein, je nach Stärke der beiden beschriebenen Effekte. Ein wohlmeinender Planer könnte nun einen optimalen Steuersatz bestimmen, der die Wohlfahrt maximiert. Die wohlfahrtsoptimale Wachstumsrate wird immer kleiner sein als die maximale Wachstumsrate, da die Wohlfahrt neben der Konsumwachstumsrate auch von der Konsumhöhe mitbestimmt wird. Ein höheres Konsumwachstum wird jedoch die Konsumhöhe senken, da ein höherer Konsumverzicht zur Finanzierung des Wachstums notwendig wird.

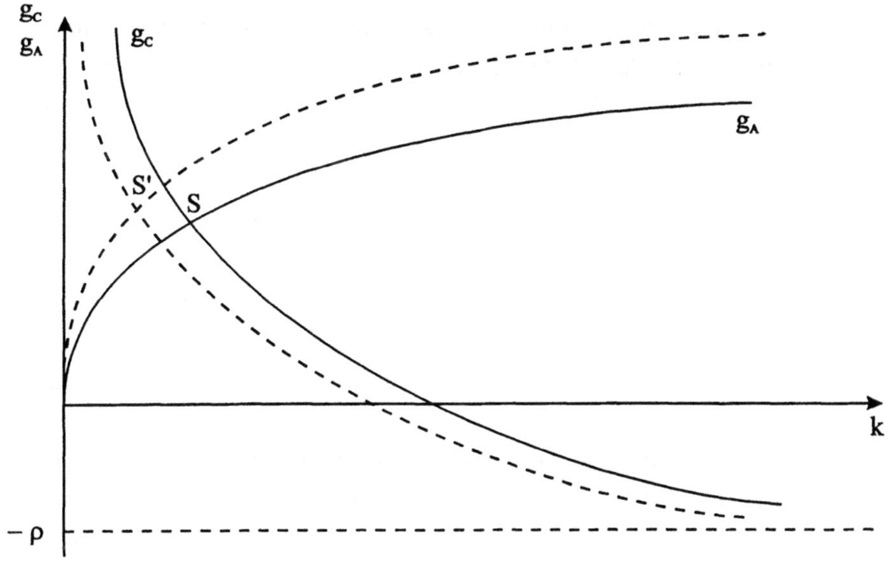

Abb. 2.2: Steady-state im Shell-Modell

Auch hier ist kritisch anzumerken, daß ein Anstieg der Erwerbsbevölkerung einen wachstumssteigernden Effekt hat. Beide Kurven würden sich nach oben verschieben. Dies folgt aus der direkten Abhängigkeit der Rate des technischen Fortschritts von der Bevölkerungshöhe.

2.8 *Weitere Ansätze und Kritik*

Zur Klasse der Modelle, die den technischen Fortschritt endogen erklären, gehört weiterhin der Ansatz von Barro (1990), der über die Bereitstellung von öffentlichen Gütern die Effizienzsteigerungen im privaten Sektor erklärt. Eine weitere, vielbeachtete Modellklasse erklärt den technischen Fortschritt über private Forschungs- und Entwicklungsaktivitäten und den daraus resultierenden Produktinnovationen. Diese Produktinnovationen können entweder Güter höherer Qualität sein, wie bei Aghion und Howitt (1992),[16] neue Konsumgüter, wie bei Grossman und Helpman (1991), oder neue Kapitalgüter, wie bei Romer (1990b). Das

[16] Grossman und Helpman (1991) entwickeln das Modell von Aghion und Howitt (1992) weiter und wenden es auf außenwirtschaftliche Fragen an.

Romer-Modell dient als Grundlage für die folgenden Kapitel der vorliegenden Arbeit und wird deshalb ausführlich im Kapitel 3 vorgestellt und diskutiert. Im Gegensatz zu den meisten Modellvarianten von Grossman und Helpman (1991), die die Implikationen des Sachkapitalwachstums außer acht lassen, stellt Romer die produktivitätsfördernden Aspekte beim Aufbau des Sachkapitalstocks in den Mittelpunkt der Betrachtung.

Die in diesem Kapitel vorgestellten Wachstumsansätze stellen in der Reihenfolge in etwa einen historischen Abriß der neueren Wachstumstheorie dar. Am überzeugendsten erscheinen die Modelle mit endogenem technischen Fortschritt, weil dieser aus zielgerichteten Handlungen der Wirtschaftseinheiten resultiert. Jedoch können zumindest drei Kritikpunkte an diesen Modellen angebracht werden.

Erstens ist unabdingbare Voraussetzung für dauerhaftes Wachstum, daß im Technologiesektor zumindest asymptotisch konstante Grenzerträge eines reproduzierbaren Faktors auftreten. Mit anderen Worten: Der Bildungserfolg (im Lucas-Modell) und der Forschungserfolg (im Shell-Modell) müssen unabhängig vom Entwicklungsstand der Volkswirtschaft gleich hoch bleiben. Insbesondere dürfen keine abnehmenden Erträge auftreten. Die Plausibilität dieser Annahme wäre zu diskutieren. Eine abschließende Wertung kann an dieser Stelle nicht vorgenommen werden.

Ein zweiter Kritikpunkt trifft die Modellierung des technischen Fortschritts. Die wachstumstheoretische Literatur konnte bisher noch nicht ökonomisch überzeugend erklären, warum technischer Fortschritt ausgerechnet Harrod-neutral wirken soll. Wie gezeigt wurde, stellt jedoch nur Harrod-neutraler technischer Fortschritt konstante Grenz- und Durchschnittserträge des Kapitals sicher. Harrod-neutraler technischer Fortschritt wird damit zur *conditio sine qua non* für die Existenz von Steady-state-Wachstumspfaden. Rechtfertigen läßt sich die Wahl Harrod-neutralen technischen Fortschritts jedoch damit, daß dessen Merkmale empirisch beobachtet werden können: Die Kapitalintensität wächst in der Tat ständig an, die Realzinsen sind relativ konstant, und die Reallöhne wachsen im Zeitablauf.

Drittens schließlich implizieren die meisten Ansätze der Neuen Wachstumstheorie, daß die Wachstumsrate der Produktion positiv von der Größe der Bevölkerung abhängt. Dies würde bedeuten, daß Länder, wie Indien oder Indonesien, weit höhere Wachstumsraten aufweisen müßten als die meisten westlichen Industrieländer. Dies ist jedoch in der Realität nicht zu beobachten. Plausibel wird diese Implikation jedoch, wenn nicht die absolute Höhe der Bevölkerung zugrunde gelegt wird, sondern der Ausbildungsstand berücksichtigt wird. Ein großer Pool hochqualifizierter Forscher und Ingenieure kann das Tempo des technischen Fortschritts mit Sicherheit positiv beeinflußen.

Anhang 2A: Die intertemporale CES-Nutzenfunktion

Eine herkömmliche CES-Nutzenfunktion für n Güter lautet

$$U = \left[\sum_{i=1}^{n} \alpha_i C_i^{1-\sigma} \right]^{\frac{1}{1-\sigma}} \qquad mit \ \sigma > 0 \ . \tag{2A.1}$$

Die Variablen C_i könnten nun entweder die Konsumhöhe verschiedener Güterarten widerspiegeln oder in einer intertemporalen Betrachtung die Konsumhöhe in verschiedenen Perioden. Die Parameter α_i geben die jeweiligen Gewichte an, mit denen der Konsum einer bestimmten Güterart (oder der Konsum in einer bestimmten Periode) in den Nutzenindex (U) eingehen. Die Substitutionselastizität gibt an, in welchem Ausmaß die Konsumenten bereit sind, die Konsumarten gegeneinander zu substituieren.[17] Sie ist konstant und ergibt sich als $1/\sigma$. In der intertemporalen Betrachtung werden die Parameter α_i in der Regel nicht mehr als konstante Größen aufgefaßt, sondern spiegeln die individuelle Zeitpräferenz der Wirtschaftssubjekte wider. Je weiter der Konsum in der Zukunft liegt, desto geringer ist im allgemeinen sein Gewicht im Nutzenindex. α_i ist dann als Diskontfaktor zu interpretieren, der sich aus einer konstanten positiven Zeitpräferenzrate (ρ) errechnet, nämlich als $\alpha_i = (1+\rho)^{-i}$. Variieren die Parameter α_i mit dem Index i, so variieren auch die Ausgabenanteile mit dem Index i.

Sehr häufig wird gerade in der intertemporalen Analyse die Periodenbetrachtung aufgegeben und statt dessen die kontinuierliche Zeitbetrachtung gewählt. Für diesen Fall wird die intertemporale CES-Nutzenfunktion meist wie folgt definiert:

$$U_s = \int_s^{\infty} e^{-\rho(t-s)} \frac{C^{1-\sigma} - 1}{1 - \sigma} \, dt \qquad mit \ \sigma > 0 \ . \tag{2A.2}$$

Im Unterschied zu der Nutzenfunktion (2A.1) ist in der Nutzenfunktion (2A.2) der Exponent für den Gesamtausdruck weggefallen. Dies hat zur Folge, daß die Nutzenfunktion (2A.2) additiv separabel wird, d. h. der Grenznutzen zu einem beliebigen Zeitpunkt unabhängig von der Konsumhöhe zu einem beliebigen anderen Zeitpunkt ist. Es gilt also

[17] Weiter unten wird die Definition der Substitutionselastizität dargestellt.

$$\frac{\partial U_s}{\partial C(t_1)} = e^{-\rho(t_1-s)} C(t_1)^{-\sigma} \; ; \qquad \frac{\partial U_s}{\partial C(t_1)\, \partial C(t_2)} = 0 \; . \tag{2A.3}$$

Die intertemporale Substitutionselastizität (υ) gibt die relative Änderung des Konsumverhältnisses an, wenn sich das Grenznutzenverhältnis ändert:

$$\upsilon \equiv - \frac{d\left(\frac{C(t_2)}{C(t_1)}\right) \Big/ \left(\frac{C(t_2)}{C(t_1)}\right)}{d\left(\frac{U_s'(t_2)}{U_s'(t_1)}\right) \Big/ \left(\frac{U_s'(t_2)}{U_s'(t_1)}\right)} \; . \tag{2A.4}$$

In der kontinuierlichen Betrachtung fragt man nicht mehr nach der Veränderung des Periodenkonsums, sondern nach der Veränderung des Konsums zu einem bestimmten Zeitpunkt. Deshalb muß folgendes Grenzwertproblem auf die Definitionsgleichung der Substitutionselastizität angewandt werden:

$$\lim_{t_2 \to t_1} \upsilon = \lim_{t_2 \to t_1} \left(- \frac{dC(t_2) \dfrac{1}{C(t_1)}}{C(t_2) \dfrac{1}{C(t_1)}} \; \frac{U_s'(t_2) \dfrac{1}{U_s'(t_1)}}{dU_s'(t_2) \dfrac{1}{U_s'(t_1)}} \right) = - \frac{U_s'(t_1)}{C(t_1)\, U_s''(t_1)} \; . \tag{2A.5}$$

Setzt man die entsprechenden Ableitungen der Nutzenfunktion (2A.2) in den obigen Ausdruck ein, erhält man:

$$\upsilon = - \frac{e^{-\rho(t-s)} C(t_2)^{-\sigma}}{-\sigma\, e^{-\rho(t-s)} C(t_2)^{-\sigma-1} C(t_2)} = \frac{1}{\sigma} \; . \tag{2A.6}$$

Aus der Nutzenfunktion (2A.2) läßt sich der Cobb-Douglas-Fall ($\upsilon = \sigma = 1$) durch eine Grenzwertbetrachtung ableiten. Da jedoch der Ausdruck

$$\lim_{\sigma \to 1} \left(\int_s^\infty e^{-\rho(t-s)} \frac{C^{1-\sigma} - 1}{1 - \sigma} dt \right) = \int_0^s e^{-\rho(t-s)} \frac{0}{0} dt \tag{2A.7}$$

nicht gültig ist, wird die Regel von l'Hôpital angewandt. Der Zähler kann als eine Funktion g(σ) und der Nenner als eine Funktion h(σ) aufgefaßt werden. Es folgt für die ersten Ableitungen:

$$\frac{dg(\sigma)}{d\sigma} = g'(\sigma) = -C^{1-\sigma}\ln C \,, \tag{2A.8}$$

$$\frac{dh(\sigma)}{d\sigma} = h'(\sigma) = -1 \,. \tag{2A.9}$$

Der Grenzwert ist nun berechenbar. Es folgt

$$\lim_{\sigma \to 1}\left(\int_s^\infty e^{-\rho(t-s)}\frac{g'(\sigma)}{h'(\sigma)}\,dt\right) = \lim_{\sigma \to 1}\left(\int_s^\infty e^{-\rho(t-s)}\frac{-C^{1-\sigma}\ln C}{-1}\,dt\right) = \int_s^\infty e^{-\rho(t-s)}\ln C\,dt \,. \tag{2A.10}$$

Sehr häufig wird statt der Nutzenfunktion (2A.2) auch folgende Nutzenfunktion gewählt:

$$U_s = \begin{cases} \displaystyle\int_s^\infty e^{-\rho(t-s)}\frac{C^{1-\sigma}}{1-\sigma}\,dt & \textit{mit}\ \sigma > 0\,;\, \sigma \neq 1 \,, \\ \displaystyle\int_s^\infty e^{-\rho(t-s)}\ln C\,dt & \textit{mit}\ \sigma = 1 \,. \end{cases} \tag{2A.11}$$

Aus der oberen Funktion ist der Cobb-Douglas-Fall für $\sigma=1$ nicht mehr durch die Grenzwertbetrachtung ableitbar. Durch das Hinzufügen des Ausdrucks "-1" im Zähler des oberen Ausdrucks der Gleichung (2A.11) würde sich jedoch keine der grundlegenden ökonomischen Eigenschaften der Nutzenfunktion ändern. Insbesondere der Grenznutzen und die Änderung des Grenznutzens bleibt davon unberührt. In der vorliegenden Arbeit wird generell die Nutzenfunktion (2A.11) verwandt.

Anhang 2B: Ableitung der Keynes-Ramsey-Regel

Maximiert werden soll die intertemporale Nutzenfunktion aus Gleichung (2.1.4) mit $\sigma \neq 1$:

$$U_s = \int_s^\infty e^{-\rho(t-s)} \frac{C(t)^{1-\sigma}}{1-\sigma} dt . \tag{2B.1}$$

Die intertemporale Budgetbeschränkung lautet wie folgt:

$$W(s) = V(s) + \int_s^\infty e^{-r(t-s)} Y(t)\, dt = \int_s^\infty e^{-r(t-s)} C(t)\, dt . \tag{2B.2}$$

W(s) ist das zum Zeitpunkt s bewertete Vermögen des repräsentativen Haushalts, das für Konsumzwecke zur Verfügung steht. Das Vermögen setzt sich aus dem Barwert aller zukünftigen Einkommen (Y) und dem Wert des Finanzvermögens (V) zum Zeitpunkt s eines repräsentativen Haushalts zusammen. Leitet man obige Funktion nach der Zeit ab, so erhält man die Bewegungsgleichung für das Vermögen:[18]

$$\frac{d\,W(s)}{ds} = \dot{W}(s) = r\,W(s) - C(s) . \tag{2B.3}$$

Das Vermögen steigt (fällt), wenn die Erträge des Vermögens höher (niedriger) sind als der jeweilige Periodenkonsum. Aus den Gleichungen (2B.1) und (2B.3) kann die Hamilton-Funktion in laufenden Werten formuliert werden:

---

[18] Hierbei muß beachtet werden, daß auch nach der Integrationsgrenze abgeleitet werden muß. Leitet man die Funktion

$$F(y) = \int_{\varphi(y)}^{\psi(y)} f(x,y)\, dx$$

nach der Variablen y ab, so erhält man

$$\frac{dF(y)}{dy} = \int_{\varphi(y)}^{\psi(y)} \frac{\partial f(x,y)}{\partial y} dx + f(\psi(y),y) \frac{d\psi(y)}{dy} - f(\varphi(y),y) \frac{d\varphi(y)}{dy} .$$

Vgl. beispielsweise Bronstein und Semendjajew (1985), S. 327.

$$H(t) = \frac{C(t)^{1-\sigma}}{1-\sigma} + \lambda(t)\Big(r\,W(t) - C(t)\Big)\,. \tag{2B.4}$$

Die Optimalitätsbedingungen ergeben sich wie folgt:

$$\frac{\partial H(t)}{\partial C(t)} = C(t)^{-\sigma} - \lambda(t) = 0\,, \tag{2B.5}$$

$$\dot{\lambda}(t) = \rho\,\lambda(t) - \frac{\partial H(t)}{\partial W(t)} = \rho\,\lambda(t) - \lambda(t)\,r\,. \tag{2B.6}$$

Darüber hinaus muß die Transversalitätsbedingung erfüllt sein:

$$\lim_{t\to\infty} e^{-r(t-s)}\,\lambda(t)\,W(t) = 0\,. \tag{2B.7}$$

Da λ den Nutzen einer Vermögenseinheit angibt, erschließt sich eine Interpretation der Transversalitätsbedingung: Der Gegenwartswert des Endvermögens, gemessen in Nutzeneinheiten, muß null sein. Mit anderen Worten: Im Haushaltsoptimum bleiben keine Konsummöglichkeiten ungenutzt.[19]

Aus (2B.6) läßt sich die Wachstumsrate des Schattenpreises ableiten:

$$\frac{\dot{\lambda}(t)}{\lambda(t)} = \rho - r\,. \tag{2B.8}$$

Aus (2B.5) folgt, daß die Wachstumsrate des Konsums mit der Wachstumsrate des Schattenpreises wie folgt in Beziehung steht:

$$\frac{\dot{C}(t)}{C(t)} = -\frac{1}{\sigma}\,\frac{\dot{\lambda}(t)}{\lambda(t)} \tag{2B.9}$$

Aus den beiden obigen Gleichungen ergibt sich die Bedingung für den optimalen Konsumpfad:

$$g_C = \frac{\dot{C}(t)}{C(t)} = \frac{r-\rho}{\sigma}\,. \tag{2B.10}$$

[19] Alternativ könnte man auch annehmen, daß die Haushalte einen positiven Barwert des Endvermögens wünschen. Dann würde der Ausdruck in Gleichung (2B.7) nicht null, sondern einen positiven Wert annehmen müssen.

Die Haushalte maximieren ihren Nutzen dann, wenn sie ihre Konsumausgaben im Zeitablauf gemäß der voranstehenden Vorschrift aufteilen. Diese Bedingung ist unter dem Namen "Keynes-Ramsey-Regel" in die Literatur eingegangen. Die Keynes-Ramsey-Regel legt jedoch nur die Steigung des Konsumpfades fest. Zur eindeutigen Beschreibung eines gleichgewichtigen Wachstumspfads gehört neben der Steigung jedoch auch die Konsumhöhe zu einem beliebigen Zeitpunkt. Diese Konsumhöhe läßt sich nach Gleichsetzen des Barwertes der Konsumausgaben zum Zeitpunkt s mit dem Vermögen W(s) ermitteln. Dazu muß die Gleichung für den optimalen Wachstumspfad der Konsumausgaben in die Gleichung (2B.2) eingesetzt werden. Diese ergibt sich, wenn die Differentialgleichung (2B.10) gelöst wird, als:

$$C(t) = C(s)\, e^{g_C (t-s)} \; . \qquad (2B.11)$$

Es folgt

$$W(s) = \int_s^{\infty} e^{-r(t-s)}\, C(s)\, e^{g_C (t-s)}\, dt = \frac{C(s)}{r - g_C} \; . \qquad (2B.12)$$

Die Konsumhöhe zum Zeitpunkt s muß, um die Konsummöglichkeiten voll auszunutzen, dem Produkt aus dem Vermögen zum Zeitpunkt s und dem um die Wachstumsrate korrigierten Zinssatz (r-g_C) entsprechen.

Ein weiteres wichtiges Ergebnis ist, daß der Konsumpfad unabhängig von der Zusammensetzung und Entstehung des Vermögens gewählt wird. Dies liegt daran, daß die Haushalte die Summe der Konsummöglichkeiten, unabhängig von der Art des Einkommens, optimal über die Zeit aufteilen.

Anhang 2C: Die CES-Produktionsfunktion

Die CES-Produktionsfunktion für die zwei Produktionsfaktoren Arbeit und Kapital lautet

$$Y = F(L,K) = A\left(\alpha\, L^{\varsigma} + \beta\, K^{\varsigma}\right)^{\frac{1}{\varsigma}} \quad , \; mit\ \alpha > 0,\ \beta > 0,\ \alpha + \beta = 1,\ \varsigma < 1\,. \tag{2C.1}$$

Diese Produktionsfunktion ist linear homogen. Wird von jedem Faktor ein Prozentsatz λ mehr eingesetzt, erhöht sich der Output ebenfalls um den Faktor λ. Dies kann wie folgt gezeigt werden:

$$A\left(\alpha\,(\lambda\, L)^{\varsigma} + \beta\,(\lambda\, K)^{\varsigma}\right)^{\frac{1}{\varsigma}} = A\,(\lambda^{\varsigma})^{1/\varsigma}\left(\alpha\, L^{\varsigma} + \beta\, K^{\varsigma}\right)^{\frac{1}{\varsigma}} = \lambda\, Y\,. \tag{2C.2}$$

Die Durchschnittsproduktivitäten von Kapital und Arbeit sind

$$\frac{Y}{K} = A\left(\alpha\left(\frac{L}{K}\right)^{\varsigma} + \beta\right)^{\frac{1}{\varsigma}}, \tag{2C.3}$$

$$\frac{Y}{L} = A\left(\alpha + \beta\left(\frac{K}{L}\right)^{\varsigma}\right)^{\frac{1}{\varsigma}}. \tag{2C.4}$$

Die Grenzproduktivitäten von Kapital und Arbeit sind

$$\begin{aligned}\frac{\partial Y}{\partial K} &= A\,\beta\,(K^{-\varsigma})^{(1-\varsigma)/\varsigma}\left(\alpha\, L^{\varsigma} + \beta\, K^{\varsigma}\right)^{\frac{1-\varsigma}{\varsigma}} = A\,\beta\left(\alpha\left(\frac{L}{K}\right)^{\varsigma} + \beta\right)^{\frac{1-\varsigma}{\varsigma}} \\ &= A^{\varsigma}\,\beta\left(\frac{Y}{K}\right)^{1-\varsigma},\end{aligned} \tag{2C.5}$$

$$\begin{aligned}\frac{\partial Y}{\partial L} &= A\,\alpha\,(L^{-\varsigma})^{(1-\varsigma)/\varsigma}\left(\alpha\, L^{\varsigma} + \beta\, K^{\varsigma}\right)^{\frac{1-\varsigma}{\varsigma}} = A\,\alpha\left(\alpha + \beta\left(\frac{K}{L}\right)^{\varsigma}\right)^{\frac{1-\varsigma}{\varsigma}} \\ &= A^{\varsigma}\,\alpha\left(\frac{Y}{L}\right)^{1-\varsigma}.\end{aligned} \tag{2C.6}$$

Die Grenzproduktivitäten sind positiv und mit steigendem Faktoreinsatz abnehmend.[20] Das Faktorpreisverhältnis ergibt sich als

$$\frac{w}{r} = \frac{\partial Y/\partial L}{\partial Y/\partial K} = \frac{\alpha}{\beta}\left(\frac{K}{L}\right)^{1-\varsigma}, \tag{2C.7}$$

das optimale Faktoreinsatzverhältnis als

$$\frac{K}{L} = \left(\frac{\beta}{\alpha}\right)^{1/(1-\varsigma)}\left(\frac{w}{r}\right)^{1/(1-\varsigma)}. \tag{2C.8}$$

Die Substitutionselastizität zwischen Kapital und Arbeit ist definiert als

$$\sigma_{K,L} = \frac{d\left(\frac{K}{L}\right)}{\frac{K}{L}}\frac{\frac{w}{r}}{d\left(\frac{w}{r}\right)}. \tag{2C.9}$$

Wird die Funktion (2C.8) des optimalen Faktoreinsatzverhältnisses nach dem Faktorpreisverhältnis (w/r) abgeleitet und dann in die Definitionsgleichung der Substitutionselastizität eingesetzt, erhält man einen konstanten Term, der nur von dem Parameter ς abhängt

$$\sigma_{K,L} = \frac{1}{1-\varsigma}. \tag{2C.10}$$

Der Zusammenhang zwischen Substitutionselastizität und Substitutionsparameter ist wie folgt

$$\left.\begin{array}{r} \varsigma = 1 \\ 0 < \varsigma < 1 \\ \varsigma = 0 \\ -\infty < \varsigma < 0 \\ \varsigma = -\infty \end{array}\right\} \Rightarrow \left\{\begin{array}{ll} \sigma_{K,L} = \infty & (\textit{perfekte Substitute}) \\ 1 < \sigma_{K,L} < \infty & \\ \sigma_{K,L} = 1 & (\textit{Cobb-Douglas-Fall}) \\ 0 < \sigma_{K,L} < 1 & \\ \sigma_{K,L} = 0 & (\textit{perfekte Komplemente}) \end{array}\right. \tag{2C.11}$$

[20] Dies wird von Chiang (1984), S. 426, gezeigt.

Was folgt für die Faktoreinkommensverteilung aus der CES-Produktionsfunktion? Die Faktorentgelte addieren sich im CES-Fall mit konstanten Skalenerträgen ebenfalls zu eins, das Adding-up-Theorem ist mithin erfüllt. Es gilt

$$\frac{rK}{Y} = \frac{\beta K^{\varsigma}}{\alpha L^{\varsigma} + \beta K^{\varsigma}} , \tag{2C.12}$$

$$\frac{wL}{Y} = \frac{\alpha L^{\varsigma}}{\alpha L^{\varsigma} + \beta K^{\varsigma}} , \tag{2C.13}$$

$$\frac{rK}{Y} + \frac{wL}{Y} = 1 . \tag{2C.14}$$

Die Faktoreinkommensquoten sind abhängig vom Faktoreinsatzverhältnis und dem resultierenden Faktorpreisverhältnis. Steigt etwa das Lohn-Zins-Verhältnis um 1 % an, so sind bei einer Substitutionselastizität größer als eins die Substitutionsprozesse so stark, daß die Kapitalintensität um mehr als 1 % steigt. Die Mengeneffekte sind also größer als die relativen Faktorpreisveränderungen. Die Lohnquote muß nach erfolgter Erhöhung des Lohn-Zins-Verhältnisses sinken und die Kapitaleinkommensquote steigen. Bei einer Komplementärbeziehung, d. h. einer Substitutionselastizität kleiner als eins, gilt genau das Gegenteil. Im Fall einer Substitutionselastizität von eins (Cobb-Douglas-Fall) sind die relativen Mengen- und Preisänderungen gleich stark, die Einkommensquoten sind dann unabhängig vom Faktoreinsatzverhältnis. Die Lohnquote entspricht dem Koeffizient α, die Kapitaleinkommensquote dem Koeffizient β.

Aus der CES-Produktionsfunktion läßt sich als Spezialfall die Cobb-Douglas-Produktionsfunktion ableiten. Die Gleichung (2C.1) ist jedoch für den Fall einer Substitutionselastizität von eins ($\varsigma = 0$) nicht definiert. Um dennoch die Eigenschaften der Produktionsfunktion für diesen Grenzfall zu untersuchen, kann man die Produktionsfunktion logarithmieren:

$$\ln Y = \ln A + \frac{\ln\left(\alpha L^{\varsigma} + \beta K^{\varsigma}\right)}{\varsigma} . \tag{2C.15}$$

Geht ς gegen null, erhält man einen Bruch 0/0, der nicht definiert ist. Man kann jedoch den Zähler auf der rechten Seite der Gleichung (2C.15) als g(ς) und den

Nenner als h(ς) definieren. Wendet man dann die Regel von l'Hôpital an, differenziert also g(ς) und h(ς) nach ς, so erhält man

$$\frac{dg(\varsigma)}{d\varsigma} = g'(\varsigma) = \frac{\alpha L^{\varsigma} \ln L + \beta K^{\varsigma} \ln K}{\alpha L^{\varsigma} + \beta K^{\varsigma}} , \qquad (2C.16)$$

$$\frac{dh(\varsigma)}{d\varsigma} = h'(\varsigma) = 1 . \qquad (2C.17)$$

Die Grenzwertbetrachtung liefert dann

$$\lim_{\varsigma \to 0} \left(\ln Y \right) = \lim_{\varsigma \to 0} \left(\ln A + \frac{g'(\varsigma)}{h'(\varsigma)} \right) = \ln A + \alpha \ln L + \beta \ln K . \qquad (2C.18)$$

Die obige Funktion kann auch in der etwas gebräuchlicheren Form geschrieben werden:

$$Y = A L^{\alpha} K^{\beta} . \qquad (2C.19)$$

Kapitel 3

Ein F&E-Wachstumsmodell mit zunehmender Kapitalgütervielfalt

3.1 Die Modellstruktur

Im Rahmen der Neuen Wachstumstheorie hat vor allem jene Literaturrichtung besondere Beachtung gefunden, die den privaten Forschungs- und Entwicklungssektor (F&E-Sektor) als den Motor des technischen Fortschritts endogen modelliert.[1] Diese *F&E-Wachstumsmodelle* eignen sich darüber hinaus sehr gut dazu, außenwirtschaftliche Fragen zu untersuchen. In der vorliegenden Arbeit wird einer dieser Ansätze, das Romer-Modell (1990b), zugrunde gelegt.[2] Das Romer-Modell knüpft an die Tradition der neoklassischen Wachstumstheorie an. Alle Produktionsfaktoren sind intersektoral mobil und aufgrund flexibler Preise vollbeschäftigt. Es gibt zwei Sektoren: einen güterproduzierenden Fertigungssektor und einen F&E-Sektor. Abb. 3.1 stellt die Sektoren schematisch dar. Der Fertigungssektor stellt Industriegüter her und setzt dafür Kapitalgüter, Humankapital und Arbeit[3] ein. Die Industriegüter können entweder Konsumgüter oder Kapitalgüter sein. Der Wachstumsmotor wird durch einen privaten, gewinnorientierten F&E-

[1] Einen Überblick über verschiedene F&E-Wachstumsmodelle geben Gries, Wigger und Hentschel (1994).

[2] Eine weitere, vielbeachtete Klasse von F&E-Wachstumsmodellen wurde von Grossman und Helpman (1991) entwickelt. Diese Modelle abstrahieren jedoch von den Einflüssen des technischen Fortschritts auf den Kapitalstock bzw. das Kapitalstockwachstum. Damit wird jedoch, nach Auffassung des Verfassers, ein essentieller Aspekt des Wachstumsprozesses vernachlässigt. Bereits Judd (1985) hat ein Modell entwickelt, bei dem patentgeschützte Innovationen ursächlich für das Wachstum sind.

[3] Hier ist im Gegensatz zum Humankapital ungelernte oder weniger qualifizierte Arbeit gemeint.

Sektor angetrieben. Der F&E-Sektor erstellt Designs (Blaupausen oder Konstruktionspläne) für neue Kapitalgüter und vergrößert gleichzeitig den Wissensstand in der Volkswirtschaft. Gedanklich lassen sich zwei Wirkungskanäle der F&E-Tätigkeiten unterscheiden. Zum einen nimmt die Diversifikation des Kapitalstocks zu, was annahmegemäß über Spezialisierungsgewinne zu einer Erhöhung der Produktivität in der Güterfertigung führt. Die Intuition ist, daß eine erhöhte Anzahl von Kapitalgütervarianten eine bessere Aufteilung des Produktionsprozesses ermöglicht und dies effizienzsteigernd wirkt.[4] Zum anderen führt der größere Wissensstand dazu, daß die Produktivität aller Forscher und Entwickler steigt.

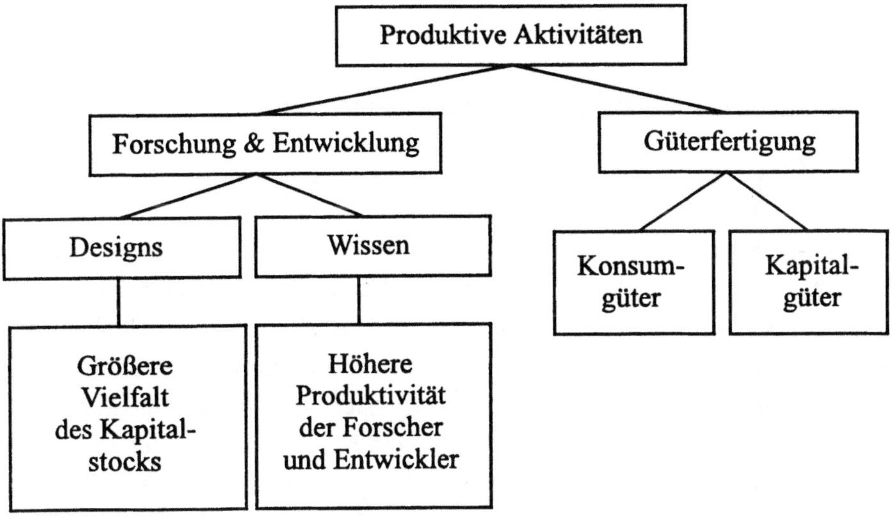

Abb. 3.1: Sektoren im Romer-Modell

Das Wissen hat nun besondere Eigenschaften. Zum einen können die Erkenntnisgewinne auf Dauer nicht geheimgehalten werden, d. h. andere Forscher und Ingenieure können von der Nutzung des neuen Wissens nicht dauerhaft ausgeschlossen werden. Zum anderen beeinträchtigt die Nutzung des Wissens durch einen Forscher in keiner Weise die Nutzung des Wissens durch einen anderen Forscher. Durch die beiden beschriebenen Eigenschaften, Nichtausschließbarkeit

[4] Vgl. Romer (1987), S. 56f. Dieses Konzept entspricht dem Love-for-variety-Ansatz auf der Konsumseite, der von Dixit und Stiglitz (1977) entwickelt wurde. Dabei wird angenommen, daß eine höhere Anzahl von Konsumgütervarianten nutzensteigernd ist. Ethier (1982) überträgt diese Idee auf die Produktionsseite.

und Nichtrivalität, besitzt das Wissen die Eigenschaften eines öffentlichen Gutes. Die F&E-Unternehmen können für das von ihnen produzierte Wissen keine Erträge erzielen. Die Designs hingegen können als private Güter gehandelt werden. Dahinter steht die Vorstellung, daß eine Produktidee bzw. deren Umsetzung in ein marktgängiges Produkt als intellektuelles Eigentum (intellectual property right) geschützt werden kann. Insbesondere Imitation und Produktpiraterie können verhindert werden. Die F&E-Unternehmen können folglich die Erträge ihrer Tätigkeit nur teilweise vereinnahmen.

Die Angebotsseite

Es wird folgende F&E-Produktionsfunktion unterstellt:

$$\dot{A} = \delta A H_A , \qquad mit\ \delta > 0 . \tag{3.1.1}$$

A ist die Anzahl der insgesamt verfügbaren Designs und δ ein Produktivitätsparameter. Als einziger Produktionsfaktor wird Humankapital (H_A) eingesetzt. Das Subskript "A" bezeichnet den Teil des Humankapitals, der in der Designproduktion (der F&E) eingesetzt wird. Es wird also die extreme Annahme getroffen, daß in der F&E weder ungelernte Arbeit noch Sachkapital in nennenswertem Umfang benötigt wird.[5] Zur Vereinfachung wird im folgenden angenommen, daß sich der Wissensstand mit der Anzahl der Designs proportional entwickelt. Jedes Design ist also im Durchschnitt mit gleich großen Erkenntnisgewinnen verbunden. Unter dieser Annahme ist die Anzahl der Gütervarianten ein gutes Maß für die Größe des Wissensstandes. Demgemäß wird A im folgenden sowohl die Anzahl der Designs als auch den Wissensstand einer Volkswirtschaft symbolisieren.[6] Die Grenzproduktivität von Humankapital (δA) erhöht sich in dem Maße, wie der Wissensstand der Forscher größer wird. Konzeptionell ist also das Wis-

---

[5] Rivera-Batiz und Romer (1991a) vergleichen den hier dargestellten Ansatz mit einem Modell, bei dem in der F&E neben dem Einsatz von Humankapital auch Kapitalgüter und ungelernte Arbeiter benötigt werden (lab equipment approach).

[6] Diese Gleichsetzung ist nicht zwingend und auch ökonomisch nicht plausibler als andere Zusammenhänge der beiden Größen. Grossman und Helpman (1991), S. 57f., untersuchen in einem ähnlichen Wachstumsmodell verschiedene Annahmen darüber, wie sich der Wissensstand in Abhängigkeit von der Anzahl der Designs entwickelt. Sie unterscheiden dabei lineare Beziehungen (wie im vorliegenden Modell) sowie steigende und fallende Grenzzuwächse des Wissensstandes.

sen klar vom Humankapital abgegrenzt. Zwar kann man auch Humankapital als eine Form von Wissen interpretieren, dies ist jedoch untrennbar an eine Person gebunden und hat deshalb, im Unterschied zum Wissensstand (A), den Charakter eines privaten Gutes.[7]

Die Güterproduktion (Y) erfolgt gemäß einer modifizierten Cobb-Douglas-Produktionsfunktion

$$Y = H_Y^{\alpha} L^{\beta} \int_0^A x(i)^{\gamma} \, di \,, \qquad mit \ \alpha > 0, \beta > 0, \gamma > 0, \alpha + \beta + \gamma = 1 \,. \tag{3.1.2}$$

Zu beachten ist, daß Y in dieser Arbeit nicht dem Volkseinkommen entspricht, da auch im F&E-Sektor ein Wertschöpfungsanteil erwirtschaftet wird. Y gibt im vorliegenden Ansatz die Anzahl der produzierten Konsum- und Kapitalgütereinheiten an. Der Zusammenhang mit dem Sozialproduktskonzept wird weiter unten diskutiert. Die Inputfaktoren sind Arbeit (L), Humankapital (H_Y) und ein Set verschiedener Kapitalgüter x(i). Das Subskript "Y" bezeichnet den Teil des Humankapitalbestands, der in der Güterproduktion eingesetzt wird. Der Faktor Arbeit kann im Gegensatz zum Humankapital nicht in der Forschung und Entwicklung neuer Produkte eingesetzt werden. Analog könnte man hier von "wenig qualifizierter Arbeit" sprechen. Aus Vereinfachungsgründen ist die Ausstattung der Volkswirtschaft mit Arbeit und Humankapital exogen gegeben. Humankapital wird sowohl in der F&E als auch in der Güterproduktion eingesetzt, Arbeit hingegen nur in der Güterproduktion. Lohnflexibilität stellt die Vollbeschäftigung von Arbeit und Humankapital sicher, so daß gilt

$$H = H_A + H_Y \,. \tag{3.1.3}$$

Die Kapitalgüter sind mit dem Index i gekennzeichnet, um die jeweilige Art des Kapitalgutes anzuzeigen. Der Index i kann zwischen 0 und A liegen. Aus Vereinfachungsgründen ist i kontinuierlich definiert.[8] Die Anzahl der verschiedenen Kapitalgüterarten ist endogen. Eine neue Kapitalgüterart entsteht dann, wenn der F&E-Sektor ein neues Design erfunden hat. Erst dann steht diese neue Kapitalgüterart den Produzenten zur Verfügung. Prinzipiell kann A unendlich groß werden,

[7] Vgl. auch Grossman und Helpman (1991), S. 15f.

[8] Diese Annahme ist insbesondere dann unschädlich, wenn i innerhalb eines sehr großen Wertebereichs liegt.

d. h. das Wachstum von A ist nicht begrenzt. Zur Vereinfachung ist angenommen, daß der Kapitalstock nicht abgeschrieben werden muß. Das Industriegut (Y) kann entweder eine Konsumgütereinheit (C) oder eine Einheit einer Kapitalgüterart (x(i)) sein.[9] Es sei unterstellt, daß die Produktion in beiden Fällen mit der gleichen Produktionstechnologie und der gleichen Menge an Produktionsfaktoren erfolgt. Jedoch wird für die Produktion einer Kapitalgütervariante als Vorprodukt jeweils ein Design benötigt. Mit anderen Worten: Die F&E ist in der Wertschöpfungskette der Fertigung von Kapitalgütern vorgelagert.

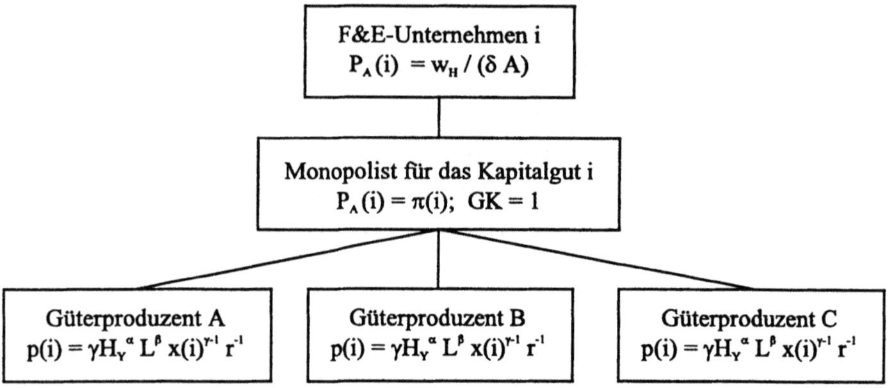

Abb. 3.2: Preisbildung im Romer-Modell

Konstituierend für das Zustandekommen von Wachstum im Romer-Ansatz ist, daß der F&E-Sektor aktiv ist. Voraussetzung hierfür ist jedoch, daß ein Markt für Designs entsteht und daß der Preis dieser Designs mindestens die Kosten einer Erfindung deckt. Da für die Produktion von Konsumgütern und die Produktion von Kapitalgütern annahmegemäß die gleiche Technologie verwendet wird, kann jeder Produzent frei zwischen der Konsumgüter- und der Kapitalgüterproduktion wechseln. Der einzige Unterschied zwischen der Produktion der beiden Güterarten besteht darin, daß als Voraussetzung für die Herstellung eines Kapitalgutes ein Design (Patent) gekauft werden muß. Der Erwerb eines Designs stellt für den angehenden Kapitalgüterproduzenten einmalige Fixkosten dar. Würden alle Faktoren nach ihrem Grenzprodukt entlohnt werden und konstante Skalener-

[9] Romer (1990b) unterstellt einen etwas allgemeineren Fall, daß nämlich auf die Produktion von n Einheiten des Konsumgutes verzichtet werden muß, um eine Einheit eines beliebigen Kapitalgutes herzustellen.

träge gelten, würden die Güterproduzenten keinen Gewinn erzielen. Die Kapitalgüterproduzenten wären dann nicht in der Lage, die Fixkosten für die Designs aufzubringen, und der F&E-Sektor könnte keine Erlöse aus den Forschungsanstrengungen erzielen. Die privaten Forschungsanstrengungen kämen zum Erliegen. Die Kapitalgüterproduzenten werden jedoch dann Gewinne erzielen, wenn sie eine Monopolstellung für eine Kapitalgütervariante einnehmen können. Dies ist insbesondere dann möglich, wenn das Design patentrechtlich geschützt wird. Ganz entscheidend ist also, daß keine Produktimitate auf den Markt kommen, die durch den entstehenden Wettbewerb die Monopolgewinne wegschmelzen lassen würden. Romer nimmt vereinfachend an, daß die Kapitalgüterproduzenten mit einer ewigen Monopolstellung rechnen können.[10]

Wie erfolgt die Preisbildung im Romer-Modell? Die Preisbildung ist in Abb. 3.2 illustriert. Die F&E-Unternehmen verkaufen ihre patentgeschützten Designs an einen der Güterproduzenten. Da es viele F&E-Unternehmen in der Volkswirtschaft gibt und viele Produzenten, die in der Lage wären, ein neues Kapitalgut zu produzieren, herrscht auf dem Markt für Designs vollständige Konkurrenz. Ein F&E-Unternehmen i verlangt einen Designpreis ($P_A(i)$), der mindestens seine Kosten deckt. Dies sind die Humankapitalkosten einer Erfindung, also der Quotient aus dem Lohn für Humankapital (w_H) und der Produktivität von Humankapital (δA):

$$P_A(i) = \frac{w_H}{\delta A} . \tag{3.1.4}$$

Die Kapitalgüterproduzenten hingegen sind höchstens bereit, einen Designpreis zu zahlen, der ihren Monopolrenten entspricht. Es gilt also:

$$P_A(i) = \pi(i) \tag{3.1.5}$$

[10] Eine andere Möglichkeit, das Ausbleiben von Produktimitationen zu begründen, besteht darin, anzunehmen, daß aus ökonomischen Optimierungsüberlegungen heraus erst gar kein Anreiz zum Kopieren bestehender Produkte entsteht. Verursacht etwa der Kopiervorgang selbst Kosten, da das bestehende Gut und der damit verbundene Produktionsprozeß zunächst erforscht und umgesetzt werden muß, und sind die laufenden Produktionskosten des Imitators gleich den laufenden Kosten des innovativen Unternehmens, so würde ein einsetzender oligopolistischer Bertrand-Wettbewerb die Gewinne beider Unternehmen auf null reduzieren. Weder das innovative noch das imitierende Unternehmen würde für die Produktentwicklungskosten entschädigt werden. Produktimitation wäre ökonomisch irrational. Vgl. hierzu Grossman und Helpman (1991), S. 49.

Im Gleichgewicht entsprechen sich die beiden Preisvorstellungen. Dies resultiert daraus, daß auf der Nachfrageseite die Kapitalgüterproduzenten so lange um die Designs konkurrieren bis der Designpreis maximal den erzielbaren Monopolrenten entspricht. Auf der Angebotsseite stehen die F&E-Unternehmen im Wettbewerb miteinander, was sicherstellt, daß der Designpreis die Grenzkosten (für Humankapital) nicht übersteigt. Im Ergebnis fließt somit die gesamte Monopolrente der Kapitalgüterproduzenten dem Faktor Humankapital zu. Die Monopolisten machen also in der Summe keinen Gewinn, erzielen jedoch einen positiven Deckungsbeitrag.

Auf dem Markt für Kapitalgüter verkaufen die Kapitalgüterproduzenten die Kapitalgüter an andere Güterproduzenten. Jeder Kapitalgüterproduzent kann sich als Monopolist verhalten, da das Patentrecht ihn vor direkten Konkurrenten schützt. Jeder Monopolist kennt die Nachfragefunktion der anderen Produzenten nach dem eigenen Kapitalgut. Die inverse Nachfrage nach Kapitalgütern entspricht der abdiskontierten Summe aller Grenzprodukte, die mit einem Kapitalgut zu erzielen sind:

$$p(i) = \int_s^\infty e^{-r(t-s)} \frac{\partial Y}{\partial x(i)} dt = \frac{\gamma H_Y^\alpha L^\beta x(i)^{\gamma-1}}{r} . \tag{3.1.6}$$

Der Monopolist wird in Kenntnis der obigen Nachfragefunktion seinen Gewinn maximieren, wobei sich seine Grenzkosten (GK) wie folgt ergeben: Er verzichtet für die Produktion einer Kapitalgütereinheit auf die Produktion einer Konsumgütereinheit. Seine Opportunitätskosten sind demgemäß eins.[11] Die Gewinnfunktion eines repräsentativen Kapitalgüterproduzenten i lautet:

$$\pi(i) = p(x(i))\, x(i) - x(i) = \gamma H_Y^\alpha L^\beta x(i)^\gamma r^{-1} - x(i) . \tag{3.1.7}$$

Ein gewinnmaximierender Kapitalgüterproduzent wird einen Preis setzen, der um einen konstanten Markup höher als die Grenzkosten ist.[12] Der Markup richtet

[11] Im Unterschied hierzu nimmt Romer (1990b) an, daß die Monopolisten die Kapitalgüter verleihen. Es fallen dann Opportunitätskosten der Kapitalgüterfertigung in Höhe des Zinssatzes (r) an. Daraus folgt weiterhin, daß der Annuitätenpreis für eine Kapitalgütereinheit den Grenzerträgen des Kapitalgutes in einer Periode und der Wert der Monopolrente der abdiskontierten Summe der Mieteinnahmen entspricht. Die Modellergebnisse bleiben durch die hier vorgenommene Modifikation weitgehend unbeeinflußt.

[12] Zur genauen Ableitung der Monopolpreisbildung siehe Anhang 3B.

sich nach der Nachfrageelastizität für das Kapitalgut ($-1/(1-\gamma)$) und ist hier $1/\gamma$. Der Preis eines repräsentativen Kapitalgutes i ergibt sich folglich als

$$p(i) = \frac{1}{\gamma} . \tag{3.1.8}$$

Die Entlohnung des Faktors Kapital ist durch die Monopolpreisbildung verzerrt. Der Preis für Kapitalgüter (p(i)) liegt um den Markup höher als die Grenzkosten. Dadurch werden weniger Kapitalgüter nachgefragt, und das Grenzprodukt der Kapitalgüter ist höher als im Fall der vollständigen Konkurrenz. Infolgedessen ist die Sachkapitalbildung geringer als bei vollständiger Konkurrenz. Darüber hinaus beeinflußt die Monopolpreisbildung den Zinssatz. Durch Einsetzen der Gleichung (3.1.8) in (3.1.6) folgt:

$$r = \gamma \frac{\partial Y}{\partial x(i)} = \gamma^2 H_Y^\alpha L^\beta x(i)^{\gamma-1} . \tag{3.1.9}$$

Der Zinssatz ist also um den Markup-Faktor geringer als das Grenzprodukt des Sachkapitals. Dies ist wie folgt zu erklären. Der Zinssatz bringt die Spar- und Investitionswünsche zum Ausgleich. Er gibt an, wieviele Gütereinheiten einem Investor in der nächsten Periode mehr zur Verfügung stehen, wenn dieser auf eine Konsumgütereinheit verzichtet. Die Monopolpreisbildung treibt einen Keil zwischen die Grenzerträge einer Investition (p(i)) und dem, was einem Investor, der auf eine Konsumgütereinheit verzichtet hat, zufließt (r). Für die Monopolrente und damit den Designpreis folgt aus (3.1.7) und (3.1.8)

$$P_A(i) = \pi(i) = \frac{1-\gamma}{\gamma} x(i) . \tag{3.1.10}$$

Diese Gleichung macht einen wichtigen Zusammenhang im Romer-Modell deutlich. Außer den Technologieparametern bestimmt allein die Höhe der Nachfrage nach dem Kapitalgut i die Zahlungsbereitschaft für die Designs und damit die Innovationsanreize. Eine größere Nachfrage nach Kapitalgütern führt durch den konstanten Markup je Einheit zu höheren Designpreisen und damit zu höheren Innovationsanreizen. Da annahmegemäß alle Güterproduzenten identische Produktionstechnologien verwenden, sind alle Kapitalgüter symmetrisch, d. h. es gilt $x=x(i)$, $p(i)=p$ und $P_A(i)=P_A$ für alle i.

Im Unterschied zum Kapitalgütermarkt ist der Markt für Konsumgüter polypolistisch, und es fallen keine fixen Kosten an. Der Preis, der auf eins normiert ist, entspricht somit den Grenzkosten.

Im F&E-Sektor werden Vorprodukte für die Kapitalgüterproduktion erstellt. In der Produktionsfunktion für den Industriegütersektor (3.1.2) ist dieser Wertschöpfungsanteil nicht berücksichtigt. Um das Bruttoinlandsprodukt (BIP) zu ermitteln, müssen demgemäß beide Wertschöpfungsanteile addiert werden, wobei der Designpreis den Wert der Designs in Konsumgütereinheiten umrechnet. Aus den Gleichungen (3.1.1) und (3.1.2) ergibt sich:

$$BIP = Y + P_A \dot{A} = H_Y^{\alpha} L^{\beta} A x^{\gamma} + P_A \delta A H_A . \tag{3.1.11}$$

Das BIP wird in einer geschlossenen Volkswirtschaft und ohne Abschreibungen definitionsgemäß entweder für Konsumzwecke oder zum Aufbau des Kapitalstocks (K) verwendet. Im Romer-Modell sind für den Aufbau des Kapitalstocks zwei Wertschöpfungsstufen notwendig: die F&E und die eigentliche Güterfertigung. Unter Berücksichtigung von Gleichung (3.1.10) folgt:

$$BIP = C + \dot{K} = C + \dot{A} x + \dot{A} P_A = C + \frac{1}{\gamma} \dot{A} x . \tag{3.1.12}$$

Die obige Gleichung macht noch einmal deutlich, daß sich der Wertschöpfungsanteil der F&E vollständig im Markup der Monopolisten niederschlägt. Die rechte Seite der obigen Gleichung ist die Addition der Konsumgüter und der Kapitalgüter, wobei die Kapitalgüter gemäß ihrem relativen Preis ($1/\gamma$) in Konsumgütereinheiten umgerechnet sind. Der Kapitalstock ist die Summe der investiven Aufwendungen und gleichzeitig die Summe des erfolgten Konsumverzichts, wobei sowohl für die Kapitalgüterproduktion als auch für die F&E auf Konsum verzichtet werden mußte. Es gilt mit Gleichung (3.1.10), daß

$$K = \int_0^A \left(x(i) + P_A(i) \right) di = A x + A P_A = \frac{1}{\gamma} A x . \tag{3.1.13}$$

Im allgemeinen wird in Makromodellen der Kapitalstock (K) in aggregierter Form dargestellt. Es soll nun gezeigt werden, welche Implikationen und Parallelen sich aus der vorliegenden disaggregierten Darstellung ergeben. Setzt man die obige Gleichung in die Produktionsfunktion (3.1.2) ein, so folgt mit $x = \gamma K/A$

$$Y = H_Y^{\alpha} L^{\beta} A \left(\frac{\gamma K}{A} \right)^{\gamma} = A^{\alpha+\beta} H_Y^{\alpha} L^{\beta} \left(\gamma K\right)^{\gamma} = \left(A\, H_Y\right)^{\alpha} \left(A L\right)^{\beta} \left(\gamma K\right)^{\gamma} . \qquad (3.1.14)$$

Es wird deutlich, daß die disaggregierte Produktionsfunktion von Romer in eine herkömmliche Produktionsfunktion mit aggregiertem Kapitalstock überführt werden kann. A, die Anzahl der Kapitalgütervarianten, kann als Harrod-neutraler technischer Fortschritt interpretiert werden, der arbeits- und humankapitalvermehrend wirkt. Eine weitere Eigenschaft der obigen Produktionsfunktion ist, daß sie konstante Skalenerträge für ein gegebenes A aufweist. Ist A jedoch variabel, so ergeben sich steigende Skalenerträge.

Die Produktionsfunktion (3.1.2) impliziert, daß die einzelnen Kapitalgüterarten untereinander unvollständig substituierbar sind. Die Kapitalgüterarten gehen additiv separabel[13] in die Produktionsfunktion ein. Die Substitutionselastizität zwischen den Kapitalgüterarten ergibt sich als $-1/(1-\gamma)$. Sie ist konstant und dem Betrage nach größer als eins.[14] Sind die Kapitalgüterarten vollständige Substitute, so können die Kapitalgütereinheiten der einzelnen Kapitalgüterarten einfach addiert werden. Der Wert des Kapitalgüterindexes ist dann unabhängig von der Variantenzahl (A).[15]

Wie sich die Modellvariablen im Gleichgewicht entwickeln, kann mit Hilfe von Tabelle 3.1 erläutert werden. Für die relevanten Koeffizienten sind folgende Werte angenommen: $\alpha=\beta=0{,}25$; $\gamma=0{,}5$; $\delta=0{,}0025$; $x=20$; $P_A=20$; $H=100$; $L=1$ und $H_A=40$. Die Wirtschaft befindet sich in einem Wachstumsgleichgewicht mit einer Wachstumsrate von 10%. Die Menge des repräsentativen Kapitalgutes (x) bleibt im Wachstumsverlauf unverändert.[16] Es sei angenommen, daß die Wirtschaft zum Zeitpunkt t 1000 Designs erstellt hat, der Wissensstand beträgt also ebenfalls 1000.

---

[13] Eine Produktionsfunktion (Nutzenfunktion) ist additiv separabel, wenn der Grenzertrag (Grenznutzen) eines Faktors (Konsumgutes) unabhängig von der Menge eines beliebigen anderen Faktors (Konsumgutes) ist. Vgl. hierzu auch Anhang 3A.

[14] Eine vertiefende Analyse der genannten Zusammenhänge erfolgt im Anhang 3A. In der Realität gibt es natürlich enge und weitere Substitutionsbeziehungen und vor allem auch Komplementärbeziehungen. Young (1993) hat das Zusammenspiel von Substitutions- und Komplementärbeziehungen in einem Wachstumsmodell analysiert.

[15] Vgl. hierzu auch Anhang 3A.

[16] Im Wachstumsgleichgewicht muß x konstant bleiben. In den Kapiteln 3.2 und 3.3 wird gezeigt, daß im Gleichgewicht K und A mit der gleichen Rate wachsen. Daraus folgt zusammen mit der Gleichung (3.1.13) die Konstanz von x.

Tabelle 3.1: Beispiel für ein Wachstumsgleichgewicht

Zeit	A	$K=Ax/\gamma$	$\dot{A}=\delta H_A A$	BIP	C	$\dot{K}$
t	1000	40000	100	15000	11000	4000
t+1	1100	44000	110	16500	12100	4400
t+2	1210	48400	121	18150	13310	4840
t+3	1331	58564	133	19965	14641	5856
⋮	⋮	⋮	⋮	⋮	⋮	⋮
t+n	...	...	...	...	...	...

Die Modellstruktur ist grafisch in Abb. 3.3 dargestellt. Die rechteckigen Boxen stellen die Produktionstechnologien der beiden Sektoren, F&E-Sektor und Industriegütersektor, dar. Die Produktionsfaktoren sind durch Kreise (Ellipsen) symbolisiert. Der Bestand der beiden Faktoren Wissen (A) und Sachkapital (K) verändert sich im Romer-Modell durch die Produktion der beiden Sektoren. Der Wissensstand erhöht sich durch die Erforschung und Entwicklung neuer Designs, der Sachkapitalstock wächst sowohl durch neue Designs als auch durch die Pro-

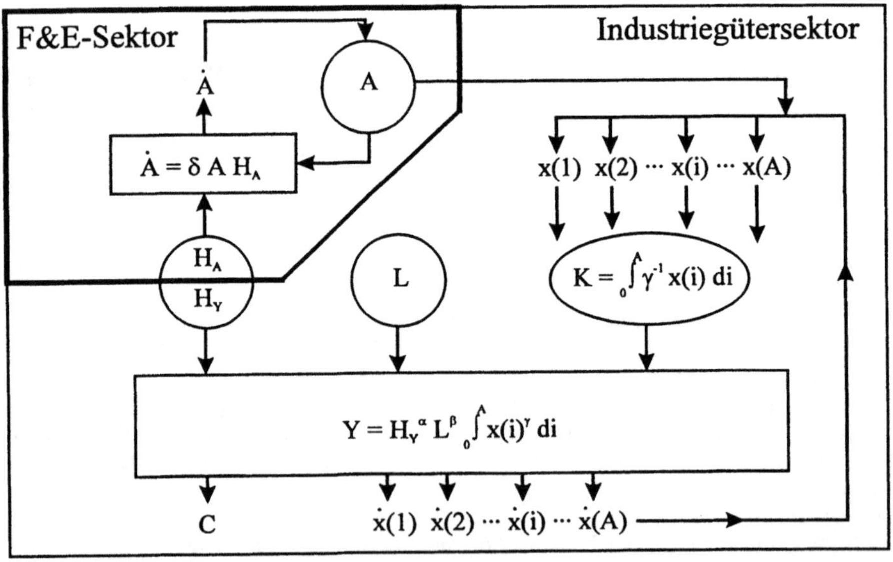

Abb. 3.3: Modellstruktur

duktion der Kapitalgüter (x(i)). Humankapital ist der einzige Faktor, der von beiden Sektoren genutzt wird.

Die Nachfrageseite

Es ist unterstellt, daß die Haushalte ihren Nutzen über die Zeit maximieren. Nutzenstiftend ist allein der Konsum. Die Präferenzen der Haushalte sind annahmegemäß vom Ramsey-Typ:

$$U_s = \begin{cases} \int_s^{\infty} e^{-\rho(t-s)} \frac{C^{1-\sigma}}{1-\sigma}\, dt & \textit{mit } 0 < \sigma < \infty \textit{ und } \sigma \neq 1\,, \\ \int_s^{\infty} e^{-\rho(t-s)} \ln C\, dt & \textit{mit } \sigma = 1\,. \end{cases} \tag{3.1.15}$$

Die intertemporale Substitutionselastizität ($1/\sigma$) ist konstant. Die Zeitpräferenzrate wird durch ρ symbolisiert. Es ergibt sich eine optimale intertemporale Konsumaufteilung, wenn die Wachstumsrate des Konsums folgende Bedingung erfüllt:

$$\frac{\dot{C}}{C} = \frac{r - \rho}{\sigma}\,. \tag{3.1.16}$$

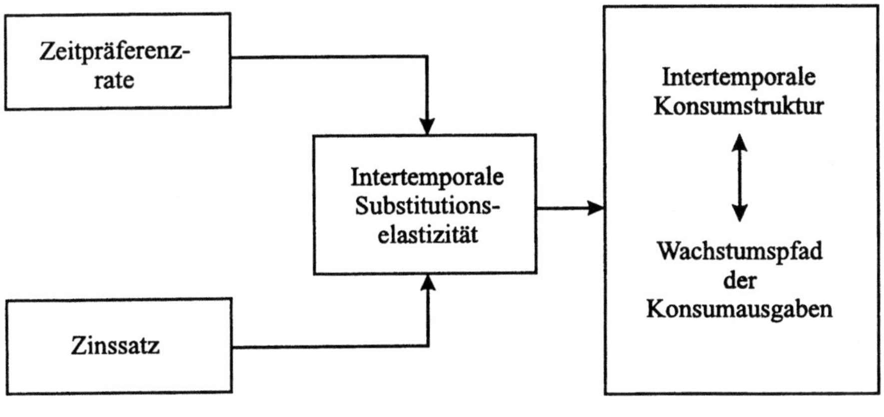

Abb. 3.4: Intertemporale Konsumentscheidung

Abb. 3.4 verdeutlicht die Art der intertemporalen Konsumentscheidung. Die Haushalte optimieren ihre intertemporale Konsumstruktur, indem sie den Erträgen des Konsumverzichtes (dem Zinssatz) den Nutzenentgang des späteren Konsums aufgrund der Gegenwartspräferenz gegenüberstellen. Die intertemporale Substitutionselastizität gibt an, wie stark die Haushalte ihre Konsumausgaben zeitlich verlagern, wenn sich bei gegebener Zeitpräferenzrate der Zinssatz ändert. Die Haushalte haben ihren Konsumplan dann optimiert, wenn sie indifferent sind, ob eine weitere Konsumeinheit jetzt oder erst zu einem späteren Zeitpunkt aufgebraucht werden soll.

3.2 Wachstumsgleichgewicht in einer Marktwirtschaft

Im folgenden Kapitel soll gezeigt werden, welche Bedingungen für das Zustandekommen eines Wachstumsgleichgewichts erfüllt sein müssen und von welchen Faktoren die Steady-state-Wachstumsrate abhängt. Die Ausführungen werden zeigen, daß dabei dem Zins (r) und der Humankapitalallokation (H_A) eine hervorragende Bedeutung zukommt. Mit Hilfe dieser beiden Variablen lassen sich angebotsseitige und nachfrageseitige Gleichgewichtsbedingungen formulieren, die gemeinsam das Wachstumsgleichgewicht bestimmen.

Ein Wachstumsgleichgewicht (Steady-state) ist dann erreicht, wenn die Variablen A, K, Y, BIP und C in gleichen, konstanten Raten wachsen:

$$g = \frac{\dot{C}}{C} = \frac{B\dot{I}P}{BIP} = \frac{\dot{Y}}{Y} = \frac{\dot{K}}{K} = \frac{\dot{A}}{A}, \tag{3.2.1}$$

wobei g die Steady-state-Wachstumsrate bezeichnet. Aus der Gleichung (3.1.13) folgt, daß die Menge der eingesetzten Kapitalgütereinheiten (x) aller Kapitalgüterarten konstant bleibt, wenn K und A mit der gleichen Rate wachsen. Daraus folgt unmittelbar, daß auch der Designpreis in Gleichung (3.1.10) konstant ist.

Die Wachstumsrate des Wissensstandes folgt aus der Produktionsfunktion des F&E-Sektors (3.1.1)

$$\frac{\dot{A}}{A} = \delta H_A . \tag{3.2.2}$$

Die Wachstumsrate von A kann also nur dann konstant sein, wenn der Humankapitaleinsatz in der F&E unverändert bleibt. Weiterhin wird deutlich, daß die

Wachstumsrate von der Humankapitalallokation zwischen den Sektoren abhängt. Je mehr Humankapital in der F&E eingesetzt wird, desto höher ist die Wachstumsrate von A. Deshalb soll im folgenden zunächst die gleichgewichtige Humankapitalallokation abgeleitet werden.

Der Industriegütersektor konkurriert mit dem F&E-Sektor um den gegebenen Bestand an Humankapital. In beiden Sektoren wird das Humankapital dem Grenzprodukt entsprechend entlohnt. Die Industriegüterproduzenten sind folglich bereit, das Humankapital gemäß

$$w_{HY} = \alpha H_Y^{\alpha-1} L^\beta \int_0^A x(i)^\gamma \, di = \frac{\alpha}{\gamma^2} A x r H_Y^{-1} \tag{3.2.3}$$

zu entlohnen. Bei der Ableitung des letzten Ausdrucks in der obigen Formel wurde Gleichung (3.1.9) verwendet und L^β ersetzt. Substituiert man weiterhin x mit Hilfe der Gleichung (3.1.9), so folgt

$$w_{HY} = \alpha \gamma^{2\gamma/(1-\gamma)} A L^{\beta/(1-\gamma)} r^{-\gamma/(1-\gamma)} H_Y^{-\beta/(1-\gamma)} . \tag{3.2.4}$$

Das Grenzprodukt von Humankapital in der F&E in Designeinheiten ergibt sich als δA. Um es in Konsumgütereinheiten umzurechnen, muß man es mit dem Preis für Designs (P_A) multiplizieren. Die F&E-Unternehmen sind folglich bereit, einen Lohn

$$w_{HA} = P_A \delta A = \frac{1-\gamma}{\gamma} \delta A x \tag{3.2.5}$$

zu zahlen. Zur Herleitung wurde die Gleichung (3.1.10) verwendet. Ersetzt man x mit Hilfe der Gleichung (3.1.9), erhält man

$$w_{HA} = (1-\gamma) \gamma^{(1+\gamma)/(1-\gamma)} \delta A L^{\beta/(1-\gamma)} r^{-1/(1-\gamma)} H_Y^{\alpha/(1-\gamma)} . \tag{3.2.6}$$

Im Gleichgewicht entsprechen sich die Löhne und damit die Grenzprodukte in beiden Verwendungen, und der Humankapitalbestand ist vollbeschäftigt, d. h. es gilt $w_H = w_{HA} = w_{HY}$. Eine bestimmte Humankapitalallokation läßt sich bei gegebenem Gesamtbestand an Humankapital (H) eindeutig entweder durch die Humankapitalmenge in der F&E (H_A) oder die Humankapitalmenge in der Güterfertigung (H_Y) beschreiben.

Um die Gedanken von Romer (1990b) zur gleichgewichtigen Allokation von Humankapital zu verdeutlichen, wird im folgenden eine Grafik (Abb. 3.5) ent-

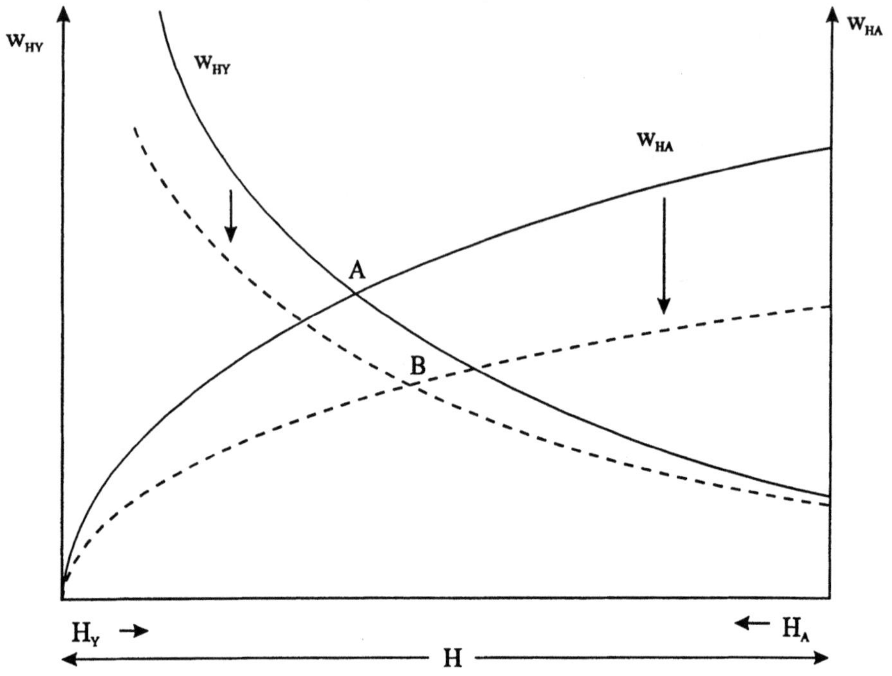

Abb. 3.5: Optimale Humankapitalallokation

wickelt. Die beiden Grenzprodukt- bzw. Lohngleichungen (3.2.4) und (3.2.6) sind dort dargestellt. Beide Kurven gelten nur für einen gegebenen Zinssatz (r). Die linke Seite der Box zeigt das Grenzprodukt von Humankapital in der Güterfertigung, die rechte Seite das Grenzprodukt von Humankapital in der F&E, ausgedrückt in Konsumgütereinheiten. Die Abszisse gibt an, wieviel Humankapital in der Güterproduktion beschäftigt ist (ausgehend von links) und wieviel Humankapital in der F&E beschäftigt ist (ausgehend von rechts). Die Länge der Abszisse ist ein Maß für die Humankapitalausstattung der Volkswirtschaft (H). Die Grenzproduktkurve von Humankapital in der Güterproduktion hat den üblichen fallenden Verlauf, der durch die Cobb-Douglas-Produktionsfunktion bestimmt ist. Die Grenzproduktkurve von Humankapital in der F&E hingegen erreicht ein Maximum, wenn die Einsatzmenge vom Humankapital null ist und sinkt auf null, wenn der gesamte Humankapitalbestand der Volkswirtschaft in der F&E eingesetzt ist ($H_A = H$). Steigt der Einsatz von Humankapital in der F&E, so sinkt das Grenzprodukt mit zunehmenden Raten. Wodurch läßt sich dieser Verlauf der Grenzproduktkurve erklären? Die unterstellte Produktionsfunktion (3.1.1) impliziert, daß das Grenzprodukt von Humankapital in der F&E, gemessen in Einheiten von Designs, konstant ist. Für die Allokationsentscheidung muß das Grenzprodukt jedoch in Konsumgütereinheiten umgerechnet werden, indem mit dem Designpreis (P_A) multipliziert wird. Der Designpreis hängt nun wiederum von der Humankapitalallokation ab. Je mehr Humankapital in der Güterproduktion eingesetzt wird, desto höher ist das Grenzprodukt der Kapitalgüter und folglich auch die Kapitalgüternachfrage. Eine steigende Nachfrage nach Kapitalgütern führt aufgrund des konstanten Markups zu höheren Monopolrenten und somit zu einem höheren Designpreis. Die Gleichung (3.1.10) zeigt, daß sich der Preis für Designs proportional zur Kapitalgütermenge entwickelt. Ein Maximum an Kapitalgütern wird dann nachgefragt, wenn die maximale Güterproduktion erfolgt, d. h. wenn der gesamte Humankapitalbestand in der Güterproduktion beschäftigt ist. Dieser Punkt ist in Abb. 3.5 durch den Schnittpunkt der w_{HA}-Kurve mit der rechten Ordinate gekennzeichnet. Der Preis für Designs wird null, wenn kein Humankapital mehr in der Güterproduktion eingesetzt wird, da dann aufgrund der unterstellten Cobb-Douglas-Produktionsfunktion der Güteroutput und damit auch die Kapitalgüternachfrage null wäre. Die Steigungen der beiden Grenzproduktkurven sind miteinander verknüpft. Ausgehend von einem Punkt, bei dem der größte Teil des Humankapitals in der Güterproduktion eingesetzt wird, führt eine Reduktion von H_Y zu einer geringen Erhöhung des Grenzprodukts von Humankapital in der Güterproduktion. Deshalb verändert sich das optimale Faktoreinsatzverhältnis zwischen Kapitalgütern und Humankapital nur wenig, d. h. der Anstieg der Kapitalgüternachfrage ist gering. Folglich wird auch der Preis für Designs und damit das Grenzprodukt von Humankapital in der F&E nur wenig ansteigen. Je weniger Humankapital in der Güterproduktion eingesetzt wird, desto größer sind die Effekte auf das Grenzprodukt von Humankapital in der Güterproduktion, die induzierten Nachfrageänderungen nach Kapitalgütern und die induzierten Auswirkungen auf das Grenzprodukt von Humankapital in der F&E. Je steiler w_{HY} verläuft, desto steiler muß auch w_{HA} verlaufen. Das Produktionsoptimum ist erreicht, wenn sich die beiden Grenzproduktkurven schneiden und der gesamte Humankapitalbestand auf die beiden Sektoren verteilt ist.

Eine höhere Ausstattung der Volkswirtschaft mit Humankapital bei gegebenem Zinssatz läßt den Schnittpunkt der beiden Grenzproduktkurven unverändert. Zwar wird der Abstand zwischen den beiden Ordinaten größer, jedoch ändert sich am Verlauf der beiden Grenzproduktkurven nichts. Die Kurven müssen nur nach rechts verlängert werden. Es wird also nach wie vor gleich viel Humankapital in der Güterproduktion eingesetzt, während die Einsatzmenge des Humankapitals in der F&E um den gleichen Betrag wie die Humankapitalausstattung zunimmt.

Formal läßt sich das intersektorale Optimum bestimmen, indem die rechten Seiten der Gleichungen (3.2.3) und (3.2.5) gleichgesetzt werden. Für die optimale Einsatzmenge von Humankapital in der Industriegüterproduktion folgt

$$H_Y = \frac{\psi}{\delta} r \qquad mit\ \psi = \frac{\alpha}{\gamma(1-\gamma)} . \tag{3.2.7}$$

Die obige Gleichung zeigt, daß der Zinssatz eine entscheidende Rolle bei der Bestimmung der gleichgewichtigen Humankapitalallokation spielt. Für jeden Zinssatz kann bei gegebener Parameterkonstellation eine optimale Aufteilung von Humankapital auf die beiden Sektoren angegeben werden. Es ist umgekehrt auch möglich, für jede Humankapitalallokation einen gleichgewichtigen Zins zu bestimmen. Dieser Zins (r_t) stellt dann ein technologisches oder angebotsseitiges Gleichgewicht sicher. Aus der Gleichung (3.2.7), zusammen mit $H=H_A+H_Y$, ergibt sich:

$$r_t = \frac{\delta H}{\psi} - \frac{\delta H_A}{\psi} = \frac{\delta H}{\psi} - \frac{g}{\psi} . \tag{3.2.8}$$

Die obige Gleichung zeigt, daß die Menge des Humankapitals in der F&E direkt mit der Wachstumsrate verknüpft ist, $g=g_A=\delta H_A$. Wenn man diese Gleichgewichtsbedingung, wie in Abb. 3.6 geschehen, in ein Zins-Humankapitaldiagramm einzeichnet, ergibt sich ein fallender Verlauf.[17] Der Schnittpunkt der r_t-Kurve mit der Ordinate gibt den Zinssatz an, bei dem das gesamte Humankapital in der Güterproduktion beschäftigt wird. Der Schnittpunkt mit der Abszisse gibt die Ausstattung der Volkswirtschaft mit Humankapital an. Wäre der Zins nämlich null, so würde das gesamte Humankapital in der F&E verwendet werden.

Wie kann nun der fallende Verlauf der r_t-Kurve erklärt werden? Zur Erläuterung soll Bezug auf Abb. 3.5 der beiden Grenzproduktkurven genommen werden. Die r_t-Kurve zeigt nämlich nichts anderes als H_A-Werte, die sich bei unterschiedlichen Zinssätzen als Schnittpunkte der Grenzproduktkurven ergeben. Ein Zinsanstieg verschiebt beide Grenzproduktkurven nach unten, was durch die Glei-

[17] Analog kann auch eine Gleichgewichtskurve gezeichnet werden, wobei an der Abszisse die gleichgewichtige Wachstumsrate abgetragen wird. Dies wird aus der rechten Seite der Gleichung (3.2.8) deutlich.

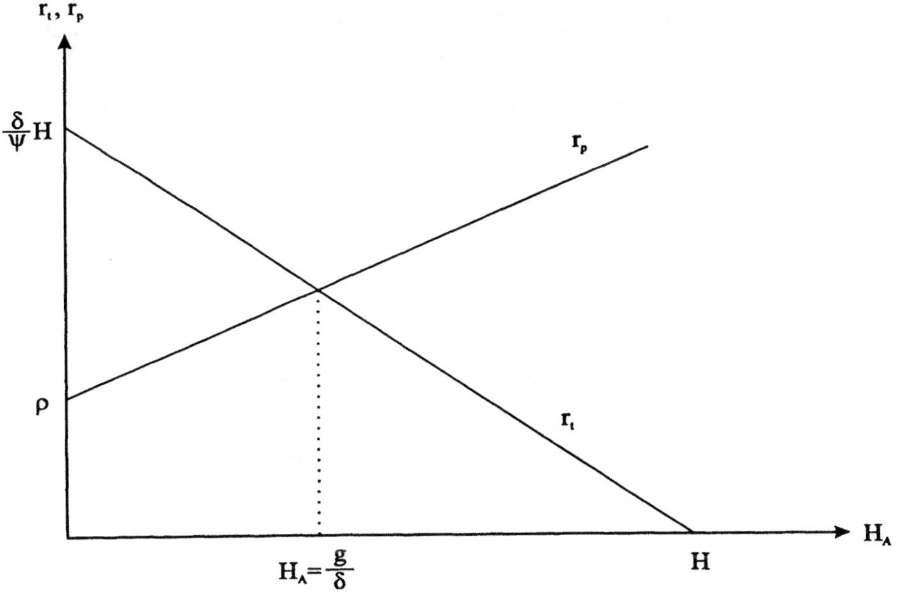

Abb. 3.6: Gesamtwirtschaftliches Gleichgewicht

chungen (3.2.4) und (3.2.6) deutlich wird, wobei zwei Effekte zu unterscheiden sind. Erstens führt ein steigender Zins zu einem im gleichen Maße steigenden Preis für Kapitalgüter, was die Kapitalgüternachfrage sinken läßt. Der Rückgang der Kapitalgüternachfrage (x) läßt nun die Grenzproduktivität von Humankapital in beiden Verwendungen in gleichem Maße sinken. Die beiden Grenzproduktkurven verschieben sich um die gleiche Strecke nach unten. Dies wird durch die Gleichungen (3.2.3) und (3.2.5) deutlich. In der Güterproduktion erfolgt dieser Rückgang über die gesunkene Ausstattung mit Kapitalgütern pro Humankapitaleinheit, in der F&E über die gesunkenen Monopolrenten aufgrund des geringeren Absatzes von Kapitalgütern.

Der zweite Effekt wirkt über das veränderte Faktorpreisverhältnis im güterproduzierenden Sektor. Der gestiegene Zins läßt den relativen Preis von Humankapital zu den Kapitalgütern sinken, was dazu führt, daß Kapitalgüter durch Humankapital substituiert werden. Die Nachfrage nach Humankapital im Industriegütersektor steigt also, wodurch Humankapital aus dem F&E-Sektor in die Güterproduktion gelenkt wird. Dieser zweite Effekt verschiebt die w_{HY}-Kurve wieder ein Stück nach oben.

Die Grenzproduktkurven nach einem Zinsanstieg sind als gestrichelte Linien in Abb. 3.5 eingezeichnet. In der Summe ist die w_{HA}-Kurve stärker nach unten verschoben worden als die w_{HY}-Kurve. Der neue Schnittpunkt muß deshalb rechts vom alten Schnittpunkt liegen. Humankapital wandert also in Reaktion auf einen Zinsanstieg von der F&E in die Güterproduktion, H_A sinkt, die r_t-Kurve verläuft folglich fallend.

Bisher wurden die Bedingungen für ein Produktionsoptimum hergeleitet. Nun soll gezeigt werden, wie das Konsumoptimum bestimmt werden kann. Die Konsumenten weisen Ramsey-Präferenzen auf, wie sie durch die Gleichung (3.1.15) beschrieben sind. Im Steady-state muß das Konsumwachstum gleich dem Wachstum des Wissensstandes sein, d. h. $\dot{C}/C = \dot{A}/A = \delta H_A$. Diese Bedingung zusammen mit der Gleichung (3.1.16) ergibt Kombinationen von H_A und dem Zinssatz (r_p), die die Präferenzen der Haushalte ins Optimum bringen:

$$r_p = \rho + \sigma g_C = \rho + \sigma \delta H_A . \tag{3.2.9}$$

Diese Beziehung ist in Abb. 3.6 durch die r_p-Kurve dargestellt. Sie hat steigenden Verlauf, da ein steigender Zinssatz den Wunsch der Konsumenten verstärkt, Konsum in die Zukunft zu verlagern. Die Zeitpräferenzrate gibt an, um wieviel die Haushalte eine Konsumeinheit in der Zukunft geringer einschätzen als eine Konsumeinheit heute. Ist der Zinssatz gleich der Zeitpräferenzrate, sind Erträge und Kosten der Konsumverlagerung gleich groß: Die Haushalte wünschen deshalb eine gleichmäßige Aufteilung ihres Konsums in der Zeit. Die Konsumwachstumsrate ist in diesem Fall null. Diese Situation wird durch den Schnittpunkt der r_p-Kurve mit der Ordinate beschrieben.

Der Schnittpunkt der beiden Zinskurven gibt die Zins-Humankapital-Kombination an, die sowohl das Produktions- als auch das Haushaltsoptimum sicherstellt. Durch Gleichsetzen der Gleichungen (3.2.8) und (3.2.9) kann die optimale Einsatzmenge von Humankapital in der F&E

$$H_A = \frac{\delta H - \rho \psi}{\delta (1 + \sigma \psi)} \tag{3.2.10}$$

und die gleichgewichtige Wachstumsrate

$$g = \frac{\delta H - \rho \psi}{1 + \sigma \psi} \tag{3.2.11}$$

bestimmt werden.[18]

Die gleichgewichtige Wachstumsrate ist um so größer, je höher die Produktivität im F&E-Sektor (δ) ist, da bei gegebenen Ressourcen mehr Designs erstellt werden können. Sind die Konsumenten eher bereit, auf heutigen Konsum zu verzichten, weisen sie also eine geringe Zeitpräferenzrate (ρ) oder eine hohe Bereitschaft zur intertemporalen Substitution auf (kleines σ), so wirkt dies zinssenkend und wachstumssteigernd. Je größer die Ausstattung mit Humankapital ist, desto größer ist die Wachstumsrate. Steigt das verfügbare Humankapital an, so verschiebt sich die r_t-Kurve nach rechts, das hinzugekommene Humankapital teilt sich auf die beiden Sektoren auf, was sowohl das Produktionsniveau als auch die Wachstumsrate erhöht. Sinkt die Humankapitalausstattung unter einen kritischen Wert, so daß die r_t-Kurve die Ordinate unterhalb der r_p-Kurve schneidet, wird die gleichgewichtige Wachstumsrate null und der gesamte Humankapitalbestand würde zur Produktion von Konsumgütern eingesetzt werden.[19] Eine Volkswirtschaft wird also bei einer zu geringen Ausstattung mit Humankapital alle Ressourcen zur Befriedigung der gegenwärtigen Konsumwünsche aufbringen müssen oder wollen. Dies würde erklären, warum beispielsweise Entwicklungsländer im Wachstumsvergleich zurückbleiben. Sie müssen das für den Wachstumsprozeß essentielle Humankapital zur Produktion derjenigen Güter einsetzen, die zur Deckung der dringenden Grundbedürfnisse notwendig sind.

Bemerkenswert ist, daß die Ausstattung einer Volkswirtschaft mit unqualifizierter Arbeit (L) keinen Einfluß auf die Wachstumsrate hat. Dies resultiert aus der Modellstruktur und läßt sich wie folgt erklären. Eine Zunahme von L erhöht sowohl die Produktivität und damit die Löhne von Humankapital in der Güterproduktion als auch die Nachfrage nach Kapitalgütern. Die erhöhte Nachfrage nach Kapitalgütern vergrößert die Monopolgewinne und die Löhne von Humankapital in der F&E. Beide Effekte sind genau gleich groß, so daß sich weder die Human-

---

[18] Die gleichgewichtige Wachstumsrate (g) darf nicht größer sein als $\rho/(1-\sigma)$. Im anderen Fall würde der Nutzenindex mit einer Rate $g(1-\sigma)$ schneller wachsen, als der Periodennutzen abdiskontiert wird. Das Nutzenintegral in Gleichung (3.1.15) würde divergieren. Diese Bedingung ist gleichbedeutend mit $\rho+\sigma g-g>0$ oder $r-g>0$. Der um die Wachstumsrate korrigierte Zins (r-g) darf nicht negativ werden. Vgl. Romer (1990b), S. 92f. Dies entspricht der *No-Ponzi-game*-Bedingung, vgl. hierzu Blanchard und Fischer (1989), S. 49.

[19] In der Abbildung 3.5 würde die Grenzproduktkurve von Humankapital in der Güterfertigung für alle Werte von H_Y (H_A) über der Grenzproduktkurve von Humankapital in der F&E liegen. Es käme dann eine Randlösung zustande, dort wo die w_{HY}-Kurve die rechte Ordinate schneidet.

kapitalallokation noch die Wachstumsrate ändert.[20] Es erhöht sich jedoch das Produktionsniveau.

3.3 Wachstumsgleichgewicht bei zentraler Planung

Im vorangegangenen Kapitel wurde die gleichgewichtige Wachstumsrate durch die Optimierung der Einzelpläne von F&E-Unternehmen, der Güterproduzenten und der Haushalte abgeleitet. Die Tatsache, daß ein Gut durch monopolistische Unternehmen angeboten wird, und die Existenz eines öffentlichen Gutes lassen vermuten, daß die Marktwirtschaft kein wohlfahrtsoptimales Ergebnis hervorbringt. Um die Marktergebnisse bewerten zu können, soll im folgenden das volkswirtschaftliche Optimum analysiert werden, das ein wohlmeinender Diktator wählen würde. Der zentrale Planer würde den Gegenwartsnutzen eines repräsentativen Haushalts maximieren

$$U_s = \int_s^\infty e^{-\rho(t-s)} \frac{C^{1-\sigma}}{1-\sigma} dt ,$$

unter den Nebenbedingungen:

$$\dot{\kappa} = H_Y^\alpha L^\beta A^{\alpha+\beta} \kappa^\gamma - C ,$$

$$\dot{A} = \delta H_A A ,$$

$$H \geq H_Y + H_A .$$

Die Variable $\kappa = Ax$ gibt die Anzahl der insgesamt in einer Volkswirtschaft produzierten Kapitalgütereinheiten an. Unter der Annahme, daß das gesamte Humankapital genutzt wird, d. h. $H = H_Y + H_A$, kann die Hamilton-Funktion in laufenden Werten formuliert werden:

---

[20] Vgl. hierzu die Gleichungen (3.2.4) und (3.2.6). Das Modellergebnis, daß die Ausstattung einer Volkswirtschaft mit unqualifizierten Arbeitskräften keinen Einfluß auf die Steady-state-Wachstumsrate hat, ist nicht sehr robust. Romer (1990b), S. 93f., weist selbst darauf hin, daß bei leicht veränderter Modellstruktur eine höhere Ausstattung mit Arbeit sowohl wachstumssteigernd als auch wachstumssenkend wirken kann.

$$\mathcal{H} = \frac{C^{1-\sigma}}{1-\sigma} + \lambda\left[(H-H_A)^{\alpha} L^{\beta} A^{\alpha+\beta} \kappa^{\gamma} - C\right] + \mu\,\delta\, H_A A\ . \qquad (3.3.1)$$

Das Optimierungsproblem besteht darin, die zwei Kontrollvariablen (C und H_A) so zu wählen, daß der Nutzen des repräsentativen Haushalts maximiert wird. Dabei müssen die Produktionsmöglichkeiten in der Güterfertigung und in der F&E beachtet werden. Die Zustandsvariablen (κ und A) ergeben sich aus dem Optimierungsprozeß. Ihr Wert in Nutzeneinheiten wird durch den jeweiligen Schattenpreis, die Kozustandsvariablen (λ und μ), determiniert.[21] Als notwendige Bedingungen ergeben sich:

$$\frac{\partial \mathcal{H}}{\partial C} = C^{-\sigma} - \lambda = 0\ , \qquad (3.3.2)$$

$$\frac{\partial \mathcal{H}}{\partial H_A} = -\lambda\,\alpha\,(H-H_A)^{\alpha-1} L^{\beta} A^{\alpha+\beta} \kappa^{\gamma} + \mu\,\delta\, A = 0\ , \qquad (3.3.3)$$

$$\dot{\lambda} = \rho\,\lambda - \frac{\partial \mathcal{H}}{\partial \kappa} = \rho\,\lambda - \lambda\,\gamma\,(H-H_A)^{\alpha} L^{\beta} A^{\alpha+\beta} \kappa^{\gamma-1}\ , \qquad (3.3.4)$$

$$\dot{\mu} = \rho\,\mu - \frac{\partial \mathcal{H}}{\partial A} = \rho\,\mu - \lambda\,(\alpha+\beta)\,A^{\alpha+\beta-1} (H-H_A)^{\alpha} L^{\beta} \kappa^{\gamma} - \mu\,\delta\, H_A\ . \qquad (3.3.5)$$

Die Transversalitätbedingungen sind

$$\lim_{t\to\infty} e^{-r(t-s)}\lambda(t)\,\kappa(t) = 0\ , \qquad (3.3.6)$$

$$\lim_{t\to\infty} e^{-r(t-s)}\mu(t)\,A(t) = 0\ . \qquad (3.3.7)$$

[21] Der Schattenpreis (λ) von κ gibt den zusätzliche Nutzen an, den die Produktion einer weiteren Kapitalgütereinheit erbringen würde. Analog gibt der Schattenpreis (μ) den Grenznutzen eines weiteren Designs (einer weiteren Wissenseinheit) an.

Im weiteren werden diejenigen Variablen, die vom dezentralen Fall abweichen, mit einer Tilde gekennzeichnet. Der Zinssatz in der zentral geplanten Wirtschaft spiegelt das Grenzprodukt von κ wider.[22] Es gilt also:

$$\tilde{r} = \frac{\partial Y}{\partial \kappa} = \gamma\,(H - \tilde{H}_A)^{\alpha}\,L^{\beta}\,A^{\alpha+\beta}\,\kappa^{\gamma-1} = \gamma\,(H - \tilde{H}_A)^{\alpha}\,L^{\beta}\,\tilde{x}^{\,\gamma-1}\;. \qquad (3.3.8)$$

Wie noch zu zeigen sein wird, ändert sich in der zentral geplanten Wirtschaft, im Vergleich zum Fall mit dezentraler Planung, nicht nur der Zins, sondern auch die Humankapitalallokation und die Höhe der bereitgestellten Kapitalgütermengen.

Die Gleichung (3.3.2) besagt, daß der Grenznutzen aus dem Konsum zu jedem Zeitpunkt gleich dem Schattenpreis des Sachkapitals (λ) sein muß, d. h. im Optimum ist der soziale Planer indifferent zwischen der Produktion einer weiteren Einheit eines Konsumgutes oder einer weiteren Einheit eines Kapitalgutes. Gleichung (3.3.3) bringt zum Ausdruck, daß im Optimum der Grenzertrag einer weiteren Einheit Humankapitals in den Verwendungen, Güterproduktion und F&E, gleich groß ist.

Aus den Gleichungen (3.3.2) und (3.3.4) lassen sich die Keynes-Ramsey-Präferenzen ableiten:

$$\frac{\dot{C}}{C} = \frac{(\tilde{r} - \rho)}{\sigma}\;. \qquad (3.3.9)$$

Auf der Nachfrageseite ergeben sich also keine Unterschiede zum dezentralen Optimierungsproblem. Die Gleichung (3.3.5) kann etwas umgeformt werden, wobei die Beziehung $x=\kappa/A$ verwendet wird und beide Seiten durch λ geteilt werden:

$$\frac{\dot{\mu}}{\mu}\frac{\mu}{\lambda} - \rho\,\frac{\mu}{\lambda} = -(\alpha+\beta)\,(H - \tilde{H}_A)^{\alpha}\,L^{\beta}\,\tilde{x}^{\gamma} - \frac{\mu}{\lambda}\,\delta\,\tilde{H}_A\;. \qquad (3.3.10)$$

In Gleichung (3.3.5) sind alle Terme in Nutzeneinheiten ausgedrückt. In der obigen Gleichung hingegen sind aufgrund der Division durch λ alle Terme in Konsumgütereinheiten angegeben. Der Ausdruck μ/λ rechnet die in Designeinhei-

---

[22] Das Grenzprodukt eines Kapitalgutes x(i) entspricht dem Grenzprodukt der Summe aller Kapitalgüter κ. Dies zeigt folgende Gleichung:

$$\frac{\partial Y}{\partial x(i)} = \gamma\,H_Y^{\alpha}\,L^{\beta}\,x(i)^{\gamma-1} = \frac{\partial Y}{\partial \kappa} = \gamma\,H_Y^{\alpha}\,L^{\beta}\left(\frac{\kappa}{A}\right)^{\gamma-1}.$$

ten ausgedrückten Grenzerträge in Konsumgütereinheiten um. Dieser Ausdruck gibt den Wert eines Designs in Konsumgütereinheiten an, wobei, im Unterschied zum dezentralen Fall, die gesamten sozialen Erträge Berücksichtigung finden. Deshalb gibt dieser Ausruck den optimalen Designpreis an. Im weiteren soll deshalb gelten:

$$\tilde{P}_A = \frac{\mu}{\lambda} . \tag{3.3.11}$$

Berücksichtigt man weiterhin Gleichung (3.3.4) und die Tatsache, daß die Schattenpreise im Steady-state gleichmäßig wachsen müssen,[23] so folgt:

$$\frac{\dot{\mu}}{\mu} = \frac{\dot{\lambda}}{\lambda} = \rho - \tilde{r} . \tag{3.3.12}$$

Gleichung (3.3.10) kann mit Hilfe der Gleichungen (3.3.11) und (3.3.12) umformuliert werden. Wird dann noch mit Hilfe der Gleichung (3.3.8) L^{β} ersetzt, folgt:

$$\tilde{P}_A = \frac{1-\gamma}{\gamma}\tilde{x} + \tilde{P}_A \frac{\delta \tilde{H}_A}{\tilde{r}} . \tag{3.3.13}$$

Analog zur dezentralen Wirtschaft ist der Designpreis gleich der Summe der abdiskontierten Grenzerträge eines zusätzlichen Designs. Jedoch unterscheidet sich der Designpreis des zentralen Planers (3.3.13) in zweierlei Hinsicht vom Designpreis im dezentralen Regime (3.1.10). Zum einen würde ein zentraler Planer zusätzlich zu den Produktivitätsgewinnen, die aufgrund eines zusätzlichen Designs in der Güterproduktion erzielt werden (linker Term in Gleichung (3.3.13)), noch den Produktivitätsgewinn im F&E-Sektor berücksichtigen (rechter Term in Gleichung (3.3.13)). Der F&E-Sektor profitiert nämlich auch von einem neuen Design, da sich der Wissensstand vergrößert. Dieser Ertrag kann in der dezentralen Wirtschaft nicht internalisiert werden, da das Wissen die Eigenschaften eines

[23] Daß die Schattenpreise im Steady-state gleichmäßig wachsen müssen, resultiert aus folgender Überlegung: Die Schattenpreise geben den Nutzen einer zusätzlichen Einheit der Stockgrößen κ (Anzahl der Kapitalgüter) und A (Anzahl der Designs) an. Würde etwa der Schattenpreis der Kapitalgüter langsamer wachsen als der Schattenpreis des Wissens (der Designs), so würde der relative Schattenpreis für Wissen (Designs) steigen. Als Resultat wäre es gesamtwirtschaftlich optimal, Ressourcen aus der Kapitalgüterproduktion abzuziehen und vermehrt in der Akkumulation von Wissen einzusetzen.

öffentlichen Gutes besitzt. Der zweite Summand in der Gleichung (3.3.13) entspricht genau den abdiskontierten Produktivitätszuwächsen einer zusätzlichen Wissenseinheit, ausgedrückt in Konsumgütereinheiten. Der zweite Unterschied besteht darin, daß in den beiden Regimen unterschiedliche Mengen an Kapitalgütern eingesetzt werden. Aufgrund der Monopolpreisbildung im dezentralen Regime ist der Preis für Kapitalgüter höher als im zentralen Regime, wo keine Preisverzerrungen auftreten. Deshalb ist die Menge der gehandelten Kapitalgüter im zentralen Regime größer als im dezentralen, d. h. $\tilde{x} > x$, und damit auch die Höhe der Erträge im güterproduzierenden Sektor. Beide Unterschiede führen dazu, daß der Preis für Designs im zentralen Regime größer ist als im dezentralen Regime. Gleichung (3.3.13) kann etwas umgestellt werden, wobei berücksichtigt wird, daß gilt $\delta H_A = g$:

$$\tilde{P}_A = \frac{1-\gamma}{\gamma} \tilde{x} \frac{\tilde{r}}{\tilde{r} - \tilde{g}} \,. \tag{3.3.14}$$

Im folgenden soll nun die optimale Humankapitalallokation und die gleichgewichtige Wachstumsrate abgeleitet werden. Hierzu kann wieder der Zins abgeleitet werden, der die Grenzerträge von Humankapital in beiden Verwendungen ausgleicht. Der Lohn für Humankapital, den der zentrale Planer wählt, ist

$$\tilde{w}_{HA} = \tilde{P}_A \delta A = \frac{1-\gamma}{\gamma} \delta A \tilde{x} \frac{\tilde{r}}{\tilde{r} - \tilde{g}} \,. \tag{3.3.15}$$

Aus den Gleichungen (3.2.3) und (3.3.8) folgt für die Grenzerträge von Humankapital in der Güterproduktion:

$$\tilde{w}_{HY} = \frac{\alpha}{\gamma} A \tilde{x} \tilde{r} (H - \tilde{H}_A)^{-1} \,. \tag{3.3.16}$$

Nach Gleichsetzen von (3.3.15) und (3.3.16), wobei $g = \delta H_A$ verwendet wird, folgt für den Zins, der Technologiegleichgewicht sicherstellt:

$$\tilde{r}_t = \frac{\delta(\alpha + \beta)}{\alpha} H - \frac{\delta \beta}{\alpha} \tilde{H}_A \,. \tag{3.3.17}$$

Die modifizierte $\tilde{r}_t$-Kurve ist grafisch in Abb. 3.7 dargestellt. Die r_p-Kurve des zentralen Planers stimmt mit der r_p-Kurve der dezentralen Haushalte überein. Es ist leicht zu zeigen, daß die $\tilde{r}_t$-Kurve oberhalb der r_t-Kurve für den dezentralen

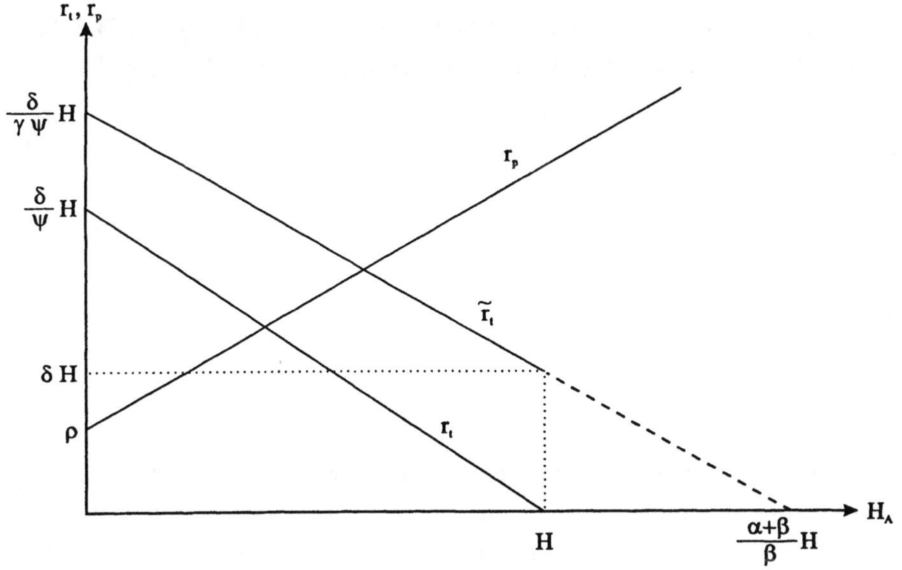

Abb. 3.7: Gleichgewicht bei zentraler Planung

Fall liegen muß.[24] Die Abbildung macht noch einmal deutlich, daß der Zins des zentralen Planers höher ist als im dezentralen Regime. Der Konsumverzicht der Haushalte bei zentraler Planung ist folglich größer. Darüber hinaus ist die Entlohnung im F&E-Sektor höher, und es wird dort mehr Humankapital eingesetzt. Für die modifizierte $\tilde{r}_t$-Kurve gilt nicht mehr, daß der Zinssatz null wird, wenn das gesamte Humankapital in der F&E eingesetzt wird. Jedoch zeigt Gleichung (3.3.17), daß dann $\tilde{r}_t = \delta H = \tilde{g}$ gilt, und somit der um die Wachstumsrate modifizierte Zins (r-g) null ist.

---

[24] Zwar kann die Steigung von $\tilde{r}_t$ größer oder kleiner als die Steigung von r_t sein, trotzdem liegt die $\tilde{r}_t$-Kurve immer rechts oberhalb der r_t-Kurve. Es läßt sich nämlich zeigen, daß der Schnittpunkt der $\tilde{r}_t$-Kurve mit der Ordinate oberhalb des Schnittpunkts der r_t-Kurve mit der Ordinate liegen muß. Es gilt nämlich

$$\tilde{r}_t \Big|_{\tilde{H}_A = 0} = \frac{\delta}{\gamma\,\psi} H > r_t \Big|_{H_A = 0} = \frac{\delta}{\psi} H \,.$$

Darüber hinaus ist der Abszissenabschnitt der $\tilde{r}_t$-Kurve ebenfalls größer als der Abszissenabschnitt der r_t-Kurve. Es gilt

$$\tilde{H}_A \Big|_{\tilde{r}_t = 0} = \frac{\alpha + \beta}{\beta} H > H_A \Big|_{r_t = 0} = H \,.$$

Wird mehr Humankapital in der F&E eingesetzt, so nimmt auch die Wachstumsrate zu. Nach Gleichsetzen der beiden Gleichungen (3.2.9) und (3.3.17) ergibt sich die gleichgewichtige Wachstumsrate des zentralen Planers als

$$\tilde{g} = \frac{\delta H - \rho \psi \gamma}{\beta (\alpha + \beta)^{-1} + \sigma \psi \gamma} = \frac{(\alpha + \beta) \delta H - \rho \alpha}{\beta + \sigma \alpha} . \tag{3.3.18}$$

Die Wachstumsrate des zentralen Planers ist größer als die Wachstumsrate in der dezentralen Wirtschaft. Vergleicht man die beiden gleichgewichtigen Wachstumsraten (3.2.11) und (3.3.18), so folgt eindeutig:

$$\tilde{g} = \frac{\delta H - \rho \psi \gamma}{\beta (\alpha + \beta)^{-1} + \sigma \psi \gamma} > g = \frac{\delta H - \rho \psi}{1 + \sigma \psi} . \tag{3.3.19}$$

Im dezentralen Regime wirken zwei Externalitäten wachstumssenkend. Zum einen führt die Monopolpreisbildung auf dem Kapitalgütermarkt zu höheren Preisen und deshalb zu einer kleineren Sachkapitalbildung als im zentralen Fall. Das Ausmaß dieser Externalität wird durch die Höhe des Markups ($1/\gamma$) determiniert, was durch den Faktor γ im linken Term der Ungleichung (3.3.19) deutlich wird. Da γ kleiner ist als eins, ist der Zähler der Wachstumsrate im zentralen Regime eindeutig größer und der Nenner eindeutig kleiner als im dezentralen Regime. Je höher der Markup, je kleiner also γ, desto stärker ist die Verzerrung der Kapitalgüterpreise und desto niedriger ist folglich die Wachstumsrate (g) im dezentralen Fall im Vergleich zur Wachstumsrate im zentralen Fall ($\tilde{g}$).

Zum anderen besteht eine intertemporale Externalität. Die F&E-Unternehmen können nicht die vollen Erträge einer Erfindung abschöpfen, da das von ihnen geschaffene Wissen die Eigenschaften eines öffentlichen Gutes besitzt. Dadurch ist die Wachstumsrate kleiner als im Optimum. Die Externalität kommt in der Ungleichung (3.3.19) zum Ausdruck. Der Term $\beta/(\alpha+\beta)$ im Nenner des Ausdrucks für das zentrale Regime ist nämlich kleiner als 1, der korrespondierenden Größe im Nenner des Ausdrucks für den dezentralen Fall. Die Externalität wirkt also besonders wachstumsmindernd, wenn die Produktionselastizität von Humankapital groß ist. In diesem Fall nämlich ist der Faktor Humankapital im güterproduzierenden Sektor von großer Bedeutung, die Grenzproduktivität von Humankapital in diesem Sektor relativ groß.

Im Grenzfall, wenn die Produktionselastizität von Humankapital null ist, also eine Veränderung des Einsatzes von Humankapital in der Güterfertigung keinen Einfluß auf den Output hat, führt die intertemporale Externalität zu keinerlei

Wachstumseinbußen. In diesem Fall würde nämlich der gesamte Humankapitalbestand in der F&E eingesetzt werden. Deutlich wird dies anhand der Gleichungen (3.2.7) und (3.2.10). Mit $\alpha=\psi=0$ folgt $H_Y=0$ und $H_A=H$.

Es wird ein wichtigen Zusammenhang deutlich: Die intertemporale Externalität wirkt über die intersektorale Allokation von Humankapital wachstumssenkend. Je größer α ist, desto stärker ist der intersektorale Reallokationsprozeß und somit die Wachstumswirkung. Grafisch kann dieser Zusammenhang anhand von Abb. 3.5 verdeutlicht werden. Je größer α ist, desto weiter entfernt vom Ursprung und desto steiler verläuft die w_{HY}-Kurve. Dies wird durch Gleichung (3.2.4) deutlich. Ausgehend vom Gleichgewicht des zentralen Planers führt das Auftreten der intertemporalen Externalität zu einer Verschiebung der w_{HA}-Kurve nach unten, da der Designpreis und somit der Lohn für Humankapital in der F&E fällt. Der Rückgang von H_A und damit der Wachstumsrate ist um so größer, je steiler die w_{HY}-Kurve verläuft, d. h. je größer α ist.

Das Shell-Modell, das in Kapitel 2.7 dargestellt ist, weist einige Parallelen zum Romer-Modell auf. Dort treten jedoch keine verzerrenden Wirkungen bei der Güterpreisbildung auf, da allein der Staat die Forschungsergebnisse als öffentliches Gut zur Verfügung stellt und den F&E-Sektor über nichtverzerrende Steuern finanziert. Jedoch kann durchaus die in diesem Kapitel beschriebene intertemporale Verzerrung auftreten, dann nämlich, wenn der Staat zu wenig F&E betreiben läßt.

Eine wichtige Implikation betrifft den Kapitalstock. Der Kapitalstock im zentralen Regime ist größer als im dezentralen Regime. Dies wird deutlich, wenn man den Wert des Kapitalstocks als die Summe des notwendigen Konsumverzichts ermittelt. Dieser setzt sich nämlich zum einen aus dem Wert der Designs und zum anderen aus der Wertschöpfung durch die eigentliche Kapitalgüterproduktion zusammen. Der Wert aller Designs in einer Volkswirtschaft beträgt AP_A. Da der Preis der Designs bei zentraler Planung größer ist als im dezentralen Regime, ist dieser Wertschöpfungsanteil bei zentraler Planung eindeutig größer als im dezentralen Regime. Der Wertschöpfungsanteil bei der Kapitalgüterproduktion entspricht Ax. Es wurde gezeigt, daß bei zentraler Planung aufgrund des kleineren Marktpreises für Kapitalgüter mehr Kapitalgütereinheiten produziert werden. Auch deshalb ist der Kapitalstock bei zentraler Planung größer. Der Wert des Kapitalstocks läßt sich mit Hilfe der Gleichung (3.3.14) berechnen als:

$$\tilde{K} = \int_{o}^{A} \left(\tilde{x}(i) + \tilde{P}_A(i)\right) di = A\,\tilde{x} + A\,\tilde{P}_A = \frac{\tilde{r} - \gamma\,\tilde{g}}{\gamma\,(\tilde{r} - \tilde{g})} A\,\tilde{x}\,. \tag{3.3.20}$$

Die bisher angestellten Überlegungen lassen eine ökonomische Interpretation der Transversalitätsbedingungen zu. Nach Gleichung (3.3.2) muß entlang des optimalen Wachstumspfades der Schattenpreis des Sachkapitalstocks (λ) gleich dem Grenznutzen einer Konsumgütereinheit (U') sein. Weiterhin folgt aus Gleichung (3.3.12):

$$\mu = \tilde{P}_A\,\lambda = \tilde{P}_A\,U'\,.$$

Für die Transversalitätsbedingungen ergibt sich folglich:

$$\lim_{t \to \infty} e^{-r(t-s)}\,U'(t)\,\kappa(t) = 0\,,$$

$$\lim_{t \to \infty} e^{-r(t-s)}\,U'(t)\,\tilde{P}_A(t)\,A(t) = 0\,.$$

Der Grenznutzen des Kapitalstocks in Gegenwartswerten muß folglich in der fernen Zukunft gegen null gehen. Das gleiche gilt für den Grenznutzen des in Konsumgütereinheiten umgerechneten Gegenwartswertes des Wissensstandes. Würden sich positive Werte ergeben, so würden zu hohe Investitionen in Sachkapital bzw. in den Wissensstand getätigt werden, so daß die resultierende Vergrößerung der Konsummöglichkeiten nicht mehr genutzt werden kann. Dies wäre in einer Betrachtung mit endlichem Zeithorizont gleichzusetzen mit einem Fall, in dem Konsummöglichkeiten am Ende ungenutzt bleiben würden.

3.4 Eine alternative Darstellung des intertemporalen Gleichgewichts

Ergänzend zur Analyse von Romer (1990b) wird nun eine alternative Darstellungsweise entwickelt, die das intertemporale Optimierungskalkül in einem modifizierten Transformations- und Indifferenzkurvenschema darstellt. Das Ergebnis des intertemporalen Optimierungskalküls ist ein Steady-state-Wachstumspfad für die Konsumausgaben. Ein solcher Wachstumspfad läßt sich eindeutig durch die Wachstumsrate und eine Niveaugröße zu einem beliebigen Zeitpunkt auf dem Wachstumspfad beschreiben. Da die Wachstumsrate konstant ist, können aus diesen beiden Angaben die Niveaugröße zu jedem anderen Zeitpunkt ermittelt werden. Im weiteren sei als Referenz immer die Niveaugröße zum Zeitpunkt s gewählt, wobei s einen Zeitpunkt angibt, an dem sich die Wirtschaft im Steady-state befindet und an dem die Analyse beginnt. Bei einer gegebenen intertemporalen Budgetbeschränkung können unterschiedliche Steady-state-Wachstumspfade realisiert werden, wobei ein Trade-off zwischen einer höheren Wachstumsrate und einem höheren anfänglichen Konsumniveau besteht. Die Menge aller in einer Volkswirtschaft erreichbaren Steady-state-Wachstumspfade läßt sich durch eine intertemporale Transformationskurve darstellen. Für das Romer-Modell kann mit Hilfe der beiden Produktionsfunktionen (3.1.1) und (3.1.2) eine solche Transformationskurve abgeleitet werden. Aus der Produktionsfunktion des F&E-Sektors (3.1.1) folgt, daß $H_A = g/\delta$. Dieser Ausdruck kann in die Produktionsfunktion des Gütersektors (3.1.2) eingesetzt werden. Aus der Gleichung (3.1.12) folgt zusammen mit der Beziehung $BIP = Y + P_A\dot{A}$, daß $Y = C + \dot{A}x$. Die Vergrößerung des Bestands an Designs ergibt sich durch einfaches Erweitern als $\dot{A} = gA$. Es sei angenommen, daß sich die Wirtschaft zum Zeitpunkt s auf einem Steady-state befindet und folglich das Volkseinkommen, die Konsumausgaben und der Wissensstand mit der gleichgewichtigen Wachstumsrate g wachsen. Es folgt:[25]

$$Y_s e^{g(t-s)} = \left(H - \frac{g}{\delta}\right)^{\alpha} L^{\beta} A_s e^{g(t-s)} x^{\gamma} = C_s e^{g(t-s)} + g A_s e^{g(t-s)} x \,. \qquad (3.4.1)$$

Wenn durch den Term $e^{g(t-s)}$ geteilt wird, folgt:

$$Y_s = \left(H - \frac{g}{\delta}\right)^{\alpha} L^{\beta} A_s x^{\gamma} = C_s + g A_s x \,. \qquad (3.4.2)$$

Für die Transformationskurve ergibt sich:

$$T(C_s, g; H, L, A_s) = \left(H - \frac{g}{\delta}\right)^{\alpha} L^{\beta} A_s x^{\gamma} - g A_s x - C_s = 0 \,. \qquad (3.4.3)$$

[25] Im Steady-state ist die Variable x konstant und kann eindeutig aus den Technologie- und Präferenzparametern und der Humankapitalausstattung abgeleitet werden.

Sie gibt an, welche alternativen Konsumpfade realisiert werden können, bei gegebenen Ressourcen an Arbeit, Humankapital und anfänglichem Wissensstand. Es kann leicht nachgewiesen werden, daß die Transformationskurve konkav zum Ursprung verläuft.[26] Die Grenzrate der Transformation lautet:

$$GRT = \frac{dC_s}{dg} = -\frac{\frac{\partial T(\cdot)}{\partial g}}{\frac{\partial T(\cdot)}{\partial C_s}} = -\frac{\alpha}{\delta}\left(H - \frac{g}{\delta}\right)^{\alpha-1} L^{\beta} A_s x^{\gamma} - A_s x < 0 \,. \tag{3.4.4}$$

Der rechte Ausdruck der obigen Gleichung kann etwas umgeformt werden, wenn man berücksichtigt, daß die Löhne für Humankapital in beiden Sektoren gleich groß sein müssen. Zusammen mit der Gleichung (3.3.15) erhält man $w_H/\delta = P_A A$. Nach Einsetzen in die obige Gleichung folgt:

$$GRT = \frac{dC_s}{dg} = -\left(P_A A_s + A_s x\right) = -K_s \,. \tag{3.4.5}$$

Ein höheres Wachstum ist nur realisierbar, wenn das anfängliche Konsumniveau reduziert wird, da zusätzliche Ressourcen für den schnelleren Aufbau des Sachkapitalstocks (F&E und Kapitalgüterproduktion) verwendet werden müssen. Dies kann durch eine einfache Umformung der obigen Gleichung verdeutlicht werden

$$-dC_s = dg\, K_s \,. \tag{3.4.6}$$

Der Konsumverzicht ($-dC_s$) entspricht genau der notwendigen Veränderung der Investitionen ($dgK_s = d\dot{K}_s$), um das gleichgewichtige Wachstum um dg zu erhöhen. Je höher der Kapitalbestand, desto stärker müssen die Investitionen aufgrund des

[26] Löst man Gleichung (3.4.2) nach C_s auf, so erhält man eine Funktion, die den Verlauf der Transformationskurve beschreibt. Die erste Ableitung

$$\frac{dC_s}{dg} = -\frac{\alpha}{\delta}\left(H - \frac{g}{\delta}\right)^{\alpha-1} L^{\beta} A_s x^{\gamma} - A_s x < 0$$

impliziert den für eine Transformationskurve üblichen fallenden Verlauf. Die zweite Ableitung

$$\frac{d^2 C_s}{dg^2} = -\frac{(1-\alpha)\,\alpha}{\delta^2}\left(H - \frac{g}{\delta}\right)^{\alpha-2} L^{\beta} A_s x^{\gamma} < 0$$

ist ebenfalls negativ, so daß die Transformationskurve mit zunehmender Wachstumsrate immer steiler wird. Die Transformationskurve verläuft folglich konkav zum Ursprung. Vgl. auch Abbildung 3.9.

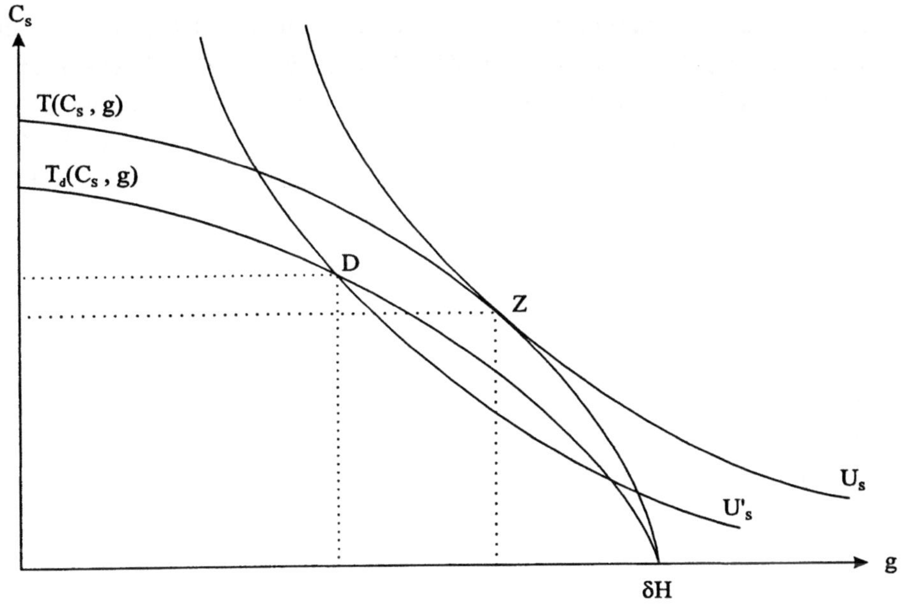

Abb. 3.8: Intertemporales Optimum

Basiseffekts steigen.[27] Die intertemporale Transformationskurve ist in Abb. 3.8 grafisch dargestellt.

Die intertemporalen Präferenzen eines repräsentativen Haushaltes werden häufig für den Zwei-Perioden-Fall in einem Indifferenzkurvenschema dargestellt, wobei die Konsumhöhe in den beiden Perioden 0 und 1 an den Achsen abgetragen ist.[28] Diese Darstellung läßt sich in ein Indifferenzkurvenschema mit anfänglicher Konsumhöhe (C_0) und Konsumwachstumsrate (g_C) überführen. Vgl. hierzu Abb. 3.9. Der Tangens des Winkels α zu jedem Fahrstrahl gibt das intertemporale Konsumverhältnis an, aus dem sich auch die Konsumwachstumsrate ableiten läßt. Es gilt nämlich

$$\tan \alpha = \frac{C_1}{C_0} = \frac{C_0 + \Delta C}{C_0} = 1 + g_C \,. \tag{3.4.7}$$

[27] Um etwa die Wachstumsrate um einen Prozentpunkt zu erhöhen, muß auf Gegenwartskonsum in Höhe eines Prozents des Kapitalstocks verzichtet werden.

[28] Vgl. etwa Frenkel und Razin (1994), S. 119.

Jeder Konsumpunkt auf der Indifferenzkurve läßt sich also eindeutig entweder durch die Datenkombination (C_0, C_1), die Datenkombination (C_0, α) oder die Datenkombination (C_0, g) beschreiben, da jedes α eindeutig einer Wachstumsrate entspricht. Folglich lassen sich alle Punkte der einen Darstellung in die andere Darstellung überführen. Dies wurde in der Abb. 3.9 getan. Der fallende Verlauf der neuen Indifferenzkurve besagt, daß die Konsumenten für ein gegebenes Nutzenniveau zwischen einer hohen Wachstumsrate und einem kleinen Anfangskonsum oder einer niedrigen Wachstumsrate und einem hohen Anfangskonsum wählen können.

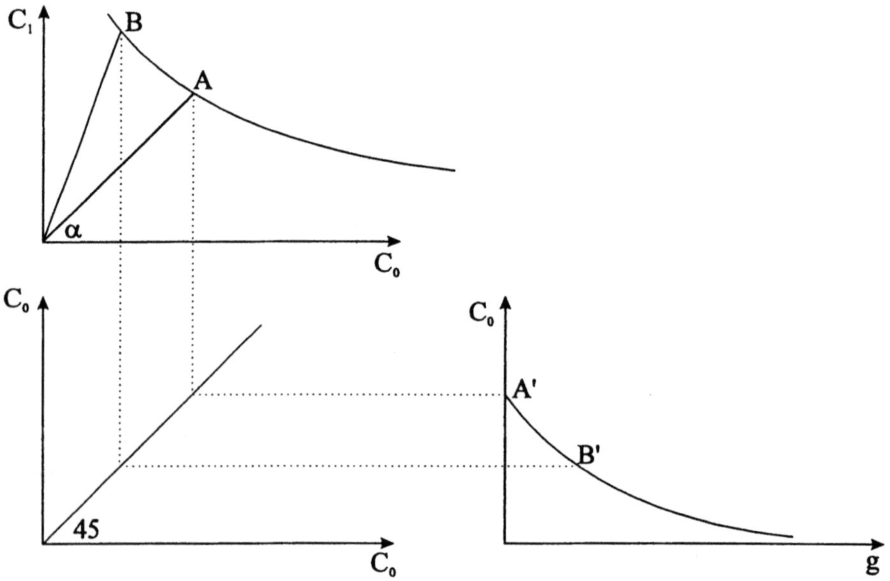

Abb. 3.9: Intertemporale Indifferenzkurven

Im Romer-Modell, in der kontinuierlichen Betrachtung, läßt sich die intertemporale Indifferenzkurve ableiten, indem man das Nutzenintegral löst und für den Periodenkonsum die Steady-state-Funktion für die Konsumentwicklung einsetzt. Es folgt:

$$U_s = \int_s^\infty e^{-\rho(t-s)} \frac{1}{1-\sigma}\left(C_s e^{g(t-s)}\right)^{1-\sigma} dt = \frac{C_s^{1-\sigma}}{1-\sigma} \int_s^\infty e^{(-\rho+g(1-\sigma))(t-s)} dt$$

$$= \frac{C_s^{1-\sigma}}{1-\sigma}\left[\frac{e^{(-\rho+g(1-\sigma))(t-s)}}{-\rho+g(1-\sigma)}\right]_s^\infty = \frac{C_s^{1-\sigma}}{(1-\sigma)(\rho+\sigma g-g)} . \quad (3.4.8)$$

Die obige Gleichung gibt an, welche alternativen Konsumpfade einem bestimmten Nutzenindex (U_s) entsprechen. Es läßt sich für alternative Wachstumspfade eine intertemporale Nutzenfunktion formulieren

$$U(C_s, g; \rho, \sigma) = U_s , \quad (3.4.9)$$

wobei die Zeitpräferenzrate (ρ) und die intertemporale Substitutionselastizität ($1/\sigma$) Lageparameter sind. Stellt man die intertemporale Indifferenzkurve in einem C_s-g-Diagramm grafisch dar, erhält man eine zum Ursprung konvexe Indifferenzkurve.[29] Die intertemporale Grenzrate der Substitution lautet

$$GRS = \frac{dC_s}{dg} = -\frac{\frac{\partial U}{\partial g}}{\frac{\partial U}{\partial C_s}} = -\frac{\frac{-C_s^{1-\sigma}(\sigma-1)}{(1-\sigma)(\rho+\sigma g-g)^2}}{\frac{(1-\sigma)C_s^{-\sigma}}{(1-\sigma)(\rho+\sigma g-g)}} = -\frac{C_s}{r-g} . \quad (3.4.10)$$

---

[29] Daß die Indifferenzkurve einen konvexen Verlauf hat, läßt sich analytisch zeigen. Wird Gleichung (3.4.8) nach C_s aufgelöst und die erste Ableitung gebildet, folgt

$$\frac{dC_s}{dg} = -\left(U_s(1-\sigma)\right)^{\frac{1}{1-\sigma}} (\rho+\sigma g-g)^{\frac{\sigma}{1-\sigma}} < 0 .$$

Der erste Klammerausdruck der obigen Gleichung ist immer positiv. Gilt nämlich, daß $\sigma > 1$, dann ist sowohl der Ausdruck ($1-\sigma$) als auch der Nutzenindex (U_s) negativ. Im anderen Fall, wenn $\sigma < 1$, dann ist der Nutzenindex positiv. Der zweite Klammerausdruck muß auch positiv sein. Wäre der Ausdruck nämlich negativ, so würde das Nutzenintegral divergieren. Folglich muß die Indifferenzkurve ein negatives Anstiegsmaß besitzen. Die zweite Ableitung ist

$$\frac{d^2C_s}{dg^2} = \sigma\left(U_s(1-\sigma)\right)^{\frac{1}{1-\sigma}} (\rho+\sigma g-g)^{\frac{2\sigma-1}{1-\sigma}} > 0 .$$

Die Steigung der Indifferenzkurve in absoluten Werten nimmt also ab, die Indifferenzkurve verläuft konvex zum Ursprung.

Bei der Ableitung des letzten Terms in der obigen Gleichung wurde die Keynes-Ramsey-Regel (Gleichung (3.2.9)) verwendet. Dieser Term besagt, daß die intertemporale Grenzrate der Substitution der mit dem Zinssatz (r) abdiskontierten Summe der zukünftigen Konsumausgaben entspricht. Es gilt nämlich

$$\int_s^{\infty} e^{-r(t-s)} \left(C_s e^{g(t-s)} \right) dt = \frac{C_s}{r-g} . \tag{3.4.11}$$

Die Haushalte sind also bei marginalen Steigerungen der Konsumwachstumsrate (dg) bereit, auf gerade soviel Gegenwartskonsum (dC_s) zu verzichten, daß die abdiskontierte Summe aller Konsumausgaben konstant bleibt. Die intertemporale Grenzrate der Substitution ist dem Betrage nach für eine gegebene Wachstumsrate (g) um so größer, je größer der Gegenwartskonsum (C_s), je kleiner die Zeitpräferenzrate (ρ) und je größer die intertemporale Substitutionselastizität ($1/\sigma$) ist. Der Einfluß der Wachstumsrate (g) auf die intertemporale Grenzrate der Substitution ist nicht eindeutig und hängt davon ab, ob die intertemporale Substitutionselastizität größer oder kleiner ist als eins.

Die Indifferenz- und die Transformationskurven sind in Abb. 3.8 dargestellt. Das intertemporale Optimum ist erreicht, wenn die intertemporale Grenzrate der Transformation der intertemporalen Grenzrate der Substitution entspricht. Durch Gleichsetzen der beiden Grenzraten erhält man die Optimalitätsbedingung:

$$\frac{C_s}{r-g} = K_s . \tag{3.4.12}$$

Die Summe der zukünftigen abdiskontierten Konsumausgaben muß im Wachstumsgleichgewicht genau der Summe des in der Vergangenheit getätigten Konsumverzichts oder der Summe des akkumulierten Vermögens entsprechen.[30] Dies bedeutet auch, daß sich in jeder Periode der Konsum als die Differenz aus den Zinseinnahmen auf den Kapitalstock (rK) und den Investitionen (gK) ergibt. Das Bruttoinlandsprodukt entspricht also genau der hypothetischen Verzinsung des Kapitalstocks, d. h. BIP=rK.[31] Wird die obige Gleichung nach P_A aufgelöst und werden die Beziehungen $Y_s/A_s = rx/\gamma$, $K_s = A_s(P_A + x)$ sowie $C_s = Y_s - gA_s x$ verwendet, folgt:

[30] In einer geschlossenen Volkswirtschaft besteht das Vermögen nur aus Sachkapital. Das Finanzvermögen ist in einer geschlossenen Volkswirtschaft denknotwendig null.

[31] Vgl. hierzu auch Kapitel 3.5 und Anhang 3C.

$$P_A = \frac{r x \gamma^{-1} - r x}{r - g} = \frac{1 - \gamma}{\gamma} x \frac{r}{r - g} . \tag{3.4.13}$$

Der obige Ausdruck entspricht genau dem Designpreis bei zentraler Planung in Gleichung (3.3.14). Das oben abgeleitete intertemporale Optimum führt also zu dem gleichen Ergebnis wie die Berechnungen im Kapitel 3.3.

In der dezentralen Wirtschaft ist, wie bereits ausgeführt, der Preis für Designs zu gering. Des weiteren werden aufgrund des monopolistischen Kapitalgüterpreises weniger Einheiten der Kapitalgüter nachgefragt, so daß $x < \tilde{x}$ gilt.[32] Nimmt man an, daß eine dezentral organisierte Volkswirtschaft zum Zeitpunkt s einen gleich großen Wissensstand wie eine zentral geplante Wirtschaft erworben hat, so kann eindeutig gefolgert werden, daß die intertemporale Grenzrate der Transformation im dezentralen Fall kleiner ist als im zentralen Fall. In beiden Fällen kann jedoch eine maximale Wachstumsrate von $g = \delta H$ erreicht werden, wenn das gesamte Humankapital in der F&E eingesetzt wird. Daraus folgt, daß die Transformationskurve des dezentralen Regimes $T_d(C_s,g)$ unterhalb der Transformationskurve des zentralen Regimes $T(C_s,g)$ verläuft, da die Produktionsmöglichkeiten aufgrund der Verzerrungen nicht voll ausgeschöpft werden können. Beide Kurven schneiden jedoch die Abszisse bei δH. Abb. 3.8 zeigt weiterhin, daß die Steigung der Transformationskurve als Maß für die Höhe des Kapitalstocks im dezentralen Regime für jede Wachstumsrate immer kleiner ist als bei zentraler Planung. Aufgrund der Verzerrungen bei dezentraler Planung schneidet die Indifferenzkurve die Transformationskurve, z. B. im Punkt D. Die Wirtschaft befindet sich auf einer Indifferenzkurve (U'_s), die unterhalb der erreichbaren Indifferenzkurve (U_s) liegt, die der zentrale Planer realisieren würde. Die Wachstumsrate ist bei dezentraler Planung immer kleiner als bei zentraler Planung.

Mit Hilfe der intertemporalen Transformationskurve läßt sich ein interessanter Zusammenhang zwischen der Wachstumsrate und der Höhe des Bruttoinlandsproduktes ablesen. In Abb. 3.10 wurde die Preisgerade bis zu den Achsen verlängert. Im Punkt A wächst die Volkswirtschaft mit einer Rate g_0 und der Konsum zum Zeitpunkt s beträgt C_0. Die Steigung der Preisgerade entspricht der Grenzrate der Transformation und damit dem Kapitalstock (K_0) zum Zeitpunkt s, es gilt also $\tan\alpha = K_0$. Mit Hilfe des Dreiecks ABC in Abb. 3.10 kann nun das Investitionsniveau zum Zeitpunkt s bestimmt werden. Aus $\tan\alpha = K_0 = \dot{K}_0 / g_0$ folgt,

[32] Vgl. hierzu die Ausführungen in Kapitel 3.3.

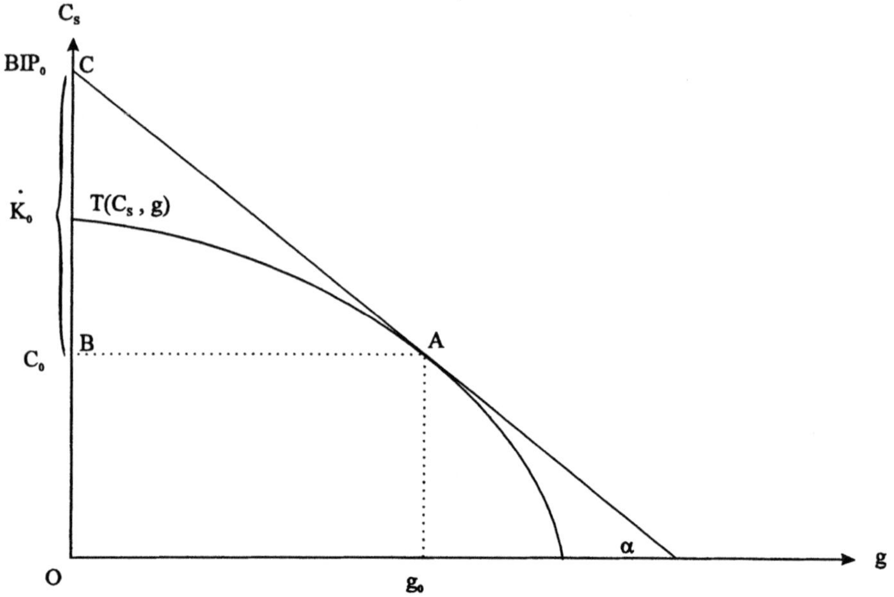

Abb. 3.10: BIP und Wachstumsrate

daß die Strecke BC der Investitionshöhe $\dot{K}_0$ entspricht. Folglich gibt der Schnittpunkt der Preisgeraden mit der Ordinate (Strecke OC) die Höhe des Bruttoinlandsproduktes (BIP_0) zum Zeitpunkt s an. Wandert nun die Volkswirtschaft beispielsweise entlang der Transformationskurve nach rechts unten, so steigt die Wachstumsrate und das Konsumniveau zum Zeitpunkt s sinkt. Gleichzeitig ist das Bruttoinlandsprodukt und die Investitionshöhe gestiegen. Der Anstieg der Investitionen ist also größer als der Rückgang der Konsumausgaben. Darüber hinaus zeigt die steilere Preisgerade an, daß der Steady-state-Kapitalstock mit steigender Wachstumsrate steigen muß.

3.5 *Die funktionelle Einkommensverteilung*

Im folgenden werden die Modellimplikationen für die funktionellen Einkommensverteilungen im dezentralen und im zentralen Regime aufgezeigt. Zunächst sollen die Verteilungswirkungen in der dezentralen Wirtschaft untersucht werden. Die Monopolpreisbildung im kapitalgüterproduzierenden Sektor treibt einen Keil zwischen die Grenzkosten der Kapitalgüterproduktion und die Grenzerträge der Kapitalgüter. Im Kapitel 3.2 wurde gezeigt, daß die Grenzerträge eines Kapitalgutes $1/\gamma$ und die Grenzkosten eins sind. In den Grenzerträgen sind alle zukünftigen abdiskontierten Grenzerträge eines Kapitalgutes enthalten. Analog können auch die periodisierten Erträge mit den periodisierten Kosten verglichen werden. Die periodisierten Grenzerträge entsprechen dem Grenzprodukt eines Kapitalgutes ($\partial Y/\partial x(i)$), die periodisierten Grenzkosten dem Zinssatz (r). Für den Zinssatz gilt:

$$r = \gamma \frac{\partial Y}{\partial x(i)} = \gamma \frac{\partial Y}{\partial \kappa} = \gamma^2 H_Y^{\alpha} L^{\beta} x^{\gamma-1} . \qquad (3.5.1)$$

Im Unterschied dazu erfolgt die Entlohnung für Humankapital (w_H) und Arbeit (w_L) nach dem entsprechenden Grenzprodukt. Es gilt:

$$w_H = \frac{\partial Y}{\partial H_Y} = \alpha H_Y^{\alpha-1} L^{\beta} A x^{\gamma} , \qquad (3.5.2)$$

$$w_L = \frac{\partial Y}{\partial L} = \beta H_Y^{\alpha} L^{\beta-1} A x^{\gamma} . \qquad (3.5.3)$$

Die relativen Faktorpreise sind also verzerrt, mit der Folge, daß der relative Faktorpreis der Kapitalgüter zu hoch und damit die Nachfrage nach Kapitalgütern zu gering ist.[33] Dies wiederum hat Wirkungen auf die intersektorale Faktorallokation. Die Güterproduzenten werden nämlich, verglichen mit dem Fall unverzerrter Faktorpreise, die relativ teuren Kapitalgüter durch den vermehrten Einsatz von Humankapital substituieren. Dies läßt die Löhne für Humankapital ansteigen, was gleichzeitig die Produktionskosten in der F&E erhöht und zu einer verminderten Nachfrage nach Humankapital im F&E-Sektor führt. Der technische Fortschritt und damit die gleichgewichtige Wachstumsrate ist folglich zu niedrig.[34]

---

[33] Man kann den Kapitalgüterpreis entweder als Gegenwartswert aller zukünftigen Erträge ausdrücken ($1/\gamma$) (Gleichung (3.1.6)) oder als Periodenertrag (r/γ). Beide Konzepte führen zum gleichen Ergebnis.

[34] Da der Faktor ungelernte Arbeit erstens preisunelastisch angeboten wird und zweitens nur in der Güterproduktion eingesetzt werden kann, entsteht keine verzerrende Allokationswirkung beim Faktor Arbeit.

In jeder Periode entstehen Monopolrenten, die vollständig zur Entlohnung des Humankapitals in der F&E aufgebracht werden müssen und dem Wert der neuen Designs entsprechen. Es gilt demnach:

$$\dot{A}\,\pi = \dot{A}\,P_A = w_H H_A \,. \tag{3.5.4}$$

Wie entwickeln sich die Faktorpreise im Zeitablauf? Der Zins und das Grenzprodukt des Kapitals sind entlang eines Steady-state konstant. Die Löhne für Humankapital und Arbeit wachsen mit der gleichen Rate wie die Anzahl der Designs (A). Bei konstanten Wachstumsraten wächst auch die Anzahl der neuen Designs ($\dot{A}$) mit der gleichen Rate wie die Anzahl der gesamten Designs (A), so daß sich auch die Löhne für Humankapital in der F&E mit der gleichgewichtigen Wachstumsrate entwickeln. Das dynamische Verhalte der Faktorpreise resultiert aus den Wirkungen des Harrod-neutralen technischen Fortschritts.

Aus den obigen Gleichungen läßt sich die Einkommensverteilung ableiten. Unter Berücksichtigung der Gleichungen (3.1.14) sowie (3.5.1) bis (3.5.4) folgt

$$\frac{w_H H}{BIP} + \frac{w_L L}{BIP} + \frac{r K}{BIP} = \left(\frac{P_A \dot{A}}{BIP} + \frac{\alpha Y}{BIP}\right) + \left(\frac{\beta Y}{BIP}\right) + \left(\frac{\gamma Y}{BIP}\right) = 1 \,. \tag{3.5.5}$$

Die Faktoreinkommensquoten sind zwar im Wachstumsgleichgewicht konstant, jedoch ist jede Wachstumssteigerung mit einer Umverteilung zugunsten des Faktors Humankapital verbunden. Dies bedeutet auch, daß jede Wirtschaftspolitik, die das volkswirtschaftliche Wachstum beschleunigen will, den Faktor Humankapital zu Lasten der anderen Faktoren begünstigen muß.

In der zentral geplanten Wirtschaft würde der Planer dafür sorgen, daß der Zins dem Periodenpreis für Kapitalgüter und somit dem Grenzprodukt des Kapitals entsprechen würde. Einen Teil des Bruttoinlandsproduktes würde er dem F&E-Sektor zur Entlohnung des dortigen Humankapitals zur Verfügung stellen, wobei er das soziale Grenzprodukt des Humankapitals als Grundlage zur Bemessung des intersektoralen Transfers nehmen würde. Der Transfer in den F&E-Sektor richtet sich folglich nach dem Designpreis des zentralen Planers in Gleichung (3.3.14). Zusammen mit der obigen Gleichung können die Faktoreinkommensquoten berechnet werden, es folgt

$$\frac{w_H H}{BIP} + \frac{w_L L}{BIP} + \frac{r A x}{BIP} = \left(\frac{P_A \dot{A}}{BIP} + \frac{\alpha Y}{BIP}\right) + \left(\frac{\beta Y}{BIP}\right) + \left(\frac{\gamma Y}{BIP}\right) = 1 \,. \tag{3.5.6}$$

Im Vergleich zur funktionellen Einkommensverteilung in der dezentralen Wirtschaft ist die Lohnquote für Humankapital im zentralen Regime eindeutig größer. Dies ist darauf zurückzuführen, daß der Designpreis aus zwei Gründen größer ist. Erstens berücksichtigt der zentrale Planer auch die Erträge aus der Vergrößerung des Wissensstandes, wodurch sich der Designpreis um den Faktor r/(r-g) erhöht. Zweitens ist aufgrund des geringeren Kapitalgüterpreises die Menge der Kapitalgüter größer, was den Designpreis ebenfalls steigen läßt.

Es besteht ein weiterer Unterschied zwischen den beiden Regimes. In der dezentralen Wirtschaft entspricht die Verzinsung des gesamten Sachkapitals (rK) dem Anteil γ an der gesamten Wertschöpfung des güterproduzierenden Sektors (Y). Im zentralen Regime wird der Anteil γ nur für die Verzinsung des Wertschöpfungsanteils des Kapitalstocks aufgebracht, der auch im güterproduzierenden Sektor entstanden ist. Die Verzinsung des gesamten Kapitalstocks bei zentraler Planung entspricht dem Bruttoinlandsprodukt[35]

$$r K = r\left(A x + A P_A\right) = BIP \ . \qquad (3.5.7)$$

3.6 *Eine Bewertung des Romer-Modells*

Das in diesem Kapitel vorgestellte Modell kann in mancherlei Hinsicht kritisiert werden. Die Grenzerträge der Wissensakkumulation sind aufgrund der linearen F&E-Produktionsfunktion konstant. Dies vereinfacht die dynamische Analyse und macht ein Wachstumsgleichgewicht mit dauerhaft positiven Wachstumsraten möglich. Es ist jedoch relativ schwierig, diese These ökonomisch plausibel zu begründen. Da der Wissensstand empirisch schwer zu beobachten ist und deshalb auch die Einflußgrößen auf die Wissensakkumulation kaum quantifizierbar sind, können zum derzeitigen Stand der Forschung nur Arbeitshypothesen diskutiert werden.[36] Dieser Punkt wird besonders von Jones (1995a und 1995b) kritisiert. Nach den Annahmen des Romer-Modells müßte eine Verdoppelung der Beschäftigten in der F&E auch zu einer Verdoppelung der Wachstumsrate führen. Dies findet nach Jones (1995a) jedoch empirisch keine Bestätigung.

---

[35] Der Beweis hierzu erfolgt im Anhang 3C.

[36] Grossman und Helpman (1991), S. 75f., analysieren in einem ähnlichen Modellrahmen verschiedene Annahmen über die Entwicklung der Grenzerträge der Wissensakkumulation. Zur Diskussion dieser Annahme vgl. auch Romer (1990b), S. 84.

Ein weiterer Kritikpunkt ist die exogene Ausstattung mit Humankapital. Es wäre eher plausibel anzunehmen, daß die F&E-Aktivitäten und die Humankapitalbildung sich gegenseitig beeinflußen. Würde das Angebot an Humankapital endogenisiert, würde sich in der dezentralen Wirtschaft ein weiterer Wohlfahrtsverlust einstellen. Da, wie gezeigt, die relative Entlohnung für Humankapital im Vergleich zum Sachkapital zu gering ist, würde das Angebot an Humankapital zu gering sein.[37]

Das Romer-Modell eignet sich jedoch sehr gut dazu, einige besonders wichtige Zusammenhänge zu verdeutlichen. Es ist somit komplementär zu anderen Wachstumsansätzen, wie etwa den Qualitätsleiter-Modellen[38] oder den Modellen mit endogener Humankapitalbildung.[39] Insbesondere die Modellierung des technischen Fortschritts als bewußten Prozeß privater Unternehmer scheint ein wichtiger Aspekt des Wachstumsprozesses zu sein. Außerdem ist es überzeugend, dabei die Rolle von Humankapital zu betonen. Die Ländergröße, z. B. gemessen an der Einwohnerzahl, ist für die Erklärung von Wachstumsprozessen ungeeignet. Andernfalls müßten Länder mit hoher Bevölkerungszahl im Ländervergleich systematisch höhere Wachstumsraten aufweisen. Dies ist offensichtlich nicht der Fall.

Des weiteren hebt das Romer-Modell die Bedeutung von Spillover-Effekten der Wissensbildung auf die Produktivität der verschiedenen Sektoren der Volkswirtschaft hervor. Im Rahmen von Erweiterungen des Romer-Modells für offene Volkswirtschaften kann sehr gut die Bedeutung internationaler Spillover-Effekte analysiert werden. Aufgrund dieser Tatsache wird das Romer-Modell sehr häufig gewählt, um gemeinsame Fragestellungen der Neuen Wachstumstheorie und der modernen Außenhandelstheorie zu untersuchen. Im nächsten Kapitel werden die außenwirtschaftlichen Implikationen des Romer-Modells diskutiert. Dabei soll insbesondere der Frage nachgegangen werden, über welche Kanäle dynamische Handelsgewinne entstehen können.

---

[37] Vgl. Romer (1990b), S. 97.
[38] Vgl. beispielsweise Aghion und Howitt (1992) sowie Grossman und Helpman (1991).
[39] Vgl. hierzu etwa Lucas (1988), Saarenheimo (1993) sowie Kapitel 2.6 dieser Arbeit.

Anhang 3A: Die Cobb-Douglas-Produktionsfunktion mit disaggregiertem Kapitalstock

Die im Romer-Modell unterstellte modifizierte Cobb-Douglas-Produktionsfunktion mit disaggregiertem Sachkapitalstock kann als Spezialfall einer allgemeineren Produktionsfunktion mit einem CES-Kapitalgüterindex aufgefaßt werden. Dies wird deutlich, wenn man einen Kapitalgüterindex (χ) vom CES-Typ definiert. Für die Produktionsfunktion würde sich folglich ergeben

$$Y = H_Y^\alpha L^\beta \chi^\gamma = H_Y^\alpha L^\beta \left[\int_0^A x(i)^\varsigma di \right]^{\frac{\gamma}{\varsigma}}, \qquad \alpha + \beta + \gamma = 1 ; -\infty < \varsigma < 1 . \tag{3A.1}$$

Die Produktionsfunktion hat für eine gegebene Anzahl an Kapitalgütervarianten (A) konstante Skalenerträge. γ ist der Skalenfaktor des Kapitalgüterindexes. Werden alle Einsatzmengen x(i) um einen konstanten Faktor (λ) vergrößert, so nimmt der Index χ um λ^γ zu. ς ist ein Substitutionsparameter. Die einzelnen Kapitalgüter (x(i)) sind mit einer konstanten Substitutionselastizität ($\sigma_x = 1/(1-\varsigma)$) gegeneinander substituierbar.

Im Romer-Modell ist nun ein Sonderfall der obigen Produktionsfunktion unterstellt, bei dem der Substitutionsparameter (ς) genau so groß ist wie der Skalenfaktor des Kapitalgüterindexes (γ). Es folgt die in dieser Arbeit verwendete Produktionsfunktion

$$Y = H_Y^\alpha L^\beta \int_0^A x(i)^\gamma di = H_Y^\alpha L^\beta \chi^\gamma . \tag{3A.2}$$

Der Kapitalgüterindex erhält nun aufgrund dieser Modifikation eine weitere wichtige Eigenschaft: Er wird additiv separabel. Das heißt, die Grenzproduktivität eines beliebigen Kapitalgutes ist unabhängig von der Einsatzmenge eines anderen beliebigen Kapitalgutes. Dies kann durch folgende Gleichung gezeigt werden:

$$\frac{\partial Y}{\partial x(i_1)} = \gamma H_Y^\alpha L^\beta x(i_1)^{\gamma-1} ; \qquad \frac{\partial Y}{\partial x(i_1)\, \partial x(i_2)} = 0 . \tag{3A.3}$$

Es seien symmetrische Kapitalgüter unterstellt, d. h. x=x(i) für alle $i \in [0,A]$. Der Wert des Kapitalstocks (κ), wenn man von dem F&E-Sektor abstrahiert, ergibt sich als die Summe des Konsumverzichts, der zum Aufbau desselben notwendig ist:

$$\kappa = \int_0^A x(i)\,di = A\,x\,. \tag{3A.4}$$

Zwischen dem Kapitalstock (κ) und dem Kapitalgüterindex (γ) besteht folgende Beziehung:

$$\chi = \left[\int_0^A x(i)^\gamma\,di\right]^{1/\gamma} = \left[A\left(\frac{\kappa}{A}\right)^\gamma\right]^{1/\gamma} = A^{(1-\gamma)/\gamma}\,\kappa = A^{1/(\sigma_x-1)}\,\kappa\,. \tag{3A.5}$$

Aus der obigen Gleichung wird deutlich, daß der Kapitalgüterindex (χ) größer als der Kapitalstock (κ) ist, wenn $\sigma_x > 1$ ist, d. h. wenn zwischen den Kapitalgütern eine Substitutionsbeziehung besteht.[40] Dieser Fall ist im Romer-Modell immer erfüllt, da $0 < \gamma < 1$ unterstellt ist. In diesem Fall erhöht die Anzahl der Produktvarianten bei gegebenem Ressourceneinsatz (gemessen als Summe des geleisteten Konsumverzichts (κ)) die Produktivität des Kapitals. Diese Erhöhung ist um so stärker, je dichter die Substitutionselastizität an eins herankommt. Daraus folgt, daß ein kleiner Kapitalstock (κ) durchaus einen hohen produktiven Wert besitzen kann, nämlich dann, wenn die Variabilität groß und/oder die Substitutionselastizität annähernd eins ist.

Bestehen jedoch Komplementärbeziehungen, d. h. $\sigma_x \in [0,1)$, so vermindert die Anzahl der Produktvarianten den Produktivwert, und zwar um so weniger, je dichter die Substitutionselastizität an eins herankommt. Die Intuition ist folgende: Komplementäre Kapitalgüter benötigen den Einsatz aller anderen Kapitalgütervarianten. Da bei gegebenem Kapitalstock (κ) die Einsatzmenge aller anderen Kapitalgüter zurückgehen muß, wird sich die Produktivität der Kapitalgüter verringern.

Der Spezialfall perfekt substituierbarer Kapitalgüter soll noch untersucht werden, d. h. $\sigma_x = \infty$ und $\gamma = 1$. In diesem Fall folgt, daß sich der Kapitalstock und der Kapitalgüterindex gerade entsprechen, d. h. $\chi = \kappa$. Da alle Kapitalgüterarten

---

[40] Da A die Anzahl der Produkte angibt und somit immer größer ist als eins, folgt immer, daß $A^z > 1$, wenn $z > 0$. Bestünden zwischen den Kapitalgütern Komplementärbeziehungen, wäre also $z < 0$, so wäre $A^z < 1$ und der Kapitalgüterindex (χ) wäre kleiner als der Kapitalstock (κ).

perfekte Substitute sind, ändert die Anzahl der Varianten nichts an der Gesamtproduktivität. Die Produktionsfunktion ist dann

$$Y = H_Y^\alpha L^\beta \left[\int_0^A x(i)\, di \right]^\gamma = H_Y^\alpha L^\beta \kappa^\gamma . \tag{3A.6}$$

Dies entspricht der traditionellen makroökonomischen Produktionsfunktion mit aggregiertem Kapitalstock. Es ergibt sich eine interessante Implikationen, wenn die einzelnen Kapitalgüter (x(i)) betrachtet werden. Die Grenzproduktivität eines beliebigen Kapitalgutes i_1 ist nämlich

$$\frac{\partial Y}{\partial x(i_1)} = \gamma H_Y^\alpha L^\beta \left[\int_0^A x(i)\, di \right]^{\gamma-1} . \tag{3A.7}$$

Folglich ist die Grenzproduktivität aller Kapitalgüter gleich groß. Der Mehreinsatz eines beliebigen zweiten Kapitalgutes i_2 senkt jedoch die Grenzproduktivität des Gutes i_1.

Anhang 3B: Monopolpreisbildung

Der Monopolist maximiert seinen Gewinn gemäß Gleichung (3.1.7). Die erste Ableitung ist:

$$\frac{\partial \pi(i)}{\partial x(i)} = \frac{\gamma^2 H_Y^\alpha L^\beta x(i)^{\gamma-1}}{r} - 1 = 0 \,. \tag{3B.1}$$

Jetzt kann der rechte Term aus der Gleichung (3.1.6) in die obige Gleichung eingesetzt und nach p(i) aufgelöst werden. Es ergibt sich die Markup-Regel

$$p(i) = \frac{1}{\gamma} \,. \tag{3B.2}$$

Für den Gewinn folgt

$$\pi(i) = (p(i) - 1)\, x(i) = \left(\frac{1}{\gamma} - 1\right) x(i) = \frac{1-\gamma}{\gamma}\, x(i) \,. \tag{3B.3}$$

Es wird deutlich, daß der Gewinn proportional mit der Zahl der abgesetzten Gütereinheiten, d. h. der Marktgröße, steigt.

Die oben beschriebene Preissetzungsregel ist bekannt als Chamberlin'sche Markup-Regel. Ein Monopolist wird einen gewinnmaximierenden Preis setzten, indem er einen Aufschlagssatz (Markup) auf die Grenzkosten (GK) erhebt. Die Höhe des Markups hängt von der Preiselastizität der Kapitalgüternachfrage (η) ab. Im hier vorliegenden Fall sind die Grenzkosten gleich eins und der Markup-Faktor beträgt $1/\gamma$.

Allgemein lautet die Markup-Regel wie folgt:[41]

$$p = \frac{GK}{1 + \frac{1}{\eta}} \,. \tag{3B.4}$$

Die Nachfrageelastizität nach Kapitalgütern aus Gleichung (3.1.6) ist

[41] Vgl. beispielsweise Varian (1992), S. 235.

$$\eta(i) = \frac{1}{\frac{\partial p(x(i))}{\partial x(i)}} \frac{p(x(i))}{x(i)} = -\frac{1}{1-\gamma} . \tag{3B.5}$$

Die Nachfrage nach Kapitalgütern ist also isoelastisch und vom Betrag größer als eins. Je größer die Produktionselastizität der Kapitalgüter (γ) ist, desto größer ist also auch die Preiselastizität der Nachfrage. Setzt man die Elastizität (η(i)) aus obiger Gleichung in Gleichung (3B.4) ein, so erhält man unmittelbar Gleichung (3B.2).

Anhang 3C: Beweis, daß bei zentraler Planung gilt: BIP=rK

Zu beweisen ist, daß Gleichung (3.5.8) gilt, also

$$rK = r\left(Ax + AP_A\right) = BIP = Y + \dot{A}P_A \ . \tag{3C.1}$$

Mit Gleichung (3.5.1) für den Zinssatz folgt

$$\gamma Y + rP_A A = Y - (1-\gamma)Y + rAP_A \ . \tag{3C.2}$$

Setzt man jetzt für $Y = rAx/\gamma$ und für P_A die Gleichung (3.4.12) ein, so erhält man die Beziehung

$$\begin{aligned} & Y - \frac{1-\gamma}{\gamma} rAx \frac{r-g}{r-g} + rA \frac{1-\gamma}{\gamma} x \frac{r}{r-g} = \\ & Y + P_A gA = Y + P_A \dot{A} = BIP \ . \end{aligned} \tag{3C.3}$$

Anhang 3D: Stabilitätsanalyse

Das dynamische System für das dezentrale Romer-Modell kann durch das folgende dreidimensionale, nichtlineare Differentialgleichungssystem beschrieben werden:

$$\frac{\dot{C}}{C} = \frac{r - \rho}{\sigma} , \tag{3D.1}$$

$$\frac{\dot{A}}{A} = \delta \left(H - H_Y \right) , \tag{3D.2}$$

$$\frac{\dot{\kappa}}{\kappa} = H_Y^{\alpha} L^{\beta} \left(\frac{A}{\kappa} \right)^{1-\gamma} - \frac{C}{\kappa} \qquad mit\ \kappa = A x . \tag{3D.3}$$

Zur Vereinfachung wird im folgenden die Arbeitsmenge auf eins normiert (L=1). Im Wachstumsgleichgewicht wachsen alle drei Variablen (C, A, κ) mit der gleichen Rate, so daß das dynamische System in der Regel nicht stationär ist. Man kann jedoch das obige System in ein stationäres, zweidimensionales Differentialgleichungssytem mit den Variablen $x=\kappa/A$ und $z=C/\kappa$ überführen. Es folgt:

$$\frac{\dot{z}}{z} = \frac{\dot{C}}{C} - \frac{\dot{\kappa}}{\kappa} , \tag{3D.4}$$

$$\frac{\dot{x}}{x} = \frac{\dot{\kappa}}{\kappa} - \frac{\dot{A}}{A} . \tag{3D.5}$$

Die Variablen H_Y und r hängen eindeutig von der Variable x ab. Aus den Gleichungen (3.1.9) und (3.2.7) folgt:

$$H_Y = \Psi x^{-\frac{1-\gamma}{1-\alpha}} \qquad mit\ \Psi = \left(\frac{\psi \gamma^2}{\delta} \right)^{\frac{1}{1-\alpha}} , \tag{3D.6}$$

$$r = \gamma^2 \Psi^{\alpha} x^{-\frac{1-\gamma}{1-\alpha}} . \tag{3D.7}$$

Setzt man die Gleichungen (3D.1) bis (3D.3) in das Gleichungssystem (3D.4) und (3D.5) ein und verwendet dabei die beiden obigen Gleichungen, erhält man das folgende Differentialgleichungssystem:

$$\dot{z} = g(z,x) = z^2 - \left(\frac{\sigma - \gamma^2}{\sigma}\right)\Psi^{\alpha} z x^{-\frac{1-\gamma}{1-\alpha}} - \frac{\rho}{\sigma} z , \tag{3D.8}$$

$$\dot{x} = f(z,x) = -zx + \left(\delta\,\Psi + \Psi^{\alpha}\right) x^{-\frac{1-\gamma}{1-\alpha}+1} - \delta H x . \tag{3D.9}$$

Im Wachstumsgleichgewicht sind die Variablen z und x konstant. Die Steady-state-Werte ($\bar{z}$,$\bar{x}$) lassen sich berechnen, indem die beiden obigen Gleichungen null gesetzt werden und das Gleichungssystem nach z und x gelöst wird. Es folgt:

$$\bar{x} = \left(\frac{\delta\,\Psi\,\sigma + \gamma^2\,\Psi^{\alpha}}{\delta\,H\,\sigma + \rho}\right)^{\frac{1-\alpha}{1-\gamma}} , \tag{3D.10}$$

$$\bar{z} = \frac{\delta\,H\,\Psi^{\alpha}\left(\sigma - \gamma^2\right) + \rho\left(\delta\,\Psi + \Psi^{\alpha}\right)}{\delta\,\Psi\,\sigma + \gamma^2\,\Psi^{\alpha}} . \tag{3D.11}$$

Beide Steady-state-Werte müssen, um ökonomisch plausibel zu sein, größer als null sein. Dies ist eindeutig für $\bar{x}$ der Fall. $\bar{z}$ ist jedoch nur dann eindeutig größer als null, wenn gilt $\sigma > \gamma^2$. Diese Bedingung ist immer dann erfüllt, wenn die intertemporale Substitutionselastizität nicht zu groß (σ nicht zu klein) ist. Für die weiteren Überlegungen sei angenommen, daß dies immer gilt.[42]

Die Stabilität des Systems kann in einem Phasendiagramm untersucht werden. Dazu werden die Gleichungen (3D.10) und (3D.11) null gesetzt und nach z aufgelöst. Die sich ergebenden Funktionen für die Phasenlinien lauten:

$$\dot{z} = 0 \Rightarrow z = \left(\frac{\sigma - \gamma^2}{\sigma}\right)\Psi^{\alpha} x^{-\frac{1-\gamma}{1-\alpha}} + \frac{\rho}{\sigma} , \tag{3D.12}$$

[42] Für plausible Parameterwerte ist eine Verletzung dieser Bedingung nicht zu erwarten. Beispielsweise müßte die intertemporale Substitutionselastizität schon größer als 6,25 ($\sigma < 0{,}16$) sein, damit bei einer Produktionselastizität des Kapitals (γ) von 0,4 die Möglichkeit eines negativen Steady-state-Wertes von z bestehen würde.

$$\dot{x} = 0 \Rightarrow z = \left(\delta \Psi + \Psi^{\alpha}\right) x^{-\frac{1-\gamma}{1-\alpha}} - \delta H . \tag{3D.13}$$

Das Phasendiagramm ist in Abb. 3D.1 dargestellt. Wie zu sehen ist, ergibt sich ein sattelpfadstabiles Gleichgewicht mit dem stabilen Sattelpfad SS. Die lokale Sattelpfadstabilität des dynamischen Systems kann auch analytisch nachgewiesen werden. Dazu wird das Differentialgleichungsystem (3D.8) und (3D.9) in der Umgebung der Steady-state-Werte linearisiert. Es ergibt sich folgendes Differentialgleichungssytem:[43]

$$\begin{pmatrix} \dot{z} \\ \dot{x} \end{pmatrix} - \begin{pmatrix} g_z & g_x \\ f_z & f_x \end{pmatrix}_{(\bar{z},\bar{x})} \begin{pmatrix} z \\ x \end{pmatrix} = \begin{pmatrix} 0 \\ 0 \end{pmatrix} . \tag{3D.14}$$

Die Bezeichnungen g_z, g_x, f_z und f_x geben die jeweiligen partiellen Ableitungen der Funktionen g(z,x) und f(z,x) an. Die sich ergebende Matrix wird als Jacobi-Matrix bezeichnet. Die Elemente der Matrix sind:

$$g_z = 2z - \left(\frac{\sigma - \gamma^2}{\sigma}\right) \Psi^{\alpha} x^{-\frac{1-\gamma}{1-\alpha}} - \frac{\rho}{\sigma} = z , \tag{3D.15}$$

$$g_x = \frac{1-\gamma}{1-\alpha} \left(\frac{\sigma - \gamma^2}{\sigma}\right) \Psi^{\alpha} z x^{-\frac{1-\gamma}{1-\alpha} - 1} = \frac{1-\gamma}{1-\alpha} \left(z - \frac{\rho}{\sigma}\right) \frac{z}{x} , \tag{3D.16}$$

$$f_z = -x , \tag{3D.17}$$

$$f_x = -z + \left(-\frac{1-\gamma}{1-\alpha} + 1\right)\left(\delta \Psi + \Psi^{\alpha}\right) x^{-\frac{1-\gamma}{1-\alpha}} - \delta H = -\frac{1-\gamma}{1-\alpha}\left(z + \delta H\right) . \tag{3D.18}$$

Zur Vereinfachung der obigen Ableitungen wurden die Gleichungen (3D.12) und (3D.13) verwendet. Um die Stabilitätseigenschaften zu untersuchen, wird die Determinante der Jacobi-Matrix berechnet:

[43] Die methodische Vorgehensweise ist beispielsweise bei Chiang (1984), S. 638f., beschrieben.

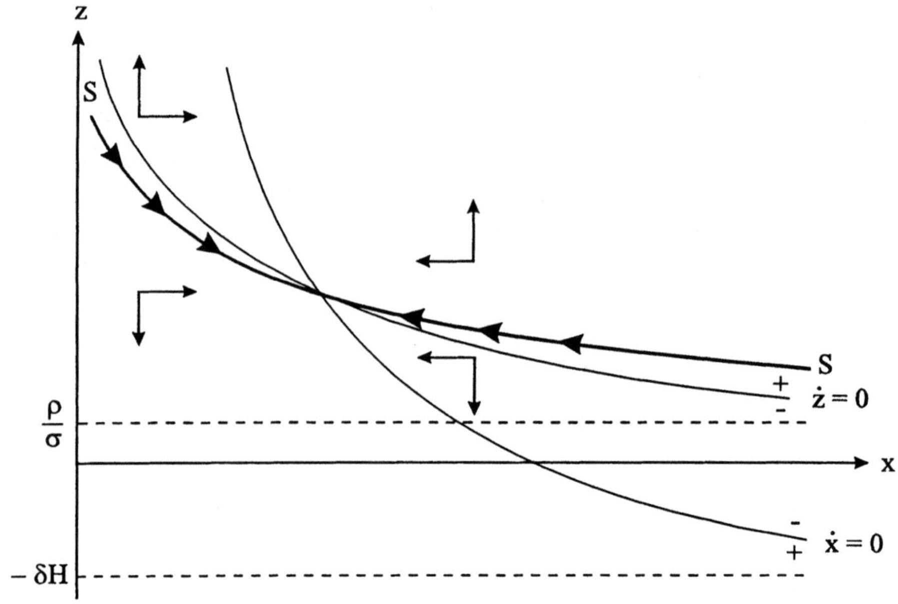

Abb. 3D.1: Phasendiagramm für das Romer-Modell

$$\det J = g_z f_x - g_x f_z = -\frac{1-\gamma}{1-\alpha} z\left(z + \delta H\right) + \frac{1-\gamma}{1-\alpha} z\left(z - \frac{\rho}{\sigma}\right)$$
$$= -\frac{1-\gamma}{1-\alpha} z\left(\delta H + \frac{\rho}{\sigma}\right) < 0 \,. \tag{3D.19}$$

Wenn die Determinate der Jacobi-Matrix kleiner ist als null, folgt eindeutig, daß die beiden Eigenwerte unterschiedliche Vorzeichen haben, was wiederum Sattelpfadstabilität impliziert.[44] Die Berechnungen bestätigen also das Ergebnis der grafischen Analyse.

[44] Vgl. hierzu etwa Chiang (1984), S. 643.

Kapitel 4

Die dynamischen Integrationseffekte

4.1 Die ökonomischen Wirkungen der internationalen Integration: Ein Überblick

Schon seit langem beschäftigt sich die Wirtschaftstheorie mit der Frage, wie sich die zunehmende internationale Integration auf die beteiligten Volkswirtschaften auswirkt. Die verschiedenen Aspekte der internationalen Integration werden unter anderem von der monetären Integrationstheorie, der Handelstheorie und seit einigen Jahren von der Neuen Wachstumstheorie untersucht. Während die monetäre Integrationstheorie auf jene Fragen abstellt, die sich durch die Integration von Geld- und Finanzmärkten ergeben, stellt die Handelstheorie vor allem auf die statischen Effekte ab, die sich nach der Integration der Gütermärkte ergeben. Die Neue Wachstumstheorie führt die Gedanken der traditionellen Handelstheorie weiter, indem neben den statischen Handelseffekten der Gütermarktintegration nun auch die dynamischen Handelseffekte betrachtet werden. Empirische Studien weisen darauf hin, daß die dynamischen Handelsgewinne deutlich höher sein können als die statischen Handelsgewinne.[1] Im weiteren wird ein kurzer Überblick über die Grundgedanken der traditionellen Handelstheorie gegeben, dem sich eine kurze Beschreibung der Handelseffekte anschließt, die im Rahmen der Neuen Wachstumstheorie untersucht werden. Es wird hierbei ausschließlich auf das Romer-Modell (1990b) abgestellt, da sich dieser Ansatz im besonderen Maße dazu eignet, außenwirtschaftliche Aspekte zu integrieren. Ähnliche Effekte treten jedoch auch bei den Modellen von Grossman und Helpman (1991) auf.

---

[1] Vgl. hierzu die Ausführungen im Kapitel 1.3.

Die traditionelle Handelstheorie stellt die folgenden Fragen in den Mittelpunkt ihrer Betrachtung:[2]

- Was determiniert die Handelsströme, d. h. wer handelt mit wem und zu welchen Preisen?
- Welches sind die Ursachen für die Handelsgewinne, und wie sind diese auf die einzelnen Handelspartner verteilt?
- Wie verändert sich die Produktionsstruktur in den einzelnen Ländern, und was folgt für die jeweilige Faktoreinkommensverteilung?

Die Antworten, die in der traditionellen Handelstheorie auf diese Fragen gegeben werden, können wie folgt umrissen werden. Die Handelsströme werden durch das Auftreten divergierender relativer Preise begründet. Ursächlich dafür sind entweder komparative Vorteile eines Landes in der Produktion eines Gutes, etwa aufgrund unterschiedlicher Produktivitäten (Ricardo-Fall), unterschiedlicher Ausstattungen mit Produktionsfaktoren (Heckscher-Ohlin-Fall) oder unterschiedlicher Nachfragebedingungen in den beiden Ländern. Öffnen die beteiligten Länder ihre Grenzen für den Güterhandel, so stellt sich auf dem Weltmarkt ein einheitlicher relativer Güterpreis ein, der gleichzeitig dafür sorgt, daß sich die nationalen Grenzraten der Substitution und die nationalen Grenzraten der Transformation angleichen. Dadurch, daß sich die Grenzraten der Substitution angleichen, wird ein internationales Konsumoptimum erreicht. Die resultierenden Wohlfahrtsgewinne werden häufig als *Handelsgewinne i.e.S.* bezeichnet. Darüber hinaus erwachsen weitere Wohlfahrtsgewinne durch das Angleichen der nationalen Grenzraten der Transformation. Die Produktionsstruktur in den beteiligten Ländern ändern sich derart, daß sich ein internationales Produktionsoptimum einstellt. Die Weltproduktion insgesamt steigt, da die Faktoren international in ihre jeweils produktivste Verwendung gelenkt werden. Die Wohlfahrtsgewinne durch die Ausweitung der Weltproduktion werden als *Spezialisierungsgewinne* bezeichnet.

Als Ergebnis wird sich ein Land auf jenes Gut spezialisieren, dessen relativer Preis geringer als im Ausland ist. Dadurch wird die Produktion dieses Gutes ausgeweitet. Für die Einkommensverteilung hat dies zur Folge, daß jener Faktor höher (niedriger) entlohnt wird, der besonders intensiv (wenig intensiv) im expandierenden Sektor eingesetzt wird. Als Folge nähern sich auch die Faktorpreise international an und werden unter bestimmten Voraussetzungen sogar international gleich groß (Faktorpreisausgleichstheorem). Die Voraussetzungen für voll-

---

[2] Vgl. Falvey (1994), S. 9.

ständigen Faktorpreisausgleich sind, daß sich keines der Länder vollständig auf die Produktion eines Gutes spezialisiert, daß vollständige Faktor- und Gütermärkte existieren, keine Handelsbeschränkungen auftreten, die Produktionstechnologien in beiden Ländern identisch sind, die Güter eindeutig nach ihren Faktorintensitäten klassifiziert werden können und daß die Produktionsfunktionen linear-homogen sind.[3]

In der traditionellen Handelstheorie entstehen die Handelseffekte allein durch den Güterhandel. Im Romer-Modell für offene Volkswirtschaften[4] kann jedoch neben dem Austausch von Konsum- und Kapitalgütern auch Wissen ausgetauscht werden, so daß ein zweiter internationaler Transmissionskanal geöffnet wird.[5] Das technische Wissen ist in der geschlossenen Volkswirtschaft als öffentliches Gut modelliert, das allen Wissenschaftlern gleichzeitig und kostenlos zur Verfügung steht. Es stellt sich nun die Frage, ob das technische Wissen durch die Integration uneingeschränkt international verfügbar wird oder ob zwar Güter gehandelt werden, das Wissen jedoch die nationalen Grenzen nicht überschreiten kann. In der Regel wird der Handel als Katalysator für den Transport des Wissens fungieren. Länder, die einen regen Güteraustausch pflegen, werden eher Zugang zu technischen oder organisatorischen Innovationen haben als Länder, die sich den Weltmärkten nicht öffnen. Gleichwohl mag es auch Länder geben, die zwar Handel treiben, jedoch nur eingeschränkt vom technischen Know-how anderer Länder Gebrauch machen können. Gründe hierfür könnten sein, daß sprachliche oder kulturelle Barrieren bestehen, die die Nutzbarmachung von Know-how erschweren. Ein weiterer, maßgeblicher Faktor ist der Ausbildungsstand im jeweiligen Land. Hat ein Land beispielsweise nur in geringem Umfang Humankapital (hochqualifizierte Forscher und Ingenieure) zur Verfügung, so ist es unter Umständen nicht in der Lage, das innovative Wissen anderer Länder zu absorbieren. In der Realität wird weder der Extremfall vollständiger Wissensdiffusion noch der völlig fehlender Wissensdiffusion in Reinform auftreten. Gleichwohl hat das Ausmaß der Wissensdiffusion einen entscheidenden Einfluß

[3] Vgl. hierzu etwa Rose und Sauernheimer (1995), S. 394f.

[4] Die ersten Erweiterungen des Romer-Modells für offene Volkswirtschaften erfolgen bei Rivera-Batiz und Romer (1991a und 1991b).

[5] Grossman und Helpman (1995) fassen unter dem Begriff "Technologietransfer" die verschiedenen internationalen Transmissionskanäle, die im Rahmen der Neuen Handels- und Wachstumstheorie diskutiert werden, zusammen. Neben dem Handel von High-Tech-Produkten und dem Wissensaustausch führen diese Autoren noch Produktimitationen und Direktinvestitionen als Übertragungswege für den Technologietransfer an.

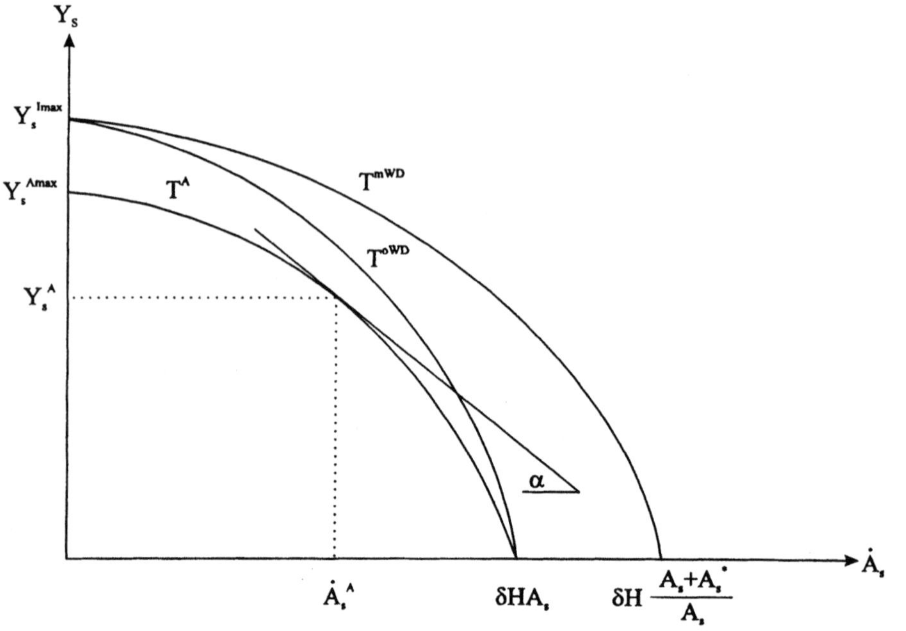

Abb. 4.1: Transformationskurve im Romer-Modell

auf die Analyseergebnisse. Um den Einfluß der Wissensdiffusion auf die Integrationseffekte in aller Reinheit herausarbeiten zu können, werden im folgenden beide Extremfälle untersucht.

Das Romer-Modell weist einige Gemeinsamkeiten mit der Heckscher-Ohlin-Analyse auf. Es existieren zwei Sektoren: Ein Sektor produziert Designs, ein weiterer Sektor produziert Fertigprodukte (Konsum- oder Kapitalgüter). Es läßt sich eine Transformationskurve ableiten, die die Anzahl der Designs $\dot{A}_s$ (an der Abszisse) und die Anzahl der Gütereinheiten Y_s (an der Ordinate) angibt, die ein Land zu einem bestimmten Zeitpunkt s herstellen kann. Vgl. hierzu Abb. 4.1.[6] Wächst die Volkswirtschaft mit einer positiven Rate, verschiebt sich die Transformationskurve im Zeitablauf nach außen, ohne daß sich die Krümmung der Transformationskurve ändert. Der relative Designpreis ($\tan \alpha = P_A$) stellt sich so ein, daß er der Grenzrate der Transformation entspricht. Die Anzahl der produzierten Designs bestimmt - für einen gegebenen Bestand an Designs - die gleichge-

[6] Hier, wie im weiteren, wird immer die dezentrale Volkswirtschaft betrachtet. Das heißt, daß die abgebildete Transformationskurve nicht alle Produktionsmöglichkeiten widerspiegelt, sondern unterhalb der Transformationskurve eines zentralen Planers liegt.

wichtige Wachstumsrate. Für eine gegebene Wachstumsrate läßt sich dann aus der Anzahl der insgesamt produzierten Gütereinheiten das Konsumniveau ermitteln. In Autarkie werden Y_s^A Gütereinheiten und $\dot{A}_s^A$ Designeinheiten produziert. Das beschriebene Schema ähnelt stark der Darstellung in Kapitel 3.4.

Welche Wirkungen treten nun auf, wenn sich die Länder dem Weltmarkt öffnen? Hierbei können zwei Transmissionskanäle unterschieden werden. Der erste Kanal wirkt über den Güterhandel, der zweite über den Austausch von technischem Wissen (die Wissensdiffusion). Der Güterhandel wird - im Unterschied zur traditionellen Handelstheorie - nicht durch Preisunterschiede bei den gehandelten Gütern ausgelöst, sondern dadurch, daß eine größere Kapitalgütervielfalt produktivitätserhöhend ist. Es entsteht also intraindustrieller Handel. Abweichend von der traditionellen Handelstheorie verschiebt sich dadurch die Transformationskurve in Autarkie (T^A) nach oben, nach T^{oWD}. Dies resultiert daraus, daß die Produktionsfunktion für den güterproduzierenden Sektor (Gleichung (3.1.2)) steigende Skalenerträge aufweisen. Wird durch die Integration eine höhere Anzahl verschiedener Kapitalgüterarten verfügbar, so können mit einem gegebenen Bestand an Ressourcen mehr Gütereinheiten (Y_s^{Imax}) produziert werden als in Autarkie (Y_s^{Amax}). Die maximal mögliche Produktionsmenge (δHA_s) an Designs bleibt jedoch unverändert. Im Gegensatz dazu steigt, wenn zusätzlich auch das technische Wissen ausgetauscht wird, der Wissensstand. Dies ermöglicht es, bei gleichem Einsatz sonstiger Ressourcen mehr Designs zu erstellen. In Abb. 4.1 verschiebt sich, wenn neben den Gütern auch das Wissen international ausgetauscht wird, die Transformationskurve nach oben und zusätzlich nach rechts (T^{mWD}). Die beiden beschriebenen Effekte sollen als Technologieeffekte bezeichnet werden.

Obwohl die Designs annahmegemäß nicht gehandelt werden, spielt der Designpreis eine wichtige Rolle für die Integrationseffekte. Wie noch zu zeigen sein wird, werden sich nach erfolgter Integration die beiden Designpreise genau entsprechen. Die Veränderung der nationalen Designpreise führt, wie in der traditionellen Handelstheorie, zu Spezialisierungseffekten. Diese werden auch von den beschriebenen Technologieeffekten beeinflußt. Allgemeingültige Aussagen über die Richtung der Spezialisierungseffekte sind nicht möglich. So ist es beispielsweise durchaus möglich, daß durch die Integration beide Länder die Designproduktion auf Kosten der Güterproduktion ausweiten. Es ist jedoch auch möglich, daß sich ein Land vollständig auf die Güterproduktion spezialisiert, also keine F&E mehr betreibt. Übersteigt nämlich der Lohn für Humankapital eine bestimmte Grenze, dann übersteigen die F&E-Kosten die möglichen F&E-Erträge. Grafisch ist dies der Fall, wenn der Designpreis so stark sinkt, daß die Preislinie so flach oder noch flacher verläuft als die Transformationskurve im oberen Eckpunkt. Im güterproduzierenden Sektor hingegen ist der Einsatz von Humankapital aufgrund der unterstellten Cobb-Douglas-Produktionsfunktion mit einer Substitutionselastizität von eins unbedingt notwendig, um Güter zu produzieren. Die Grenzerträge von Humankapital können aufgrund dieser Unterstellung unendlich groß werden. Als Folge davon wird sich ein Land nie vollständig auf die F&E spezialisieren können.

Analog zum Heckscher-Ohlin-Modell können Aussagen zum Einfluß des Handels auf die Faktorpreise gemacht werden. Da Humankapital im F&E-Sektor der einzig relevante Faktor ist, gilt immer, daß Humankapital in der F&E intensiver genutzt wird als im güterproduzierenden Sektor. Deshalb führt jede Produktionsverlagerung hin zur F&E dazu, daß der Faktorpreis von Humankapital im Vergleich zu unqualifizierter Arbeit ansteigt. Dies resultiert daraus, daß jede Produktionsverlagerung mit einer Wanderung von Humankapital vom güterproduzierenden Sektor in den F&E-Sektor verbunden ist. Sinkt jedoch der Einsatz von Humankapital in der Güterproduktion, so sinkt die Grenzproduktivität von unqualifizierter Arbeit und der Lohn sinkt. Internationaler Faktorpreisausgleich tritt analog zum Heckscher-Ohlin-Modell nur dann auf, wenn beide Länder in beiden Sektoren aktiv sind. Jedoch wird in den folgenden Kapiteln gezeigt werden, daß hierfür zusätzlich internationale Wissensdiffusion auftreten muß und die F&E-Produktivitäten von Humankapital in beiden Ländern gleich groß sein müssen.

Die Integrationseffekte, die im Romer-Modell auftreten, sind in Abb. 4.2 im Überblick dargestellt. Es können drei Integrationseffekte unterschieden werden:

- der Technologieeffekt in der F&E,
- der Technologieeffekt in der Güterproduktion und
- der Redundanzeffekt.[7]

[7] Hier weicht die Arbeit von der Terminologie ab, die Rivera-Batiz und Romer (1991b) gewählt haben. Sie unterscheiden zwischen Skalen-, Allokations- und Redundanzeffekt. Dies ist nach Auffassung des Autors etwas unsystematisch, da in beiden Sektoren Skaleneffekte auftreten, die unterschiedliche Wirkungen zur Folge haben. Darüber hinaus resultieren die Allokationseffekte aus der Summe der Wirkungen der Technologieeffekte (Skaleneffekte), so daß die Allokationseffekte nicht auf einer Stufe mit den Technologie- und Redundanzeffekten aufgeführt werden sollten. Rivera-Batiz und Romer (1991b) subsumieren unter dem Allokationseffekt nur den intersektoralen Allokationseffekt.

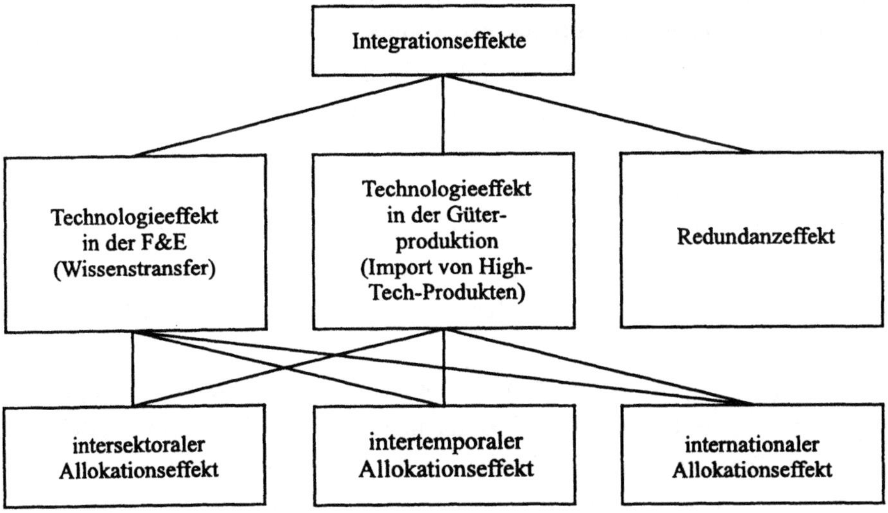

Abb. 4.2: Integrationseffekte im Überblick

Der Technologieeffekt in der F&E kann nur bei internationaler Wissensdiffusion auftreten und verschiebt die Transformationskurve in Abb. 4.1 nach rechts. Der Technologieeffekt im güterproduzierenden Sektor resultiert aus der höheren Variabilität des Kapitalstocks durch den Handel und verschiebt die Transformationskurve in Abb. 4.1 nach oben. Die Steigung der Transformationskurve ändert sich folglich je nach relativer Stärke der beiden Effekte und hat Folgen für den relativen Designpreis. Verändert sich in einem Land der Designpreis, so hat dies Wirkungen auf die intersektorale Allokation von Humankapital. Verändert sich der Zinssatz, so hat dies Auswirkungen auf die intertemporale Allokation. Steigt etwa der Zinssatz in einem Land im Vergleich zur Autarkie, so nehmen die Sparanreize zu, und die Konsumenten wählen einen steileren Konsumwachstumspfad. Ein internationaler Allokationseffekt kann dann auftreten, wenn die Faktoren international wandern können. Im Romer-Modell ist nur das Sachkapital international mobil. Zusätzlich könnten jedoch auch Wanderungsbewegungen von Humankapital und unqualifizierten Arbeitskräften einsetzen, die durch Unterschiede in der Entlohnung induziert sind. Auf Fragen der internationalen Migration wird in dieser Arbeit jedoch nicht eingegangen.[8] Im Vergleich zur Handelstheorie entspricht der intersektorale Allokationseffekt in der Neuen Wachstumstheorie dem

[8] Vgl. hierzu etwa Rivera-Batiz (1994) sowie Lundborg und Segerstrom (1995).

Spezialisierungseffekt und der intertemporale Allokationseffekt dem Handelseffekt. Der Redundanzeffekt findet keine Entsprechung in der traditionellen Handelstheorie. Er besagt, daß nach erfolgter Integration die Entwicklung gleicher Produkte in verschiedenen Ländern ausgeschlossen ist. Dies wird damit begründet, daß es im allgemeinen nicht lohnend ist, ein bereits bestehendes Produkt noch einmal zu entwickeln, da mit einem Imitat und Fertigungskosten, die dem ersten Produkt entsprechen, keine Monopolrenten zur Kompensation der F&E-Aufwendungen zu erzielen sind. Bei Autarkie und völlig abgeschotteten Märkten besteht hingegen die Gefahr, daß Ressourcen dazu verwendet werden, "das Rad zum zweiten Mal zu erfinden".

Ein anderer Aspekt der Redundanz bezieht sich auf die zum Zeitpunkt der Integration bereits bestehenden Redundanzen. Da die Technologieeffekte ihre Wirkungen über die zunehmende Vielfalt der Kapitalgüter und des technischen Know-hows beziehen, spielt der Grad der bestehenden Redundanz eine wichtige Rolle. In Kapitel 4.3 werden die zwei Extremfälle - vollständige Redundanz und gänzlich fehlende Redundanz - gegenübergestellt, um den Einfluß von Redundanzen auf die Integrationseffekte in aller Reinheit herauszuarbeiten.

4.2 Das F&E-Modell für zwei Länder

Das Romer-Modell aus Kapitel 3 kann für offene Volkswirtschaften erweitert werden. Die Integrationswirkungen hängen entscheidend davon ab, ob internationale Wissensdiffusion stattfinden kann oder nicht, und inwieweit sich die am Integrationsprozeß beteiligten Länder unterscheiden. Der Fall der Integration zweier symmetrischer Länder wird von Rivera-Batiz und Romer (1991a und 1991b) untersucht. Devereux und Lapham (1994) zeigen, daß Unterschiede in den nationalen Wissensständen zu abweichenden Ergebnissen führen können. Darüber hinaus zeigen Rivera-Batiz und Xie (1993), daß die Ausstattung der Länder mit Humankapital entscheidenden Einfluß auf die Integrationseffekte hat. Nach der Diskussion dieser Szenarien in den Kapiteln 4.3, 4.4 und 4.5 wird die Analyse um die Fälle unterschiedlicher nationaler F&E-Produktivitäten (Kapitel 4.6) und unterschiedlicher Zeitpräferenzraten (Kapitel 4.7) erweitert.[9]

[9] Diese Fälle werden auch bei Frenkel und Trauth (1995 und 1996c) behandelt. Die Analyse in der vorliegenden Arbeit geht jedoch darüber hinaus.

Zunächst soll die Modellstruktur aus Kapitel 3 für den Zwei-Länder-Fall erweitert werden, um die Grundlage für die anschließenden Analysen zu schaffen. Die zwei Länder werden mit Inland und Ausland bezeichnet. Die Variablen, die das Ausland beschreiben, sind mit einem Stern gekennzeichnet. Variablen, die für beide Länder gleich sind, erhalten keinen Stern. Die Produktionsfunktionen für den F&E-Sektor ergeben sich als:

$$\dot{A} = \delta A_A H_A \tag{4.2.1}$$

und

$$\dot{A}^* = \delta^* A_A^* H_A^* \;. \tag{4.2.2}$$

Mit A_A wird der Wissensstand im jeweiligen Land bezeichnet. Ist unterstellt, daß keine internationale Wissensdiffusion stattfindet, so entspricht der nationale Wissensstand der Summe der Designs, die im jeweiligen Land in der Vergangenheit erfunden wurden, also $A_A=A$ und $A_A^*=A^*$. Ist jedoch unterstellt, daß sich Wissen international ungehindert ausbreitet, so gibt es einen für beide Länder identischen Wissensstock $A_A=A_A^*$. Ist zusätzlich unterstellt, daß keine Redundanzen im internationalen Wissensstock auftreten, also alle vor der Integration gemachten Erfindungen einmalig in der Welt waren, so folgt für den internationalen Wissensstand: $A_A=A_A^*=A+A^*$. Die Rolle von Redundanzen werden im Kapitel 4.3.3 diskutiert.

Die Produktionsfunktionen in der Güterfertigung sind

$$Y = H_Y^{\alpha} L^{\beta} \left[\int_0^A x(i)^{\gamma}\, di + \int_0^{A^*} m(j)^{\gamma}\, dj \right] \tag{4.2.3}$$

und

$$Y^* = H_Y^{*\alpha} L^{*\beta} \left[\int_0^{A^*} x^*(j)^{\gamma}\, dj + \int_0^{A} m^*(i)^{\gamma}\, di \right] . \tag{4.2.4}$$

Die Kapitalgüter x(i) werden im Inland produziert und nachgefragt, die Kapitalgüter $m^*(i)$ werden im Inland produziert und vom Ausland nachgefragt (importiert). Die insgesamt im Integrationsgebiet nachgefragte Menge eines inländischen Kapitalgutes ergibt sich als $x(i)+m^*(i)$. Die inverse Nachfrage der Inländer und der Ausländer nach den heimischen Kapitalgütern ergibt sich analog zu Gleichung (3.1.10) wie folgt:

$$\begin{aligned} p(i) &= \gamma\, H_Y^{\alpha}\, L^{\beta}\, x(i)^{\gamma-1}\, r^{-1} \\ &= \gamma\, H_Y^{*\alpha}\, L^{*\beta}\, m^*(i)^{\gamma-1}\, r^{-1}\ . \end{aligned} \tag{4.2.5}$$

Für die inverse Nachfrage der Ausländer und der Inländer nach ausländischen Kapitalgütern gilt:

$$\begin{aligned} p^*(j) &= \gamma\, H_Y^{*\alpha}\, L^{*\beta}\, x^*(j)^{\gamma-1}\, r^{-1} \\ &= \gamma\, H_Y^{\alpha}\, L^{\beta}\, m(j)^{\gamma-1}\, r^{-1}\ . \end{aligned} \tag{4.2.6}$$

Nach Integration wird sich aufgrund der Annahme perfekter Kapitalgütermärkte ein einheitlicher Kapitalgüterpreis und somit auch ein einheitlicher Zinssatz herausbilden. Des weiteren sei angenommen, daß der Wert einer Konsumgütereinheit in beiden Ländern gleich groß und auf eins normiert ist. Da fernerhin in beiden Ländern die Opportunitätskosten der Produktion einer Kapitalgütereinheit gleich einer Konsumgütereinheit sind und auch das Markup in beiden Ländern gleich groß ist,[10] sind auch die Preise für Kapitalgüter international gleich. Es gilt folglich $p = p(i) = p^*(j) = 1/\gamma$. Daraus folgt außerdem, daß das Inland Kapitalgüter aus heimischer Produktion in gleichen Mengen nachfragt wie importierte Kapitalgüter. Es gilt also: $x = m$ und $x^* = m^*$. Dies impliziert, daß die Gesamtnachfrage nach inländischen und ausländischen Kapitalgütern gleich groß ist. Es gilt $x + m^* = x^* + m$. Aus den Gleichungen (4.2.5) und (4.2.6) läßt sich die Kapitalgüternachfrage der inländischen Güterproduzenten

$$x = m = \gamma^{2/(\alpha+\beta)}\, H_Y^{\alpha/(\alpha+\beta)}\, L^{\beta/(\alpha+\beta)}\, r^{-1/(\alpha+\beta)} \tag{4.2.7}$$

und der ausländischen Güterproduzenten

$$x^* = m^* = \gamma^{2/(\alpha+\beta)}\, H_Y^{*\,\alpha/(\alpha+\beta)}\, L^{*\,\beta/(\alpha+\beta)}\, r^{-1/(\alpha+\beta)} \tag{4.2.8}$$

ableiten.

Der Gewinn der Kapitalgüterproduzenten entspricht dem Designpreis und errechnet sich wie im Autarkiefall als

---

[10] Das Markup ist in beiden Ländern deshalb gleich groß, da annahmegemäß die Produktionstechnologie und damit die Preiselastizität der Faktornachfrage in beiden Ländern gleich ist.

$$P_A = \pi = \frac{1-\gamma}{\gamma}\left(x + m^*\right) . \tag{4.2.9}$$

Entsprechende Beziehungen gelten für das Ausland. Aus $x+m^*=x^*+m$ folgt, daß sowohl die Gewinne der Kapitalgüterproduzenten als auch die Patentpreise in beiden Ländern gleich groß sind. Der Lohn für Humankapital in der F&E ergibt sich nach Integration als

$$w_{HA} = P_A\,\delta\,A_A = \frac{1-\gamma}{\gamma}\left(x + m^*\right)\delta\,A_A , \tag{4.2.10}$$

der Lohn für Humankapital in der Güterfertigung als

$$w_{HY} = \alpha\,H_Y^{\alpha-1}L^{\beta}\left(A\,x^{\gamma} + A^*m^{\gamma}\right) = \alpha\,H_Y^{\alpha-1}L^{\beta}\left(A + A^*\right)x^{\gamma} . \tag{4.2.11}$$

Mit Hilfe der Gleichung (3.1.13) läßt sich der Ausdruck L^{β} eliminieren und es folgt:

$$w_{HY} = \frac{\alpha}{\gamma^2}\,r\,H_Y^{-1}\left(A + A^*\right)x . \tag{4.2.12}$$

Aus den beiden Gleichungen zur Bestimmung der Humankapitallöhne in den beiden Sektoren kann, wie für den Autarkiefall (Gleichung (3.2.8)), eine Beziehung hergeleitet werden, die den Markt für Humankapital räumt und damit angebotsseitiges Gleichgewicht sicherstellt. Es gilt

$$r_t = \frac{\delta}{\psi}\left[\frac{A_A}{A + A^*}\,\frac{x + m^*}{x}\right]H_Y . \tag{4.2.13}$$

Analog lassen sich für das Ausland Lohngleichungen sowie eine angebotsseitige Gleichgewichtsbedingung ableiten.

Das Weltwachstumsgleichgewicht ist dann erreicht, wenn sich alle Weltgrößen mit der gleichen, konstanten Wachstumsrate verändern. Es muß also gelten:

$$g^{w} = \frac{\dot{C} + \dot{C}^*}{C + C^*} = \frac{\dot{Y} + \dot{Y}^*}{Y + Y^*} = \frac{\dot{K} + \dot{K}^*}{K + K^*} = \frac{\dot{A} + \dot{A}^*}{A + A^*} . \tag{4.2.14}$$

Dabei ergibt sich die Wachstumsrate des Weltkonsums aus den beiden nationalen Keynes-Ramsey-Regeln (Gleichung (3.2.9)), wobei sich die nationalen Zeitpräferenzraten ρ und ρ^* unterscheiden können:

$$\frac{\dot{C}+\dot{C}^*}{C+C^*} = \frac{r}{\sigma} - \frac{\rho\,\theta_C + \rho^*(1-\theta_C)}{\sigma}\,, \quad mit\ \theta_C = \frac{C}{C+C^*}\,. \qquad (4.2.15)$$

Die Wachstumsrate des Weltwissensstocks (der Anzahl der Designs) ergibt sich, wenn die beiden nationalen F&E-Produktionsfunktionen (4.2.1) und (4.2.2) addiert und durch den Weltwissensstand dividiert werden:

$$\frac{\dot{A}+\dot{A}^*}{A+A^*} = \delta\, H_A \frac{A_A}{A+A^*} + \delta^*\, H_A^* \frac{A_A^*}{A+A^*}\,. \qquad (4.2.16)$$

Der Weltkapitalstock (K^w) ergibt sich unter Berücksichtigung der Beziehung $x=m$, $x^*=m^*$ und dem Preis für Kapitalgüter ($1/\gamma$) als

$$K^w = K+K^* = \left[\frac{Ax}{\gamma} + \frac{A^*m}{\gamma}\right] + \left[\frac{A^*x^*}{\gamma} + \frac{Am^*}{\gamma}\right] = \frac{1}{\gamma}(A+A^*)(x+m^*)\,. \qquad (4.2.17)$$

Da die Größen x und m^* im Wachstumsgleichgewicht konstant sind, wächst der Weltkapitalstock mit der gleichen Rate wie der Weltwissensstand. Auch die Weltgüterproduktion wächst mit der gleichen Rate wie die Anzahl der Designs. Dies wird aus den Produktionsfunktionen (4.2.3) und (4.2.4) deutlich, wenn man zusätzlich berücksichtigt, daß die Humankapitalallokation und die Einsatzmenge der repräsentativen Kapitalgüter im Wachstumsgleichgewicht konstant sind.

Eine weitere Bewegungsgleichung spielt bei der Ableitung des Wachstumsgleichgewichts eine entscheidende Rolle. Der Anteil des heimischen Wissensstandes in der Welt muß entlang eines Steady-states konstant bleiben. Definitionsgemäß verändert sich der Anteil des Inlandes am Weltwissensstand ($\theta=A/(A+A^*)$) wie folgt:

$$\frac{\dot{\theta}}{\theta} = \frac{\dot{A}}{A} - \frac{\dot{A}+\dot{A}^*}{A+A^*} = \delta\, H_A \frac{A_A}{A} - \delta\, H_A \frac{A_A}{A+A^*} - \delta^*\, H_A^* \frac{A_A^*}{A+A^*}\,. \qquad (4.2.18)$$

Bei der Ableitung der obigen Beziehung wurden die Gleichungen (4.2.1) und (4.2.16) verwendet.

Sofern beide Länder nach der Integration in der Forschung und Entwicklung aktiv sind, muß sich ein gleichgewichtiger Weltzinssatz einstellen, der in beiden

Ländern simultan angebotsseitiges Gleichgewicht sicherstellt.[11] Verknüpft man die Gleichung (4.2.13) mit der entsprechenden Gleichgewichtsbedingung für das Ausland, indem man Zinsgleichheit unterstellt und die Bedingung $x/(x+m^*)+x^*/(x^*+m)=1$ berücksichtigt, so erhält man mit Hilfe der Gleichung (4.2.16) eine Beziehung für den gleichgewichtigen Weltzins

$$r_t^w = \frac{\delta H}{\psi}\frac{A_A}{A+A^*} + \frac{\delta^* H^*}{\psi}\frac{A_A^*}{A+A^*} - \frac{g^w}{\psi} \,. \qquad (4.2.19)$$

Wie bei Autarkie kann nun der Zins abgeleitet werden, der ein nachfrageseitiges Gleichgewicht sicherstellt. Wächst der Weltkonsum mit der gleichgewichtigen Weltwachstumsrate (g^w), so folgt aus der Gleichung (4.2.15) folgende Bedingung:

$$r_p^w = \rho\,\theta_C + \rho^*(1-\theta_C) + \sigma g^w \,. \qquad (4.2.20)$$

Aus den Gleichungen (4.2.19) und (4.2.20) läßt sich nun die gleichgewichtige Wachstumsrate ableiten:[12]

$$g^w = \frac{\delta H \dfrac{A_A}{A+A^*} + \delta^* H^* \dfrac{A_A^*}{A+A^*} - \left(\rho\,\theta_C + \rho^*(1-\theta_C)\right)\psi}{1+\sigma\psi} \,. \qquad (4.2.21)$$

Zur Diskussion der Implikationen für die Handelsstruktur wird angenommen, daß die Kapitalgüter immer in dem Land produziert werden, in dem das Design erstellt wurde. Internationaler Handel mit Designs und Patentrechten ist also ausgeschlossen. Dazu wird zunächst die Gleichung (3.1.11) für die offene Volkswirtschaft modifiziert. Das heimische Bruttoinlandsprodukt[13] (BIP) setzt sich aus der

[11] An dieser Stelle sei darauf hingewiesen, daß sich in einigen noch zu diskutierenden Fällen Länder nach Integration vollständig auf die Güterproduktion spezialisieren. In diesen Ländern wird dann keine F&E mehr betrieben, der Lohn für Humankapital in der F&E sinkt unter den Lohn für Humankapital in der Güterfertigung, und die rechte Seite der Gleichung (4.2.13) wird kleiner als der Zins. Dies hat zur Folge, daß der Weltzins nicht mehr beide Märkte für Humankapital simultan räumen muß.

[12] Zu beachten ist, daß diese gleichgewichtige Weltwachstumsrate nur gilt, wenn beide Länder im F&E-Sektor aktiv sind.

[13] Hier wurde als Einkommenskonzept das Bruttoinlandsprodukt gewählt, um von eventuellen Zahlungsströmen zu abstrahieren, die durch vorhandene Nettoauslandsvermögen entstehen wür-

(Fortsetzung...)

Wertschöpfung in der Güterproduktion (Y) und dem Teil der Wertschöpfung zusammen, der in Form von Designs im F&E-Sektor erstellt wird. Die Designs sind Vorprodukte für die Kapitalgüterproduktion. Im Gleichgewicht entspricht die Wertschöpfung durch die Designs der Monopolrente. Es gilt folglich für das in Konsumgütereinheiten ausgedrückte Bruttoinlandsprodukt

$$BIP = H_Y^{\alpha} L^{\beta} \left(A x^{\gamma} + A^* m^{\gamma} \right) + P_A \delta A_A H_A \,, \tag{4.2.22}$$

wobei der Patentpreis (P_A) den Wert eines Designs in Konsumgütereinheiten angibt. Der Handelsbilanzsaldo (HB) entspricht der Summe aus Nettoexporten von Konsumgütern (HB_C) und Nettoexporten von Kapitalgütern (HB_x)

$$HB = HB_x + HB_C = \left[\frac{1}{\gamma} \dot{A} m^* - \frac{1}{\gamma} \dot{A}^* m \right] + \left[C_f^* - C_f \right] . \tag{4.2.23}$$

Die Nettoexporte der Kapitalgüter sind in Konsumgütereinheiten angegeben. Der relative Kapitalgüterpreis ist $p = 1/\gamma$. In der voranstehenden Gleichung wurde berücksichtigt, daß die Einsatzmengen der Kapitalgüter im Wachstumsgleichgewicht konstant sind. Berücksichtigt man den obigen Handelsbilanzsaldo in der volkswirtschaftlichen Verwendungsgleichung, so erhält man die Beziehung

$$\begin{aligned} BIP &= C + \dot{K} + HB = \left[C_h + C_f \right] + \left[\frac{1}{\gamma} \dot{A} x + \frac{1}{\gamma} \dot{A}^* m \right] \\ &\quad + \left[\frac{1}{\gamma} \dot{A} m^* - \frac{1}{\gamma} \dot{A}^* m + C_f^* - C_f \right] , \end{aligned} \tag{4.2.24}$$

wobei der erste Term in eckigen Klammern die Summe der heimischen Konsumausgaben im Inland (C_h) und im Ausland (C_f) widerspiegelt. Der zweite Term in eckigen Klammern stellt die Investitionsausgaben der Inländer dar, die sich aus den Produktionskosten der im Inland produzierten Kapitalgüter und den Ausgaben für importierte Kapitalgüter zusammensetzen. Die dritte Term stellt den Handelsbilanzsaldo dar.

---

[13] (...Fortsetzung)
den. In fast allen nachfolgenden Kapiteln impliziert das Wachstumsgleichgewicht, daß keine Leistungsbilanzsalden auftreten. Vereinfachend wird darüber hinaus von bestehendem Nettoauslandsvermögen abstrahiert. Das Bruttoinlandsprodukt und der Handelsbilanzsaldo fallen dann mit dem Bruttosozialprodukt und dem Leistungsbilanzsaldo zusammen. Im Kapitel 4.7 hingegen treten Leistungsbilanzsalden auf, so daß die Konzepte nicht mehr identisch sind.

Wird die Gleichung (4.2.24) etwas umgestellt, erhält man die Entstehungsgleichung des Bruttoinlandsproduktes

$$BIP = \left[C_h + C_f^*\right] + \left[\dot{A}\,x + \dot{A}\,m^*\right] + \left[\frac{1-\gamma}{\gamma}\left(\dot{A}\,x + \dot{A}\,m^*\right)\right]. \tag{4.2.25}$$

Das Bruttoinlandsprodukt setzt sich aus der Wertschöpfung des Konsumgütersektors, der Wertschöpfung, die bei der Kapitalgüterfertigung entsteht, und der Wertschöpfung des F&E-Sektors zusammen.

In den folgenden Kapiteln wird untersucht, welche Integrationseffekte auftreten, wenn zwei Länder Handel miteinander aufnehmen. Dabei wird jeweils unterschieden, ob freier internationaler Wissensaustausch stattfindet oder nicht. Ausgehend von dem Fall zweier gleicher Länder (Kapitel 4.3) wird dann danach gefragt, welche Integrationseffekte auftreten, wenn ungleiche Länder Integrationsschritte unternehmen.

4.3 Integration zweier gleicher Länder

4.3.1 Güterhandel ohne Wissensdiffusion

Rivera-Batiz und Romer (1991a und 1991b) untersuchen den Fall der Integration zweier identischer Länder.[14] Das nun folgende Kapitel nutzt eine leicht veränderte Modellversion und erweitert die Analyse in 4.3.3 für den Fall vollständiger Redundanz der Kapitalgütersets. Es ist unterstellt, daß in Autarkie F&E in beiden Ländern profitabel durchgeführt werden kann, d. h. daß beide Länder in Autarkie mit positiven Raten wachsen. Das technische Wissen sei zwar national frei verfügbar, sprachliche, kulturelle oder institutionelle Hürden machen jedoch den internationalen Wissensaustausch unmöglich. Zur Vereinfachung sei zunächst unterstellt, daß sich die Produkte und das Wissen der beiden Länder unterscheiden, also keine Redundanzen auftreten. Gehandelt werden die Kapitalgüter und das in beiden Ländern hergestellte homogene Konsumgut. Da sich der Wissens-

[14] Rivera-Batiz und Romer (1991a) vergleichen die Implikationen zweier unterschiedlicher F&E-Produktionsfunktionen. Zusätzlich zu der Modellvariante mit den Produktionsfunktionen (4.2.1) und (4.2.2) unterstellen sie, daß auch im F&E-Sektor eine Cobb-Douglas-Produktionstechnologie zur Anwendung kommt, die in der F&E den Einsatz von Sachkapital und unqualifizierter Arbeit notwendig macht.

stand einer Volkswirtschaft nur durch Innovationen der eigenen F&E-Unternehmen vergrößert, gilt $A_A = A$ und $A_A^* = A^*$. Wenn sowohl der F&E-Sektor als auch der güterproduzierende Sektor aktiv sind, müssen die Löhne für Humankapital in beiden Sektoren gleich sein. Es muß also gelten

$$w_{HY} = \frac{\alpha}{\gamma^2} r H_Y^{-1} (A + A^*) x = \delta \frac{1-\gamma}{\gamma} (x + m^*) A = w_{HA} \tag{4.3.1}$$

und

$$w_{HY}^* = \frac{\alpha}{\gamma^2} r H_Y^{*\,-1} (A + A^*) x^* = \delta \frac{1-\gamma}{\gamma} (x^* + m) A^* = w_{HA}^* . \tag{4.3.2}$$

Aus den beiden obigen Gleichungen kann für beide Länder jeweils ein Zinssatz r_t berechnet werden, der intersektorale Lohngleichheit für Humankapital sicherstellt,

$$r_t = \frac{\delta}{\psi} \frac{x + m^*}{x} \theta H_Y , \qquad mit\ \theta = \frac{A}{A + A^*} \tag{4.3.3}$$

und

$$r_t^* = \frac{\delta}{\psi} \frac{x^* + m}{x^*} \left(1 - \theta\right) H_Y^* . \tag{4.3.4}$$

Es sei unterstellt, daß die Wissensstände der beiden Länder zum Zeitpunkt der Integration gleich groß sind, d. h. $A = A^*$ und $\theta = 0{,}5$. Da die Länder symmetrisch sind, werden sie unmittelbar nach Grenzöffnung zunächst gleiche Mengen an Humankapital in der Güterfertigung einsetzen. Berücksichtigt man, daß sich in beiden Ländern der gleiche Zinssatz einstellt, läßt sich aus den Gleichungen (4.2.7) und (4.2.8) ablesen, daß bei $L = L^*$ und $H_Y = H_Y^*$ auch die Nachfrage nach den Kapitalgütern in beiden Ländern gleich groß sein muß, d. h. $x = x^*$ gilt. Um die gleichgewichtige Wachstumsrate nach Integration zu berechnen, werden zunächst die Gleichungen (4.3.3) und (4.3.4) nach $x/(x+m^*)$ bzw. $x^*/(x^*+m)$ aufgelöst und anschließend addiert. Berücksichtigt man, daß $x/(x+m^*) + x^*/(x^*+m) = 1$ gilt und löst die entstandene Gleichung wieder nach r_t auf, so folgt unter Beachtung von $H_Y = H_Y^*$ und $\theta = 0{,}5$

$$r_t^w = \frac{\delta}{\psi} \left(H - H_A\right) . \tag{4.3.5}$$

Der Zinssatz r_t^w stellt sicher, daß in beiden Ländern die Löhne für Humankapital intersektoral ausgeglichen sind.

Die Bedingung für das nachfrageseitige Gleichgewicht kann wie folgt hergeleitet werden. Aus Gleichung (4.2.16) mit $\delta=\delta^*$, $H_A=H_A^*$ und $A=A^*=A_A=A_A^*$ folgt

$$\frac{\dot{A}+\dot{A}^*}{A+A^*} = \delta H_A . \tag{4.3.6}$$

Im Wachstumsgleichgewicht stimmt die Wachstumsrate des Weltwissensstandes mit der Wachstumsrate des Weltkonsums aus Gleichung (4.2.15) überein. Berücksichtigt man weiterhin, daß $\rho=\rho^*$, erhält man den Zins r_p^w, der das Weltkonsumoptimum sicherstellt

$$r_p^w = \rho + \sigma \frac{\dot{C}+\dot{C}^*}{C+C^*} = \rho + \sigma \delta H_A . \tag{4.3.7}$$

Die Gleichungen (4.3.5) und (4.3.7) entsprechen genau den Gleichungen (3.2.8) und (3.2.9), die das Wachstumsgleichgewicht in Autarkie bestimmen. Deshalb veranschaulicht Abb. 3.6 nicht nur das Autarkiegleichgewicht, sondern auch das hier unterstellte Integrationsgleichgewicht. Folglich hat die Aufnahme von Handel zwischen zwei symmetrischen Ländern, wenn der internationale Wissenstransfer unterbleibt, keinen Wachstumseffekt.

Gleichwohl ist die Produktivität im güterproduzierenden Sektor gestiegen, da die Kapitalgütervielfalt zugenommen hat. Sofort nach Aufnahme des Handels werden die beiden Volkswirtschaften je die Hälfte der vorhandenen eigenen Kapitalgütereinheiten gegen die entsprechende Zahl der ausländischen Kapitalgütereinheiten tauschen. Da sich weder der Zins noch der Einsatz von Humankapital in der Güterproduktion geändert hat, wird nach wie vor die gleiche Menge eines repräsentativen Kapitalgutes gewünscht werden (Gleichungen (4.2.7) und (4.2.8)), so daß im Anpassungsprozeß die Menge jeder Kapitalgüterart wieder auf das Autarkieniveau steigen wird. Der Designpreis in beiden Ländern wird sich folglich gerade verdoppeln. Ist nämlich wie im unterstellten Fall $x=m=x^*=m^*$, so ist der Designpreis $P_A=2(\alpha+\beta)x/\gamma$ (Gleichung (4.2.9)). Um Aussagen über den Niveaueffekt treffen zu können, muß man das BIP vor und nach der Integration vergleichen. Während des Anpassungsprozesses verändert sich jedoch der Wissensstand und damit die Produktivität. Um diesen niveausteigernden Effekt auszuschließen, wird für den Vergleich angenommen, daß der Wissensstand in Autarkie und nach Integration der gleiche ist. Mit anderen Worten: Es wird unterstellt, daß der Anpassungsprozeß unendlich schnell erfolgt, ohne den Wissensstand zu verändern. In diesem Fall verdoppelt sich das Bruttoinlandsprodukt durch die Integration, was mit Hilfe der Gleichungen (3.1.11) und (4.2.22) und $A=A^*$ gezeigt werden kann.[15] Das Supskript "I" bezeichnet Variablen nach der Integration, das Supskript "A" Variablen in Autarkie

$$\frac{BIP^I}{BIP^A} = \frac{H_Y^\alpha L^\beta (A x^\gamma + A^* m^\gamma) + P_A^I \dot{A}}{H_Y^\alpha L^\beta A x^\gamma + P_A^A \dot{A}} . \tag{4.3.8}$$

Bei der obigen Analyse wird vom Technologieeffekt in der F&E und dem Redundanzeffekt abstrahiert, so daß nur der Technologieeffekt in der Güterproduktion wirken kann. Es wurde gezeigt, daß weder intersektorale Allokationswirkungen noch intertemporale Allokationswirkungen auftreten. Wie ist es jedoch zu erklären, daß der Technologieeffekt in der Güterproduktion im unterstellten Fall allokationsneutral ist. Um die Wirkung auf die intersektorale Allokation (von Humankapital) zu verdeutlichen, ist es hilfreich, von Zinswirkungen zu abstrahieren, um die primären Lohneffekte abzuleiten. Setzt man den Lohn für Humankapital nach Integration ins Verhältnis zum Autarkielohn für Humankapital in der Güterproduktion und nimmt an, daß sich weder der Autarkiezins noch die Autarkieallokation von Humankapital verändert, so erhält man

$$\frac{w_{HY}^I}{w_{HY}^A} = \frac{\alpha H_Y^{\alpha-1} L^\beta (A + A^*) x^\gamma}{\alpha H_Y^{\alpha-1} L^\beta A x^\gamma} = \frac{A + A^*}{A} . \tag{4.3.9}$$

Das entsprechende Verhältnis der Humankapitallöhne in der F&E ist

$$\frac{w_{HA}^I}{w_{HA}^A} = \frac{(1-\gamma)\gamma^{-1}(x + m^*)\delta A}{(1-\gamma)\gamma^{-1} x \delta A} = \frac{x + m^*}{x} . \tag{4.3.10}$$

---

[15] Natürlich steht nicht zu erwarten, daß in der Realität ein integrationspolitischer Schritt zu einer Verdoppelung des Einkommens führt. Das hier abgeleitete Ergebnis ist unter anderem auch Folge der Abstraktion von Redundanzen in den Gütersets. In der Wirklichkeit werden jedoch mit Sicherheit Redundanzen auftreten, die den Niveaueffekt schmälern.

Da im unterstellten Fall sowohl $A=A^*$ als auch $x=m^*$ gilt, verdoppeln sich beide Humankapitallöhne durch die Integration, wenn von Zins- und Reallokationseffekten abgesehen wird. Es entstehen also in der ersten Runde keine Anreize für das Humankapital von einem in den anderen Sektor zu wandern. Wie ändert sich nun der Zins in der ersten Runde? Dies wird durch die Gleichungen (4.3.3) und (4.3.4) verdeutlicht. Bleibt die Humankapitalallokation bestehen, sind die Ausdrücke $\theta(x+m^*)/x$ und $(1-\theta)(x^*+m)/x^*$ beide gleich eins, so daß im Vergleich mit dem gleichgewichtigen Autarkiezins keine Änderung eintritt. Es bleibt festzuhalten, daß die Wirkung eines isoliert auftretenden Technologieeffekts in der Güterproduktion allokationsneutral sein kann. Wie noch zu zeigen sein wird, ist dies ein spezielles Ergebnis für den Fall völlig symmetrischer Länder.

4.3.2 Güterhandel mit Wissensdiffusion

In der Regel erscheint es unrealistisch anzunehmen, daß Länder zwar Handel miteinander treiben, das technische Wissen der Länder jedoch davon völlig unbeeinflußt bleibt, so daß also die heimischen Forscher und Ingenieure nur auf den heimischen Wissensstand zurückgreifen können. Realistischer ist es anzunehmen, daß der Güterhandel als Katalysator für den internationalen Wissenstransfer wirkt, zumal im Romer-Modell vorwiegend an den Austausch von fortgeschrittenen Kapitalgütern gedacht ist.[16] Deshalb wird nun untersucht, welche Integrationseffekte auftreten, wenn vollständige Wissensdiffusion erfolgt, also beide Länder auf einen gemeinsamen Wissenspool zurückgreifen können. Auch hier sei zunächst unterstellt, daß keine Redundanzen während der Autarkiezeit auftraten. Es gilt also $A_A=A_A^*=A+A^*$. Der Weltwissensstand wächst folglich laut Gleichung (4.2.16), unter der Annahme $\delta=\delta^*$, mit der Rate

$$g^w = \delta\left(H_A + H_A^*\right) . \tag{4.3.11}$$

Offensichtlich können zur Berechnung der Weltwachstumsrate einfach die im F&E-Sektor beschäftigten Forscher und Ingenieure addiert werden. Dies resultiert daraus, daß deren Produktivität ($\delta(A+A^*)$) gleich groß ist, und zwar unabhängig

[16] Sjöholm (1996) untersucht den Zusammenhang zwischen Wissenstransfer und Handel empirisch.

vom nationalen Wissensstand. Setzt man die Löhne für Humankapital in den beiden Sektoren gleich, erhält man die beiden nationalen r_t-Kurven

$$r_t = \frac{\delta}{\psi} \frac{x + m^*}{x} H_Y \qquad (4.3.12)$$

und

$$r_t^* = \frac{\delta}{\psi} \frac{x^* + m}{x^*} H_Y^* . \qquad (4.3.13)$$

Löst man die beiden obigen Gleichungen nach $x/(x+m^*)$ und $x^*/(x^*+m)$ auf und addiert diese zu eins, folgt die Bedingung für simultanes angebotsseitiges Gleichgewicht

$$r_t^w = \frac{2\,\delta\, H}{\psi} - \frac{g^w}{\psi} . \qquad (4.3.14)$$

Für das Weltkonsumoptimum muß unter Berücksichtigung von $\rho = \rho^*$ und Gleichung (4.2.20) gelten, daß

$$r_p^w = \rho + \sigma\, g^w . \qquad (4.3.15)$$

Vergleicht man die beiden Gleichgewichtsbedingungen (4.3.14) und (4.3.15) für die Welt mit den Gleichgewichtsbedingungen (3.2.8) und (3.2.9) für Autarkie, stellt man fest, daß die r_t^w-Kurve für die Welt nach Integration im Vergleich zur r_t-Kurve für Autarkie die gleiche Steigung aufweist, die Achsenabschnitte aber doppelt so groß sind. Die r_p^w-Kurve fällt dagegen mit der r_p-Kurve für den Autarkiefall zusammen. Im Weltgleichgewicht sind also der Zins und die Wachstumsrate im Vergleich zur Autarkie gestiegen. Dies ist in Abb. 4.3 grafisch illustriert. Die Steady-state-Wachstumsrate nach Integration wird durch Gleichsetzen von (4.3.14) und (4.3.15) berechnet als

$$g^w = \frac{2\,\delta\, H - \rho\, \psi}{1 + \sigma\, \psi} . \qquad (4.3.16)$$

Weiter oben wurde gezeigt, daß ohne Wissensdiffusion der Technologieeffekt in der Güterproduktion bei symmetrischen Ländern allokationsneutral wirkt. Im jetzt unterstellten Fall tritt zusätzlich noch der Technologieeffekt in der F&E auf.

Dies hat zur Folge, daß der Lohn für Humankapital in der F&E zusätzlich um den Zuwachs des Wissensstandes steigt:

$$\frac{w_{HA}^{I}}{w_{HA}^{A}} = \frac{(1-\gamma)\,\gamma^{-1}\,(x+m^{*})\,\delta\,(A+A^{*})}{(1-\gamma)\,\gamma^{-1}\,x\,\delta\,A} = \frac{x+m^{*}}{x}\,\frac{A+A^{*}}{A}\,. \tag{4.3.17}$$

Wird zunächst von induzierten Wanderungsbewegungen von Humankapital und Zinsänderungen abstrahiert, so steigt der Lohn für Humankapital in der F&E stärker an als in der Güterproduktion (Gleichung (4.3.9)). Daraus resultiert ein Anreiz für Humankapital, aus der Güterproduktion in die F&E zu wandern. Dies wiederum läßt die Wachstumsrate des technischen Fortschritts ansteigen. Für gleichgewichtiges Wachstum müssen zusätzlich auch die Konsumausgaben schneller wachsen. Ein Haushaltsoptimum mit höherem Konsumwachstum, also höherer Ersparnisbildung, ist jedoch nur bei einem höheren Zins realisierbar. Die Technologieeffekte haben also sowohl einen intersektoralen Allokationseffekt (Wanderung von Humankapital in die F&E) als auch einen intertemporalen Allokationseffekt (höheres Konsumwachstum) ausgelöst.

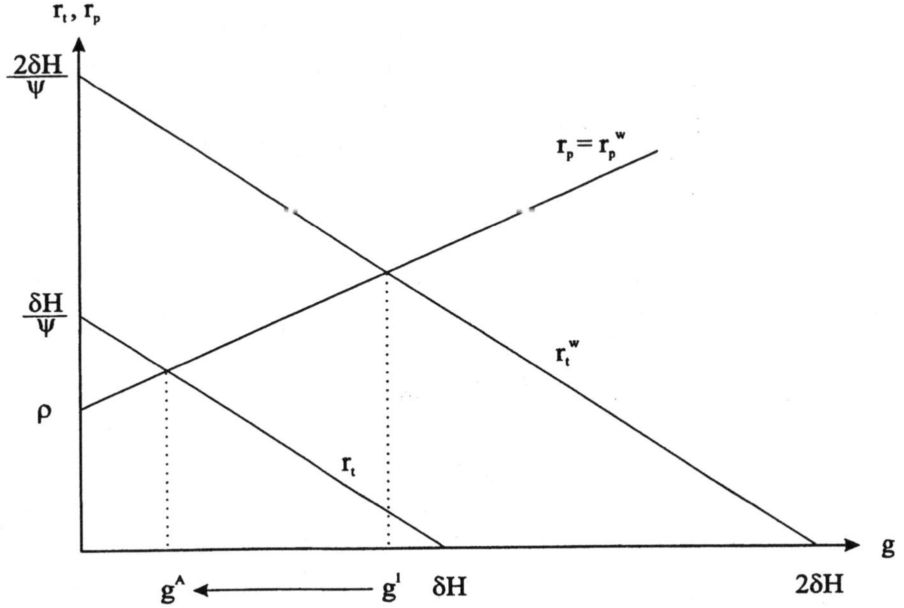

Abb. 4.3: Wachstumsgleichgewicht bei symmetrischen Ländern

Um den Niveaueffekt der Integration zu bestimmen, sei auf Gleichung (4.3.8) verwiesen. Aufgrund der verdoppelten Absatzmenge eines repräsentativen Kapitalgüterproduzenten verdoppelt sich der Patentpreis im Vergleich zur Autarkie. Der Output an Designs steigt aus zwei Gründen. Zum einen hat sich aufgrund des höheren Wissensstandes die Produktivität von Humankapital in der F&E erhöht, zum anderen hat sich aufgrund des intersektoralen Allokationseffektes die Einsatzmenge von Humankapital in der F&E erhöht. Darüber hinaus ist die Anzahl der verfügbaren Kapitalgütervarianten gestiegen, was die Produktivität in der Güterproduktion steigen läßt. Die beschriebenen Effekte erhöhen alle das Bruttoinlandsprodukt. Ein dämpfender Effekt tritt jedoch dadurch auf, daß weniger Humankapital im güterproduzierenden Sektor verbleibt, H_Y folglich sinkt. Dies wiederum hat zusammen mit dem Zinseffekt zur Folge, daß die Einsatzmenge eines repräsentativen Kapitalgutes sinkt. Die zuletzt beschriebenen Effekte werden jedoch nie den Anstieg des Bruttoinlandproduktes verhindern können.

4.3.3 Die Integrationseffekte bei vollständiger Redundanz

Wie sind die Ergebnisse der beiden vorangegangenen Kapitel zu modifizieren, wenn vor der Integration vollständige Redundanz der beiden Kapitalgütersets bestanden hat? Dabei ist zu beachten, daß nach erfolgter Integration annahmegemäß keine weiteren redundanten Güter hinzukommen können. Es ist nämlich unterstellt, daß der internationale Wettbewerb, ähnlich wie in einer geschlossenen Volkswirtschaft, verhindert, daß Güter ein zweites Mal entwickelt werden.[17]

---

[17] Redundanzen im internationalen Güterset können jedoch dann auftreten, wenn Imitationen lohnend möglich sind. Dazu müssen jedoch bestimmte Voraussetzungen erfüllt sein. Grossman und Helpman (1991) diskutieren etwa den Fall, daß ein Land bei der Herstellung von Gütern einen Produktionskostenvorteil hat und damit in der Lage ist, das ursprünglich innovative Gut vom Markt zu verdrängen. Dieser Fall scheidet jedoch für den in dieser Arbeit verwendeten Modellrahmen aus, da die Kosten der Kapitalgüterproduktion in beiden Ländern durch die Opportunitätskosten bestimmt sind. Diese sind aufgrund der Annahme identischer Produktionsbedingungen in beiden Ländern gleich. Rivera-Batiz und Romer (1991b) erweitern den hier gewählten Modellrahmen indem sie protektionistische Maßnahmen berücksichtigen. Wird nämlich der Marktzugang bestimmter Kapitalgüter verhindert und ist das Imitieren mit geringeren Kosten verbunden als das Innovieren, so kann es sich unter Umständen für F&E-Unternehmen lohnen, statt innovativer Kapitalgüter für den Weltmarkt Imitationen für den heimischen Markt zu entwickeln. Einen Überblick über die Implikationen internationaler Imitationen geben etwa Helpman (1993), Grossman und Helpman (1995) sowie Frenkel und Trauth (1996a).

Zunächst sei wieder unterstellt, daß kein internationaler Wissenstransfer stattfindet. Was folgt nun für die Wachstumsdynamik? Die Anzahl der redundanten Designs in der Welt entspricht aufgrund der Symmetrieannahme der Anzahl der Designs in beiden Ländern direkt vor der Integration. Dieser Bestand an redundanten Designs wird im folgenden mit A_r bezeichnet. Da aber beide F&E-Sektoren aktiv bleiben und nach der Integration nur noch einmalige Designs produziert werden, ist die Anzahl der neuen und dann einmaligen Designs $A_n+A_n^*$. Nach Integration setzt sich also der Weltbestand an einmaligen Designs (A_e) aus den redundanten Designs aus der Autarkiezeit und den neuen Designs aus der Integrationszeit zusammen. Die Wachstumsrate des Designbestands (des Wissensstandes) beträgt mit $H_A=H_A^*$

$$g^w = \frac{\dot{A}_n+\dot{A}_n^*}{A_r+A_n+A_n^*} = \frac{\delta(A_r+A_n)H_A}{A_r+A_n+A_n^*} + \frac{\delta(A_r+A_n^*)H_A^*}{A_r+A_n+A_n^*} = \delta H_A \frac{2A_r+A_n+A_n^*}{A_r+A_n+A_n^*}. \qquad (4.3.18)$$

Welche Folgen ergeben sich für die Humankapitallöhne? Sieht man von Marktstruktureffekten auf dem Kapitalgütermarkt ab, ergibt sich der Lohn für Humankapital in der Güterproduktion als[18]

$$w_{HY} = \frac{\alpha}{\gamma^2} r H_Y^{-1} A_e x \ , \qquad mit\ A_e = A_r + A_n + A_n^* \ . \qquad (4.3.19)$$

Der Lohn für Humankapital in der F&E ist

---

[18] Zu beachten ist, daß im Fall bestehender Redundanzen aufgrund der Marktöffnung Marktstruktureffekte auftreten können. In Autarkie hatten die Kapitalgüterproduzenten eine Monopolstellung, wodurch die Preise für Kapitalgüter um das monopolistische Markup über den Konsumgüterpreisen lagen. Durch die Integration verlieren die Kapitalgüterproduzenten ihre Monopolstellung, mit der Folge, daß duopolistischer Wettbewerb einsetzt und der Kapitalgüterpreis unter dem Monopolpreis liegen wird. Dies wiederum hat nun Rückwirkungen auf die Innovationsanreize. Die Anbieter von Kapitalgütern, die nach der Integration entwickelt wurden und deshalb einmalig in der Welt sind, werden wieder eine Monopolstellung einnehmen können. Da die Produktivität aller Kapitalgüter annahmegemäß gleich groß ist, die einmaligen Kapitalgüter aber zu einem höheren Preis angeboten werden, wird die Nachfrage nach einmaligen Kapitalgütern kleiner sein als im Fall ohne Redundanzen. Dadurch sinkt bei konstantem Markup die Monopolrente und damit der Designpreis. Dies wirkt dämpfend auf das Wachstumstempo. Im Wachstumsprozeß wird dieser wachstumssenkende Effekt jedoch immer kleiner werden, da der Anteil der redundanten Kapitalgüter an der Gesamtzahl der Kapitalgüter abnehmen wird. Tang und Wälde (1996) haben diesen Effekt in einem etwas anderen Modellrahmen diskutiert. In der vorliegenden Arbeit wird von diesen Marktstruktureffekten abstrahiert, es gilt also weiterhin $x(i)=x$ für alle i.

$$w_{HA} = \frac{1-\gamma}{\gamma}\left(x+m^*\right)\delta\left(A_r+A_n\right) . \tag{4.3.20}$$

Der angebotsseitige Gleichgewichtszins folgt aus den beiden obigen Gleichungen als

$$r_t = \frac{\delta}{\psi}\,\frac{x+m^*}{x}\,\frac{A_r+A_n}{A_r+A_n+A_n^*}\,H_Y . \tag{4.3.21}$$

Eine analoge Gleichung ergibt sich für das Ausland. Der Zins, der simultan angebotsseitiges Gleichgewicht in beiden Ländern sicherstellt, ergibt sich zusammen mit Gleichung (4.3.18) als

$$r_t^w = \frac{\Lambda\,\delta}{\psi}H_Y = \frac{\Lambda\,\delta\,H}{\psi} - \frac{g^w}{\psi}, \qquad mit\ \Lambda = \frac{2A_r+A_n+A_n^*}{A_r+A_n+A_n^*} . \tag{4.3.22}$$

Die grafische Analyse in Abb. 4.4 verdeutlicht die Wachstumswirkungen. Der Ausdruck Λ nimmt direkt nach der Integration, also wenn noch keine neuen Designs entwickelt wurden ($A_n=A_n^*=0$), den Wert zwei an. Je kleiner im Wachstumsprozeß der Anteil der redundanten Güter wird, je größer also A_n und A_n^* werden, desto stärker nähert sich der Ausdruck Λ dem Wert eins. Die r_t^w-Kurve wird sich deshalb zunächst stark nach rechts verschieben, um dann sukzessive wieder nach links zu wandern. Die r_p-Kurve behält ihre Ausgangslage bei. Wird der Ausdruck Λ schließlich eins, so ist die Wachstumsrate und der Zins wieder auf das Autarkieniveau gesunken.

Dieses Ergebnis ist auf einen Basiseffekt zurückzuführen. Direkt nach der Integration hat sich der Weltoutput an Designs gerade verdoppelt, da die beiden nationalen F&E-Sektoren im gleichen Maße fähig sind, neue Designs zu entwickeln. Im Gegensatz zur Autarkie, wo beide Länder die gleichen Designs entwickelt haben, werden die Länder nun einmalige Designs entwickeln. Gleichzeitig ist der Weltbestand an Designs jedoch nur so groß wie der Bestand eines einzelnen Landes in Autarkie. Die Weltwachstumsrate direkt nach der Integration steigt also aufgrund dieses Basiseffektes stark an. Mit kleiner werdendem Anteil redundanter Designs an der Weltsumme der Designs entfällt der Basiseffekt und die Weltwachstumsrate nähert sich der Autarkierate an. Es bleibt also festzuhalten, daß der Anstieg der Wachstumsrate aufgrund der Redundanz nur vorübergehend auftritt. Man könnte dies auch als den zeitlich verzögerten Niveaueffekt der Han-

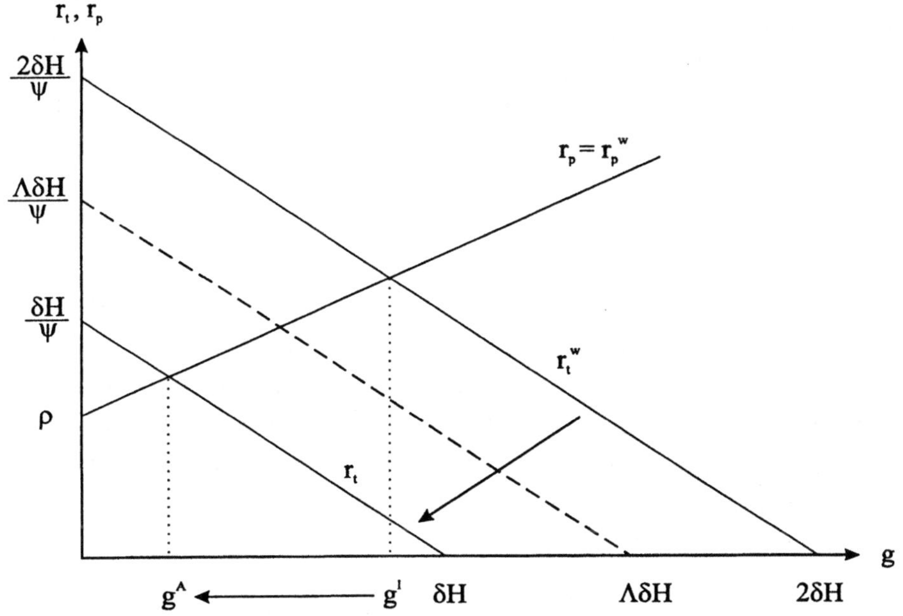

Abb. 4.4: Wachstumsgleichgewicht bei Redundanz

delsaufnahme interpretieren. Im Unterschied zum Fall mit bestehenden Redundanzen erfolgt der Niveaueffekt bei fehlender Redundanz sprunghaft, sofort nach der Handelsaufnahme.

Wie sind nun die Einkommenswirkungen direkt nach erfolgter Integration? Im Gegensatz zum Fall ohne Redundanzen (Kapitel 4.3.1) bleibt der produktivitätssteigernde Effekt zunächst aus, da sich die Variabilität des Kapitalstocks nicht erhöht. Das jeweils andere Land kann keine neuen Kapitalgütervarianten anbieten, so daß der Grund, Kapitalgüter auszutauschen entfällt. Im Unterschied zum Fall ohne Redundanz kommt zur nationalen Nachfrage nach einem repräsentativen Kapitalgut keine Auslandsnachfrage hinzu, da diese durch die eigene Produktion befriedigt werden kann. Dies hat Auswirkungen auf den repräsentativen Designpreis. Im vorher diskutierten Fall, ohne Redundanzen, verdoppelt sich nach erfolgter Integration die Absatzmenge eines repräsentativen Kapitalgüterproduzenten. Da der Markup pro Stück konstant ist, verdoppelt sich die Monopolrente und als Resultat die Zahlungsbereitschaft für ein Design. Sind jedoch alle Kapitalgüter in beiden Ländern vorhanden, so bleibt die Absatzmenge an Kapitalgütern und somit der Designpreis unverändert, da auf dem Weltmarkt zwei Anbieter für das gleiche Produkt existieren. Als Resultat bleibt, daß ohne Allokationseffekt kein Einkommenseffekt entsteht.

Direkt nach erfolgter Integration wird sich jedoch, wie gezeigt, die Wachstumsrate des Wissensstandes erhöhen, was mit einer Verlagerung von Humankapital in die F&E und einem Zinsanstieg verbunden ist. Beides führt zu einem Rückgang der Kapitalgüternachfrage. In der ersten Phase nach erfolgter Integration wird es deshalb zu einem negativen Niveaueffekt kommen, das Bruttoinlandsprodukt sinkt. Dies ist darauf zurückzuführen, daß zunächst der Zinsanstieg und der Reallokationseffekt von Humankapital groß ist, der positive Effekt durch eine Vergrößerung des Kapitalgütersets jedoch klein (null) ist. In der Folge werden jedoch die positiven Niveaueffekte dominieren. Zum einen sinkt der Zins und die Beschäftigung von Humankapital in der Güterproduktion wieder, was die Kapitalgüternachfrage steigen läßt. Zum anderen führt die zunächst hohe Innovationsrate dazu, daß das Bruttoinlandsprodukt relativ schnell ansteigt. Das Bruttoinlandsprodukt ergibt sich als

$$BIP = H_Y^{\alpha} L^{\beta} A_e x^{\gamma} + P_A \dot{A}_n = H_Y^{\alpha} L^{\beta} A_e x^{\gamma} + \frac{1-\gamma}{\gamma}(x+m^*)(A_r+A_n)\,\delta\, H_A. \qquad (4.3.23)$$

Wird der Anteil der redundanten Güter sehr klein, wird sich wieder die Autarkiewachstumsrate einstellen. Dies führt dazu, daß auch das Zinsniveau, die Humankapitalallokation und die Kapitalgüternachfrage die Autarkiewerte annehmen.

Welche Effekte stellen sich nun ein, wenn perfekte Wissensdiffusion besteht und in der Autarkiephase vollständig redundante Kapitalgütersets und Wissensbestände existiert haben? Zunächst wird sich die Produktivität von Humankapital in der F&E nicht erhöhen, da der Weltwissensstand dem Wissensstand der beiden geschlossenen Volkswirtschaften entspricht ($A = A^* = A_A = A_A^*$). Da sich auch die Produktivität in der Güterproduktion nicht erhöht hat, bleibt ein positiver Effekt auf das Bruttoinlandsprodukt aus.

Der Lohn für Humankapital in der Güterfertigung wird durch die Gleichung (4.3.19) bestimmt. Der Lohn für Humankapital in der F&E ist abweichend von Gleichung (4.3.20)

$$w_{HA} = \frac{1-\gamma}{\gamma}(x+m^*)\,\delta\, A_e\,. \qquad (4.3.24)$$

Tabelle 4.1: Wachstums- und Niveaueffekte der Integration

	Wachstumsrate (g)	Bruttoinlandsprodukt (BIP)
Autarkie	$\frac{\delta H - \rho \psi}{1 + \sigma \psi}$	$H_Y^\alpha L^\beta A x^\gamma + \frac{1-\gamma}{\gamma} \delta H_A A x$
Ohne WD, ohne Redundanz	$\frac{\delta H - \rho \psi}{1 + \sigma \psi}$	$H_Y^\alpha L^\beta (2A) x^\gamma + \frac{1-\gamma}{\gamma} \delta H_A A (2x)$
Ohne WD, vollst. Redundanz	$\frac{\Lambda \delta H - \rho \psi}{1 + \sigma \psi}$	$H_Y^\alpha L^\beta A_e x^\gamma + \frac{1-\gamma}{\gamma} \delta H_A (A_r + A_n)(2x)$
Mit WD, ohne Redundanz	$\frac{2 \delta H - \rho \psi}{1 + \sigma \psi}$	$H_Y^\alpha L^\beta (2A) x^\gamma + \frac{1-\gamma}{\gamma} \delta H_A (2A)(2x)$
Mit WD, vollst. Redundanz	$\frac{2 \delta H - \rho \psi}{1 + \sigma \psi}$	$H_Y^\alpha L^\beta A_e x^\gamma + \frac{1-\gamma}{\gamma} \delta H_A A_e (2x)$

Die beiden Lohngleichungen entsprechen den Gleichungen (4.2.11) und (4.2.12), wobei $A_e < A + A^*$ ist. Die r_t^w-Kurve ist unabhängig vom Anteil der redundanten Kapitalgüter die gleiche wie im Fall ohne Redundanz im Kapitel 4.3.2. Daraus folgt weiterhin, daß die Wachstumsrate sofort ihren Steady-state-Wert annimmt. Das Bruttoinlandsprodukt wird folglich immer unter dem Niveau bleiben, das sich ohne Redundanz eingestellt hätte. Jedoch wird der relative Abstand zwischen den beiden Niveaus im Wachstumsprozeß ständig abnehmen und schließlich für große Designbestände verschwindend klein werden.

Insgesamt bleibt festzuhalten: Die Integrationseffekte sind in der langen Frist annähernd die gleichen, ob nun Redundanzen auftreten oder nicht. In der kurzen Frist wird es im Fall ohne Wissensdiffusion und vollständiger Redundanz gerade zu den entgegengesetzten Ergebnissen kommen, die sich beim Fehlen von Redundanzen eingestellt hätten: Der Niveaueffekt ist negativ und die Wachstumsrate steigt an. Dieses Überschießen der Wachstumsrate ist auf einen Basiseffekt zurückzuführen, der zu einer temporären Expansion des F&E-Sektors führt.

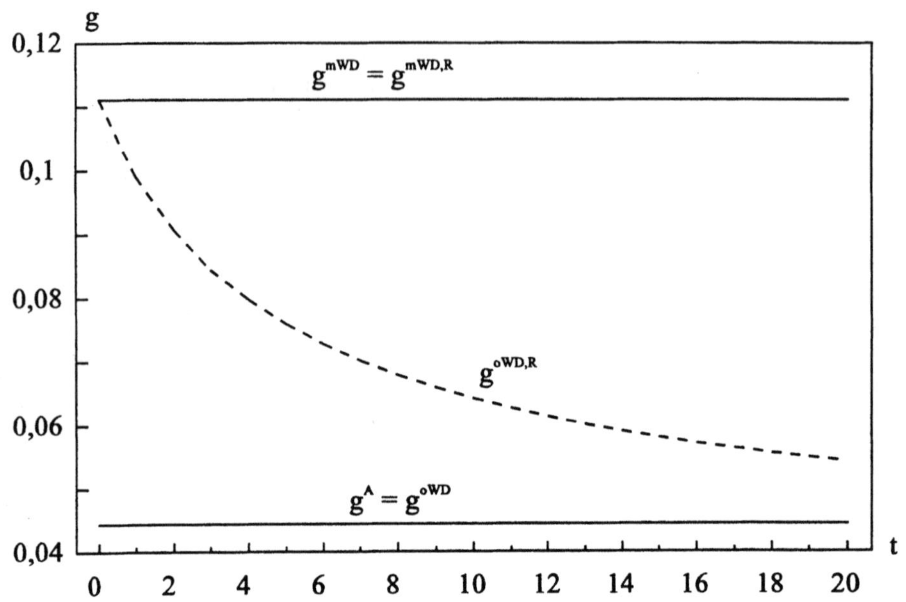

Abb. 4.5: Entwicklung der Wachstumsraten

In Tabelle 4.1 sind die Wachstums- und Niveaueffekte für den Fall vollständig symmetrischer Länder noch einmal zusammengestellt. Es werden nur die beschriebenen Extremfälle, keine Wissensdiffusion (WD), vollständige Wissensdiffusion, keine Redundanz und vollständige Redundanz aufgeführt. In der langen Frist gilt, daß der Anteil der redundanten Güter am gesamten Bestand der Güterarten abnimmt und dadurch gilt $A_e \rightarrow 2A$ und $\Lambda \rightarrow 1$. Da in der vorliegenden Arbeit vor allem langfristige Aspekte untersucht werden, wird im weiteren vereinfachend unterstellt, daß keine Redundanzen auftreten.

Die beschriebenen Modellergebnisse lassen sich grafisch illustrieren. Hierzu wurde das Modell kalibriert. Für die Parameter wurden folgende Werte angenommen: $\alpha=\beta=0{,}3$; $\gamma=0{,}4$; $\rho=0{,}04$; $\sigma=1$; $\delta=0{,}0015$; $H=100$; $L=5$ und $A_r=10$. Die sich nach der Integration ergebenden Wachstumsraten sind in Abb. 4.5 dargestellt. Im Fall ohne Wissensdiffusion und ohne Redundanzen bleibt die Autarkiewachstumsrate erhalten (untere Horizontale). In den beiden Fällen mit Wissensdiffusion stellt sich eine höhere Wachstumsrate ein (obere Horizontale). Besteht jedoch vollständige Redundanz zum Zeitpunkt der Integration und tritt keine Wissensdiffusion auf, so springt die Wachstumsrate zunächst auf das hohe

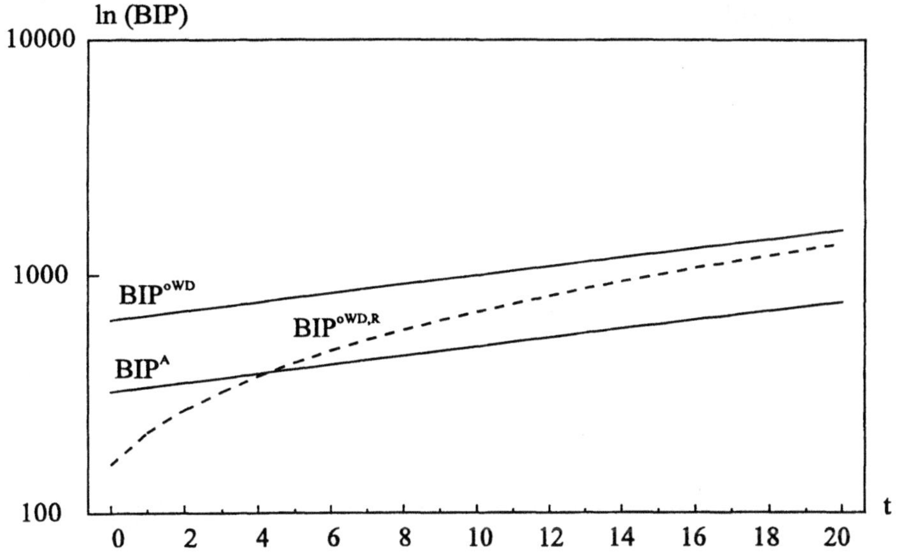

Abb. 4.6: Entwicklung des BIPs ohne Wissensdiffusion

Niveau, um dann im Zeitablauf mit kleiner werdendem Anteil redundanter Güter wieder auf das Autarkieniveau abzusinken.

Die Effekte auf das Bruttoinlandsprodukt, wenn keine Wissensdiffusion auftritt, sind in Abb. 4.6 dargestellt. An der Ordinate ist das logarithmierte Bruttoinlandsprodukt abgetragen. Als Benchmark ist die Entwicklung des Bruttoinlandsproduktes bei fortbestehender Autarkie (BIP^A) eingezeichnet. Sind zum Zeitpunkt der Integration keine Redundanzen in den Kapitalgütersets vorhanden, so entsteht weder ein Allokations- noch ein Wachstumseffekt, nur das Bruttoinlandsprodukt (BIP^{oWD}) steigt an. Sind die Kapitalgütersets jedoch vollständig redundant, wächst das Bruttoinlandsprodukt ($BIP^{oWD,R}$) zunächst schneller, was mit einem anfänglichen negativen Niveaueffekt verbunden ist. In der langen Frist verlaufen die Wachstumspfade dann wieder parallel, der anfängliche Wachstumseffekt hat sich vollständig zurückgebildet.

Abb. 4.7 zeigt die Entwicklung des Bruttoinlandsproduktes, wenn, verbunden mit dem Güterhandel, auch das Wissen international verfügbar wird. Im Vergleich zur Entwicklung bei Autarkie steigen die Wachstumsraten des Bruttoinlandsproduktes nach Integration an, unabhängig davon, ob Redundanzen bestehen oder nicht. Der Niveaueffekt bei vollständiger Redundanz kann, wie in Abb. 4.7 gezeigt, negativ sein. Die Abbildung zeigt, daß die absolute Differenz der

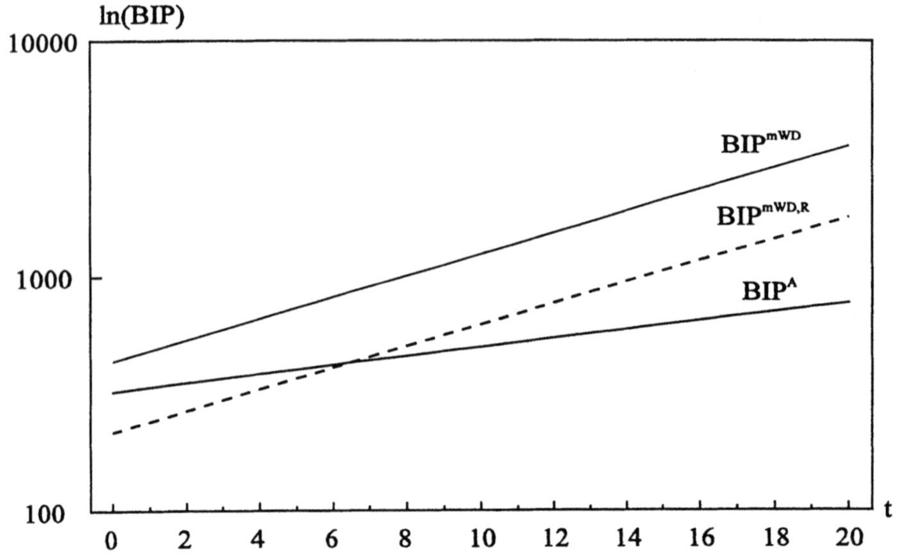

Abb. 4.7: Entwicklung des BIPs mit Wissensdiffusion

Niveaus bestehenbleibt. Jedoch wird in der langen Frist der relative Niveauunterschied bedeutungslos werden.

4.4 Integration zweier Länder mit unterschiedlichen Wissensständen

4.4.1 Güterhandel ohne Wissensdiffusion

Im vorangegangenen Kapitel wurden die Integrationseffekte untersucht, die sich bei symmetrischen Ländern ergeben. Dabei wurde angenommen, daß die Länder nicht nur symmetrisch sind, sondern sich darüber hinaus auch auf dem gleichen technologischen Entwicklungsstand befinden ($A=A^*$). Devereux und Lapham (1994) zeigen, wie die Analyseergebnisse zu modifizieren sind, wenn Länder Handel miteinander aufnehmen, die unterschiedliche Wissensstände aufweisen, ansonsten jedoch symmetrisch sind. Dieser Fall kann dann eintreten, wenn ein Land beispielsweise aus historischen Gründen später den gleichgewichtigen Wachstumspfad erreicht. In Autarkie würden unter diesen Voraussetzungen beide

Volkswirtschaften gleich schnell wachsen und gleiche Zinssätze aufweisen. Im weiteren sei angenommen, daß das Inland zu jedem Zeitpunkt einen höheren technologischen Entwicklungsstand aufweist ($A > A^*$), d. h. der inländische Kapitalgüterset ist größer und der inländische Wissensstand höher als im Ausland. Dadurch ist auch das Bruttoinlandsprodukt und der Konsum im Inland zu jedem Zeitpunkt höher als im Ausland.

Welche Ergebnisse stellen sich ein, wenn die beschriebenen zwei Länder Handel miteinander aufnehmen? Internationales Gleichgewicht setzt voraus, daß in beiden Ländern angebotsseitiges Gleichgewicht herrscht. Dies ist nur dann erfüllt, wenn sich in beiden Ländern eine konstante intersektorale Aufteilung von Humankapital einstellt. Die nationalen Gleichgewichtsbedingungen (4.3.3) und (4.3.4) lassen sich nach H_Y und H_Y^* auflösen, so daß folgt

$$H_Y = \frac{\psi}{\delta} \frac{x}{x + m^*} \theta^{-1} r_t \tag{4.4.1}$$

und

$$H_Y^* = \frac{\psi}{\delta} \frac{x^*}{x^* + m} \left(1 - \theta\right)^{-1} r_t \, . \tag{4.4.2}$$

Entlang eines gleichgewichtigen Wachstumspfades sind sowohl die Humankapitalallokation, der Zinssatz als auch die Einsatzmengen der Kapitalgüter konstant. Die obigen Gleichungen machen deutlich, daß dann darüber hinaus auch die Anteile der nationalen Wissensstände am Weltwissensstand konstant sind. Als Voraussetzung für ein Wachstumsgleichgewicht muß also geprüft werden, welche Bedingung die Konstanz der Weltanteile der nationalen Wissensstände sicherstellt. Aus der Gleichung (4.2.18) folgt, zusammen mit $A_A = A$, $A_A^* = A^*$, $H = H_A + H_Y = H_A^* + H_Y^*$ und $\delta = \delta^*$:

$$\frac{\dot{\theta}}{\theta} = \delta \, (1 - \theta) \left(H_Y^* - H_Y\right) . \tag{4.4.3}$$

Der Wissensanteil des Inlandes (θ) bleibt also konstant, wenn entweder

- der Humankapitaleinsatz in der Güterproduktion in beiden Ländern gleich groß ist ($H_Y = H_Y^*$) oder
- der Anteil des heimischen Wissensstandes sehr groß ist ($\theta = 1$).

Der erste Fall wird von Rivera-Batiz und Romer (1991a) diskutiert und ist im Kapitel 4.3.1 dargestellt. Das Ergebnis der Analyse ist, daß beide Länder nach erfolgter Integration in der Forschung und Entwicklung aktiv bleiben. Devereux und Lapham (1994) weisen jedoch darauf hin, daß dieses Ergebnis einen *Knife-edge-Fall* darstellt, der nur eintreten kann, wenn auch der technische Wissensstand in beiden Ländern identisch ist ($A = A^*$). Dies kann gezeigt werden, indem man einen Quotienten aus den beiden Gleichungen (4.4.1) und (4.4.2) bildet, berücksichtigt, daß $x + m^* = x^* + m$ gilt, und die Gleichungen (4.2.7) und (4.2.8) mit $L = L^*$ einsetzt. Es folgt dann:

$$\left(\frac{H_Y}{H_Y^*}\right)^{\frac{\beta}{\alpha+\beta}} = \frac{1-\theta}{\theta} = \frac{A^*}{A} . \tag{4.4.4}$$

Schon bei kleinen Unterschieden bei den Wissensständen müssen die Modellergebnisse grundlegend revidiert werden. Es kommt dann zur vollständigen Spezialisierung eines Landes auf die Güterproduktion. Mit anderen Worten: Das bei Rivera-Batiz und Romer (1991a) abgeleitete Gleichgewicht ist instabil. Die Wirkungsmechanismen, die bei ungleichen Wissensständen auftreten, werden im folgenden beschrieben.

Um die Integrationseffekte zu analysieren, sei unterstellt, daß sich die Gütermärkte nach der Aufnahme des Handels unendlich schnell anpassen, die Gütermärkte also sofort geräumt werden und zu jedem Zeitpunkt internationale Zinsgleichheit gilt. Im Unterschied dazu sei angenommen, daß die Faktormärkte langsamer reagieren und zunächst die Faktorallokation in Autarkie bestehenbleibt. Infolgedessen bleiben die Zinsen zunächst auf dem Autarkieniveau und somit auch die Nachfrage nach den Kapitalgütern. Wie werden nun durch die Marktöffnung die Löhne für Humankapital beeinflußt? Der Lohn für Humankapital in der Güterfertigung steigt wie folgt an

$$\frac{w_{HY}^I}{w_{HY}^A} = \frac{\alpha\, H_Y^{\alpha-1}\, L^\beta \,(A + A^*)\, x^\gamma}{\alpha\, H_Y^{\alpha-1}\, L^\beta\, A\, x^\gamma} = \frac{A + A^*}{A} . \tag{4.4.5}$$

Der Anstieg im Inland ist kleiner als im Ausland. Dies folgt daraus, daß der relative Zuwachs an Kapitalgütervarianten im Inland kleiner als im Ausland ist. Der Anstieg der Löhne in der F&E hingegen ist

$$\frac{w_{HA}^{I}}{w_{HA}^{A}} = \frac{(1-\gamma)\,\gamma^{-1}\,(x+m^{*})\,\delta\,A}{(1-\gamma)\,\gamma^{-1}\,x\,\delta\,A} = \frac{x+m^{*}}{x} \,. \tag{4.4.6}$$

Da in der Ausgangssituation gilt $x=x^{*}=m=m^{*}$, verdoppeln sich in beiden Ländern die Löhne für Humankapital in der F&E. Dies impliziert, daß im Inland (Ausland) der Lohn für Humankapital in der F&E stärker (schwächer) gestiegen ist als im güterproduzierenden Sektor. Im Inland entsteht folglich eine Wanderungsbewegung von Humankapital in die F&E, im Ausland in den güterproduzierenden Sektor. In der Folge wird also die Innovationsrate im Inland steigen (im Ausland fallen), so daß der Anteil des inländischen (ausländischen) Wissensstandes in der Welt steigt (fällt). Gleichzeitig wird bei einheitlichem internationalen Zinssatz die Einsatzmenge eines inländischen repräsentativen Kapitalgutes abnehmen und im Ausland zunehmen, d. h. der Ausdruck $x/(x+m^{*})$ sinkt, und der Ausdruck $x^{*}/(x^{*}+m)$ steigt. Dies ist auf die Nachfrageveränderung nach Kapitalgütern zurückzuführen, die durch die Wanderung von Humankapital entsteht (Gleichungen (4.2.7) und (4.2.8)). Die beschriebenen Effekte verstärken die Wanderungsbewegungen von Humankapital noch weiter (Gleichungen (4.4.1) und (4.4.2)).

Im Ausland erfolgt der Reallokationsprozeß solange, bis der gesamte Humankapitalbestand in der Güterproduktion beschäftigt ist ($H_Y^{*}=H$). Das Ausland betreibt dann keine F&E mehr, der Lohn für Humankapital in der F&E wird zum Schattenpreis. Im Gegensatz dazu wird die Spezialisierung des Inlandes auf die F&E nie vollständig sein. Im Inland bleiben immer beide Sektoren aktiv. Dies ist, wie in Kapitel 3.2 beschrieben, darauf zurückzuführen, daß bei $H_A=H$ das Grenzprodukt von Humankapital in der F&E (in Konsumgütereinheiten) null, das Grenzprodukt von Humankapital in der Güterproduktion hingegen unendlich werden würde, so daß sich bei $H_A=H$ nie ein Gleichgewicht einstellen kann. Dies wird auch anhand der Gleichung (4.3.5) deutlich: Auf der rechten Seite bleiben alle Faktoren größer als eins und damit H_Y immer positiv.

Die Weltinnovationsrate ergibt sich aus der Gleichung (4.2.16) mit $H_A^{*}=0$ und $A_A=A$ als

$$g^{w} = \frac{\dot{A}+\dot{A}^{*}}{A+A^{*}} = \theta\,\delta\,H_A \,. \tag{4.4.7}$$

Weiterhin wird die Gleichung (4.4.2) zur Ungleichung, d. h. der Ausdruck auf der rechten Seite dieser Gleichung wird größer als H_Y^*. Da die Bedingung (4.4.2) für das angebotsseitige Gleichgewicht im Ausland nicht mehr bindend ist, kann die neue Bedingung für das angebotsseitige Weltgleichgewicht aus Gleichung (4.4.1) abgeleitet werden. Dazu werden die Nachfragefunktionen für die Kapitalgüter (Gleichungen (4.2.7) und (4.2.8)), die Bedingung $H_Y^* = H$ sowie die Gleichung (4.4.7) verwendet. Es folgt:

$$\begin{aligned} r_t^w &= \theta \frac{\delta}{\psi} \left(1 + \left(\frac{H}{H_Y} \right)^{\frac{\alpha}{\alpha+\beta}} \right) H_Y = \theta \frac{\delta}{\psi} \left(H_Y + H^{\frac{\alpha}{\alpha+\beta}} H_Y^{\frac{\beta}{\alpha+\beta}} \right) = \\ &= \frac{1}{\psi} \left(\theta \delta H - g^w + (\theta \delta H)^{\frac{\alpha}{\alpha+\beta}} (\theta \delta H - g^w)^{\frac{\beta}{\alpha+\beta}} \right). \end{aligned} \tag{4.4.8}$$

Zusammen mit der Gleichung (4.3.5) für das nachfrageseitige Gleichgewicht kann der gleichgewichtige Zins und die gleichgewichtige Wachstumsrate abgeleitet werden. Analytisch kann dies jedoch aufgrund der Nichtlinearität der obigen Gleichung nicht allgemein bewerkstelligt werden. Grafisch ist das Gleichgewicht in Abb. 4.8 dargestellt. Die r_t^w-Kurve verläuft konkav zum Ursprung. Der Schnittpunkt der r_t^w-Kurve mit der Ordinate liegt bei $2\theta\delta H/\psi$, der Schnittpunkt mit der Abszisse bei $\theta\delta H$. Mit größer werdendem Anteil des heimischen Wissensstandes (θ) verschiebt sich die r_t^w-Kurve nach außen. Dies ist durch die gestrichelten Linien illustriert. Der Zinssatz und die Wachstumsrate steigen dabei an. Dieser wachstumssteigernde Prozeß kommt erst dann zum Erliegen, wenn der heimische Wissensanteil eins wird, d. h. die Bedeutung des Auslandes für den Weltwissensstand verschwindend gering wird. Im Endzustand sind die Wachstumsrate und der Zinssatz im Vergleich zur Autarkie gestiegen. Gleichzeitig ist der Einsatz von Humankapital in der F&E im Inland größer geworden. Es gilt nämlich $H_A^I = g^I/\delta > H_A^A = g^A/\delta$. Der Wachstumsprozeß nach Integration kann als asymptotischer Steady-state bezeichnet werden, da sich das dynamische System sukzessive dem Wachstumsgleichgewicht annähert.

Es bleibt festzuhalten: Das Inland spezialisiert sich auf die F&E, das Ausland hingegen spezialisiert sich (vollständig) auf die Güterproduktion. Dies kann mit dem Auftreten eines komparativen Vorteils des Inlandes in der F&E erklärt werden. Vergleicht man die Grenzproduktivitäten von Humankapital direkt nach der

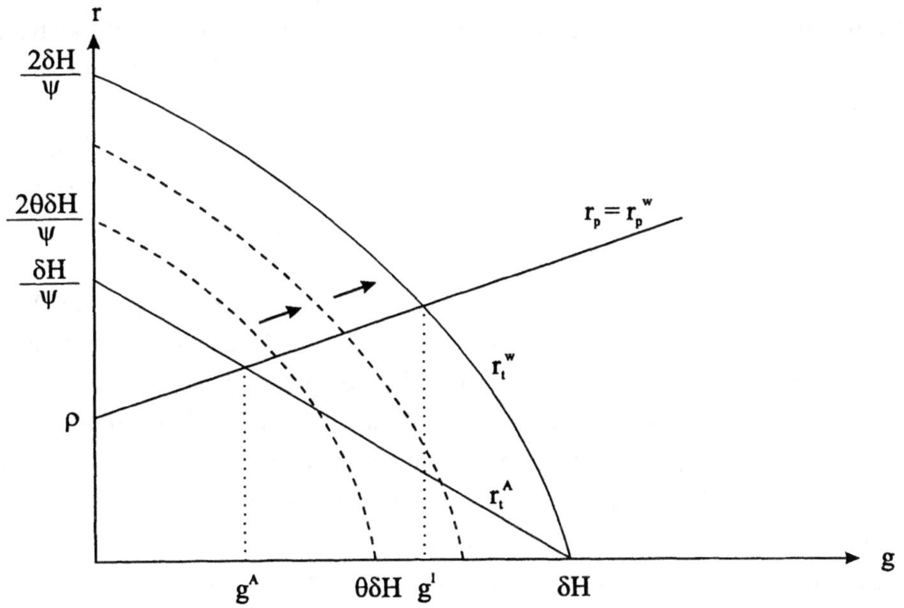

Abb. 4.8: Wachstumsgleichgewicht bei Spezialisierung

Integration (also ohne Allokationswirkungen), so stellt man fest, daß die Produktivität von Humankapital in der Güterproduktion in beiden Ländern gleich groß ist. Dies wird anhand der folgenden Gleichung mit $x=x^*$ und $H_Y=H_Y^*$ deutlich:

$$w_{HY} = \alpha H_Y^{\alpha-1} L^\beta (A+A^*) x^\gamma = \alpha \left(H_Y^*\right)^{\alpha-1} L^\beta (A+A^*)(x^*)^\gamma = w_{HY}^* . \quad (4.4.9)$$

Die Produktivität von Humankapital in der F&E ist jedoch im Inland größer als im Ausland, da gemäß Gleichung (4.2.11) und $x+m^*=x^I+m$ gilt

$$w_{HA} = \frac{1-\gamma}{\gamma}(x+m^*)\delta A > \frac{1-\gamma}{\gamma}(x^*+m)\delta A^* = w_{HA}^*, \quad mit\, A>A^* . \quad (4.4.10)$$

Dies läßt sich mit Hilfe des Technologieeffekts in der Güterproduktion erklären. Dieser hat, wie bereits gezeigt, zwei Wirkungen. Zum einen erhöht sich die Produktivität im güterproduzierenden Sektor, zum anderen erhöht sich die Nachfrage nach Kapitalgütern, was die Monopolrenten und Designpreise ansteigen läßt. Im Kapitel 4.3 wurde gezeigt, daß diese beiden Wirkungen allokationsneutral sein können. Im hier diskutierten Fall hingegen kommt es zu intersektoralen und intertemporalen Allokationseffekten. Im Inland ist nämlich der produktivitätssteigernde

Effekt (Gleichung (4.4.5)) kleiner als der marktvergrößernde Effekt (Gleichung (4.4.6)). Es kommt zu den beschriebenen intersektoralen Allokationseffekten und über den steigenden Weltzins auch zu einer Verlagerung des Konsums in die Zukunft.

Aus der Analyse lassen sich einige wichtige Schlußfolgerungen ziehen. Der Symmetriefall ohne Wissensdiffusion von Rivera-Batiz und Romer (1991a) ist instabil. Schon kleine Unterschiede im technologischen Entwicklungsstand führen zu einer Konzentration der F&E-Tätigkeiten in nur einem Land. Dies führt im Unterschied zum Fall von Rivera-Batiz und Romer zu einer steigenden Weltwachstumsrate. Es läßt sich weiterhin zeigen, daß beide Länder einen Wachstumsverbund bilden, wobei das Bruttoinlandsprodukt und der Konsum in beiden Ländern mit der gleichen Rate wachsen. Dies ist darauf zurückzuführen, daß durch den Austausch der High-Tech-Kapitalgüter auch das nichtinnovative Land vom technischen Fortschritt profitieren kann, indem es den Zugriff auf die gesamte Vielfalt des internationalen Kapitalgütersets erhält.

Das Handelsmuster stellt sich derart ein, daß das Ausland Konsumgüter exportiert und Kapitalgüter importiert. Dies folgt aus der Annahme, daß die Patente nicht gehandelt werden können und somit die Kapitalgüter immer in dem Land produziert werden, wo sie auch entwickelt wurden. Darüber hinaus impliziert das Modell, daß nur die neuesten Kapitalgüter auch produziert werden. Sind die Produzenten einmal mit einer Kapitalgüterart ausgestattet, so entsteht in der Folge im Wachstumsgleichgewicht keine zusätzliche Nachfrage mehr, da annahmegemäß keine Abschreibungen entstehen. Als Resultat werden also nur noch im Inland Kapitalgüter produziert, die zum Teil im Inland eingesetzt werden und zum Teil exportiert werden. Das Ausland produziert aus den genannten Gründen nur noch Konsumgüter und tauscht diese gegen die neuesten Kapitalgüter. Um den gesamten Handelsbilanzsaldo zu bestimmen, seien zunächst die übrigen makroökonomischen Variablen und deren Veränderungsraten untersucht. Nach einem genügend langen Zeitraum entspricht die Weltinnovationsrate der Innovationsrate des Inlandes, d. h.

$$\lim_{t \to \infty} g^{w} = \lim_{t \to \infty} \frac{\dot{A} + \dot{A}^{*}}{A + A^{*}} = \frac{\dot{A}}{A} . \tag{4.4.11}$$

Dann ist die Anzahl der ausländischen Produktvarianten bedeutungslos geworden ($A^{*}=0$). Im Wachstumsgleichgewicht importiert das Inland keine Kapitalgüter mehr (m=0), und das Ausland stellt keine Kapitalgüter mehr her (x^*=0). Das heimische Bruttoinlandsprodukt,

$$BIP = H_Y^\alpha L^\beta A x^\gamma + \frac{1-\gamma}{\gamma}(x+m^*)\,\delta A H_A \ , \tag{4.4.12}$$

und das ausländische Bruttoinlandsprodukt,

$$BIP^* = H^\alpha L^\beta A (m^*)^\gamma \ , \tag{4.4.13}$$

wachsen beide aufgrund dieser Tatsache mit der gleichen Wachstumsrate (g^w). Alle Größen der obigen Gleichungen, außer A, sind im Wachstumsgleichgewicht konstant. Unter den gemachten Annahmen folgt für die nationalen Kapitalstöcke

$$K = \frac{1}{\gamma} A x \tag{4.4.14}$$

und

$$K^* = \frac{1}{\gamma} A m^* \ . \tag{4.4.15}$$

Da die Haushalte in beiden Ländern die gleichen Präferenzen aufweisen und ein einheitlicher Weltzins gilt, wachsen auch die nationalen Konsumausgaben mit gleichen Raten. Für beide Länder gilt die Verwendungsgleichung

$$BIP = C + \dot{K} + HB \ . \tag{4.4.16}$$

Daraus abgeleitet muß im Wachstumsgleichgewicht gelten

$$g_{BIP} = \frac{C}{BIP} g_C + \frac{\dot{K}}{BIP} g_{\dot{K}} + \frac{HB}{BIP} g_{HB} \ . \tag{4.4.17}$$

Da, wie oben gezeigt, die Wachstumsraten des Bruttoinlandsproduktes, des Konsums und der Investitionen gleich groß sind, kann sich ein Wachstumsgleichgewicht nur einstellen, wenn entweder auch der Handelsbilanzsaldo mit der gleichgewichtigen Wachstumsrate wächst oder wenn der Handelsbilanzsaldo null ist. Betrachten wir erst den Fall auftretender Handelsbilanzsalden. In der hier unterstellten Zwei-Länder-Welt muß der Handelsbilanzüberschuß eines Landes dem Handelsbilanzdefizit des anderen Landes entsprechen. In dem Maße also, wie der Überschuß des einen Landes ansteigt, wächst das Defizit des anderen Landes. Dies kann jedoch kein Wachstumsgleichgewicht sein, da das Defizitland sich ständig im Ausland verschulden müßte, was früher oder später zur Überschuldung führen würde. Die intertemporale Budgetbeschränkung wäre verletzt. Das einzig möglich Wachstumsgleichgewicht verlangt ausgeglichene Handelsbilanzen.

Wie entwickeln sich nun die Faktorpreise im internationalen Vergleich? In Autarkie betragen die Kapitalgüterpreise in beiden Ländern $1/\gamma$. Dieser Preis bleibt auch nach der Aufnahme von Handel erhalten. Internationale Unterschiede der Kapitalgüterpreise können aufgrund der perfekten internationalen Kapitalgütermärkte nicht auftreten. In Autarkie sind die Löhne für Humankapital und Arbeit im Inland immer um den Vorsprung des technologischen Entwicklungsstandes höher. Für einen gegebenen Entwicklungsstand (A) jedoch sind die Löhne identisch. Was folgt für die Entlohnung der international immobilen Faktoren Arbeit und Humankapital nach der Aufnahme des Handels? Das internationale Verhältnis der Arbeitslöhne ist

$$\frac{w_L}{w_L^*} = \frac{\beta\, H_Y^\alpha\, L^{\beta-1}(A+A^*)\,x^\gamma}{\beta\,(H_Y^*)^\alpha\, L^{\beta-1}(A+A^*)(x^*)^\gamma} = \left(\frac{H_Y}{H_Y^*}\right)^{\frac{\alpha}{\alpha+\beta}} < 1\,. \tag{4.4.18}$$

Zur Ableitung der rechten Seite der obigen Gleichung wurden die Gleichungen (4.2.7) und (4.2.8) für x und x^* eingesetzt. Der Arbeitslohn im Ausland ist größer als der Arbeitslohn im Inland, da im Ausland mehr Humankapital in der Güterproduktion eingesetzt wird. Folglich ist im Ausland jede Arbeitseinheit sowohl mit mehr Humankapital als auch mit mehr Kapitalgütern ausgestattet als im Inland.

Das internationale Verhältnis der Löhne für Humankapital kann analog abgeleitet werden als

$$\frac{w_H}{w_H^*} = \frac{\alpha\, H_Y^{\alpha-1}\, L^{\beta}(A+A^*)\,x^\gamma}{\alpha\,(H_Y^*)^{\alpha-1}\, L^{\beta}(A+A^*)(x^*)^\gamma} = \left(\frac{H_Y}{H_Y^*}\right)^{\frac{-\beta}{\alpha+\beta}} > 1\,. \tag{4.4.19}$$

Hier erhält man das umgekehrte Ergebnis. Humankapital im Inland wird höher entlohnt als im Ausland. Dies ist darauf zurückzuführen, daß der sehr humankapitalintensive F&E-Sektor im Inland aktiv ist und damit weniger Humankapital für die Güterproduktion zur Verfügung steht. Diesem lohnsteigernden Effekt steht ein lohnsenkender Effekt gegenüber. Da weniger Ressourcen für die Güterproduktion zur Verfügung stehen, können im Inland je Kapitalgüterart weniger Kapitalgütereinheiten eingesetzt werden als im Ausland ($x < x^*$). Dies vermindert die

Produktivität des Humankapitals in der Güterproduktion im Vergleich zum Ausland. Dieser Effekt reicht jedoch, wie in der obigen Gleichung gezeigt, nicht aus, um den Lohn für Humankapital im Inland unter das Auslandsniveau zu drücken.

Es bleibt festzuhalten, daß im unterstellten Fall kein internationaler Faktorpreisausgleich (für Humankapital und Arbeit) erfolgt. Dies entspricht dem Ergebnis der traditionellen Handelstheorie, wo bei vollständiger Spezialisierung ebenfalls kein internationaler Faktorpreisausgleich erfolgt.

Welche Folgen ergeben sich für die nationalen relativen Faktorpreise und damit für die funktionelle Einkommensverteilung? Die Relation der Löhne für Humankapital und Arbeit sind

$$\frac{w_H}{w_L} = \frac{\alpha\, H_Y^{\alpha-1} L^{\beta} (A + A^*) x^{\gamma}}{\beta\, H_Y^{\alpha} L^{\beta-1} (A + A^*) x^{\gamma}} = \frac{\alpha\, L}{\beta\, H_Y}\,. \tag{4.4.20}$$

Es wird deutlich, daß jeder Allokationseffekt, der Humankapital in die F&E lenkt (H_Y senkt), die Lohnschere zwischen qualifizierter und unqualifizierter Arbeit öffnet und im umgekehrten Fall (H_Y steigt) schließt. Da im hier unterstellten Modell das Faktorangebot an Arbeit und Humankapital exogen gegeben ist, bestimmt die Entwicklung der Faktorlöhne auch die Entwicklung der Faktoreinkommensquoten. Im Inland gewinnt also der Faktor Humankapital relativ zur Arbeit, während im Ausland der entgegengesetzte Fall eintritt. Dies ist darauf zurückzuführen, daß im Inland der F&E-Sektor, der besonders humankapitalintensiv produziert, expandiert, im Ausland schrumpft. Dies entspricht dem im Stolper-Samuelson-Theorem beschriebenen Zusammenhang.[19]

4.4.2 Güterhandel mit Wissensdiffusion

Im Unterschied zum voranstehenden Abschnitt wird im folgenden der Fall perfekter internationaler Wissensdiffusion untersucht. Es sei weiterhin angenommen, daß die Länder symmetrisch sind, das Inland jedoch in Autarkie einen höheren technologischen Entwicklungsstand erreicht hat. Es sei zunächst angenommen, daß beide Länder nach der Integration einen aktiven F&E-Sektor aufweisen. Daraus resultiert, daß die Bedingung für simultanes angebotsseitiges Gleichgewicht

[19] Vgl. beispielsweise Rose und Sauernheimer (1995), S. 600f.

erfüllt sein muß, d. h. die beiden nationalen, den Humankapitalmarkt räumenden Zinsen (Gleichungen (4.3.12) und (4.3.13)) müssen gleich groß sein:

$$r_t = \frac{\delta}{\psi} \frac{x + m^*}{x} H_Y = \frac{\delta}{\psi} \frac{x^* + m}{x^*} H_Y^* = r_t^* \, . \tag{4.4.21}$$

Daraus läßt sich mit $x + m^* = x^* + m$ und den Gleichungen (4.2.7) und (4.2.8) für x und x^* folgende Bedingung ableiten:

$$\left(\frac{H_Y}{H_Y^*} \right)^{\frac{\beta}{\alpha + \beta}} = 1 \, . \tag{4.4.22}$$

Angebotsseitiges Gleichgewicht verlangt also, daß die Humankapitalallokation in den beiden Ländern identisch sein muß ($H_Y = H_Y^*$).

Aus der Bewegungsgleichung für den Anteil des heimischen Wissensstandes in der Welt (Gleichung (4.2.18)) mit $\delta = \delta^*$ und $A_A = A_A^* = A + A^*$ folgt

$$\frac{\dot{\theta}}{\theta} = \delta A^* \left(\frac{H_A}{A} - \frac{H_A^*}{A^*} \right) = \delta (1 - \theta) \left(\frac{H_A}{\theta} - \frac{H_A^*}{1 - \theta} \right) . \tag{4.4.23}$$

Ein Wachstumsgleichgewicht mit konstanten nationalen Weltwissensanteilen tritt folglich dann auf, wenn gilt

$$\frac{H_A}{H_A^*} = \frac{\theta}{1 - \theta} = \frac{A}{A^*} \, . \tag{4.4.24}$$

Zusammen mit der Bedingung (4.4.22) und der Tatsache, daß beide Länder gleich mit Humankapital ausgestattet sind, folgt unmittelbar, daß sich auch die nationalen Wissensstände entsprechen müssen ($A = A^*$). Diese Bedingung war bei Rivera-Batiz und Romer in der Ausgangssituation unterstellt.[20]

Die Frage ist nun, ob es, ausgehend von einer Anfangssituation mit ungleichen nationalen Wissensständen, Kräfte gibt, die das System zum Gleichgewicht hinführen oder vom Gleichgewicht wegführen. Es sei wieder angenommen, daß die Gütermärkte unendlich schnell reagieren, während die Anpassungsprozesse auf den Faktormärkten zunächst unterbleiben. Der heimische Anteil am Weltwissens-

---

[20] Vgl. Kapitel 4.3.2.

stand ist größer als der des Auslandes ($\theta > 0{,}5$). Da zunächst gilt, daß die Autarkieallokation bestehenbleibt, also ($H_A = H_A^*$) gilt, kann die Gleichung (4.4.23) auch geschrieben werden als

$$\frac{\dot{\theta}}{\theta} = \frac{1}{\theta} \delta H_A (A^* - A) \,. \qquad (4.4.25)$$

Ist der heimische Wissensstand größer als der ausländische, so sinkt der heimische Anteil des Wissensstandes in der Welt, wenn keine Allokationseffekte auftreten. Dies ist auf einen Basiseffekt zurückzuführen. Da durch die internationale Wissensdiffusion die Produktivität von Humankapital in beiden Ländern gleich groß ist ($\delta(A+A^*)$), ist auch der Output an neuen Designs in beiden Ländern gleich groß. Da das Ausland jedoch von einem niedrigeren Niveau (einer geringeren Anzahl an Designs) startet, sind die relativen Zuwächse größer als im Inland. Im Zuge des Wachstumsprozesses nimmt die Bedeutung des anfänglichen Niveauunterschieds ab, die nationalen Wissensanteile nähern sich an.

Um die Argumentation zu vervollständigen, muß noch gezeigt werden, daß sich die Humankapitalallokation durch die Integration nicht oder nicht destabilisierend ändert. Hierzu seien zunächst wieder die Auswirkungen der Integration auf die Produktivität von Humankapital in den Sektoren untersucht. Im Gütersektor erfolgt aufgrund des Technologieeffekts der gleiche Anstieg wie ohne Wissensdiffusion:

$$\frac{w_{HY}^I}{w_{HY}^A} = \frac{\alpha H_Y^{\alpha-1} L^{\beta} (A + A^*) x^{\gamma}}{\alpha H_Y^{\alpha-1} L^{\beta} A x^{\gamma}} = \frac{A + A^*}{A} \,. \qquad (4.4.26)$$

Der Produktivitätsanstieg von Humankapital in der F&E wird durch beide Technologieeffekte (in der Güterproduktion und in der F&E) verursacht und ist

$$\frac{w_{HA}^I}{w_{HA}^A} = \frac{(1-\gamma)\gamma^{-1}(x + m^*)\,\delta\,(A + A^*)}{(1-\gamma)\gamma^{-1} x\,\delta\,A} = \frac{x + m^*}{x}\,\frac{A + A^*}{A} \,. \qquad (4.4.27)$$

Es wird deutlich, daß der relative Anstieg des Wissensstandes (der Anzahl der Designs) keine intersektoralen Wirkungen hervorruft, da beide Sektoren in gleichem Maße profitieren. Da in der Ausgangssituation $x = x^*$ gilt und nach erfolgter Integration aufgrund der Zinsgleichheit $x + m^* = x^* + m$ gilt, ist der Zuwachs der Kapitalgüternachfrage in beiden Ländern identisch. Aufgrund dessen ist das Ausmaß und die Richtung der intersektoralen Allokationseffekte in beiden Ländern gleich: Humankapital wird in die F&E gelenkt.

Es ist einfach zu zeigen, daß internationaler Faktorpreisausgleich entsteht. Mit $x = x^*$ und $H_Y = H_Y^*$ gilt

$$\frac{w_L}{w_L^*} = \frac{\beta H_Y^{\alpha} L^{\beta-1}(A + A^*) x^{\gamma}}{\beta \left(H_Y^*\right)^{\alpha} L^{\beta-1}(A + A^*)(x^*)^{\gamma}} = 1 \tag{4.4.28}$$

und

$$\frac{w_H}{w_H^*} = \frac{\alpha H_Y^{\alpha-1} L^{\beta}(A + A^*) x^{\gamma}}{\alpha \left(H_Y^*\right)^{\alpha-1} L^{\beta}(A + A^*)(x^*)^{\gamma}} = 1\,. \tag{4.4.29}$$

Es wurde gezeigt, daß die Gleichgewichtslösung von Rivera-Batiz und Romer (1991a) stabil ist und damit keine Modifikation der Modellergebnisse aus Kapitel 4.3.2 nötig ist. Beide Länder bleiben in der F&E aktiv, und die anfänglichen Unterschiede im technologischen Entwicklungsstand nivellieren sich im Wachstumsprozeß. Ökonomisch läßt sich dies wie folgt erklären. Ohne Wissensdiffusion trat, wie im Kapitel 4.4.1 gezeigt, ein komparativer Vorteil des weiterentwickelten Landes in der F&E auf. Dadurch, daß auch nach erfolgter Integration der F&E-Sektor dieses Landes stärker profitiert als der F&E-Sektor des Partnerlandes, vergrößert sich der komparative Vorteil noch weiter. Dies führt dazu, daß das rückständige Land die Wettbewerbsfähigkeit in der F&E gänzlich verliert. Im Gegensatz dazu führt bei Wissensdiffusion ein Wissensvorsprung in Autarkie zu keinem komparativen Vorteil, da durch die Integration beide Länder in gleichem Maße auf den gemeinsamen internationalen Wissensstock zugreifen können. Die F&E-Produktivitäten in beiden Ländern werden nach Integration gleich groß, der Spezialisierungseffekt bleibt aus.

4.5 Integration zweier Länder mit unterschiedlichen Faktorausstattungen

4.5.1 Güterhandel ohne Wissensdiffusion

Es soll nun die Frage untersucht werden, welche Integrationseffekte auftreten, wenn die Integrationsländer unterschiedlich mit Produktionsfaktoren ausgestattet sind. Da dem Faktor Humankapital im betrachteten Modellrahmen eine herausragende Rolle zukommt, sei angenommen, daß die Ausstattung des Inlandes mit Humankapital größer als die des Auslandes ist ($H > H^*$). Vereinfachend sei unterstellt, daß die Ausstattung mit unqualifizierter Arbeit sowie die Technologie- und Präferenzparameter der beiden Länder gleich sind. Diese Modellkonstellation wurde erstmals von Rivera-Batiz und Xie (1993) analysiert. Devereux und Lapham (1994) zeigen, daß auch das von Rivera-Batiz und Xie abgeleitete Gleichgewicht für den Fall ohne Wissensdiffusion instabil ist. Im folgenden wird mit Hilfe einer etwas modifizierten Modellstruktur und einer etwas anderen analytischen Vorgehensweise dieser Fall untersucht. Wie noch zu zeigen sein wird, muß die Relevanz wesentlicher Schlußfolgerungen von Rivera-Batiz und Xie in Frage gestellt werden.

In Abb. 4.9 sind die Autarkiegleichgewichte (die Punkte A und A^*) der beiden Länder dargestellt. Die nachfrageseitigen Gleichgewichte der beiden Ländern werden durch die gleiche r_p-Kurve beschrieben

$$r_p = \rho + \sigma g \,. \tag{4.5.1}$$

Die angebotsseitigen Gleichgewichtskurven unterscheiden sich jedoch. Die nationale r_t-Kurve des Inlandes in Autarkie lautet

$$r_t = \frac{\delta H}{\psi} - \frac{g}{\psi} \,. \tag{4.5.2}$$

Eine analoge Gleichgewichtsbeziehung gilt für das Ausland (r_t^*), wo jedoch die Ausstattung mit Humankapital annahmegemäß geringer ist ($H > H^*$). Aufgrund dieser Tatsache verläuft die r_t^*-Kurve links von der r_t-Kurve. Das Steigungsmaß beider Kurven ist identisch. Abb. 4.9 zeigt, daß in Autarkie das Inland schneller wächst ($g > g^*$) und einen höheren gleichgewichtigen Zinssatz aufweist als das Ausland.

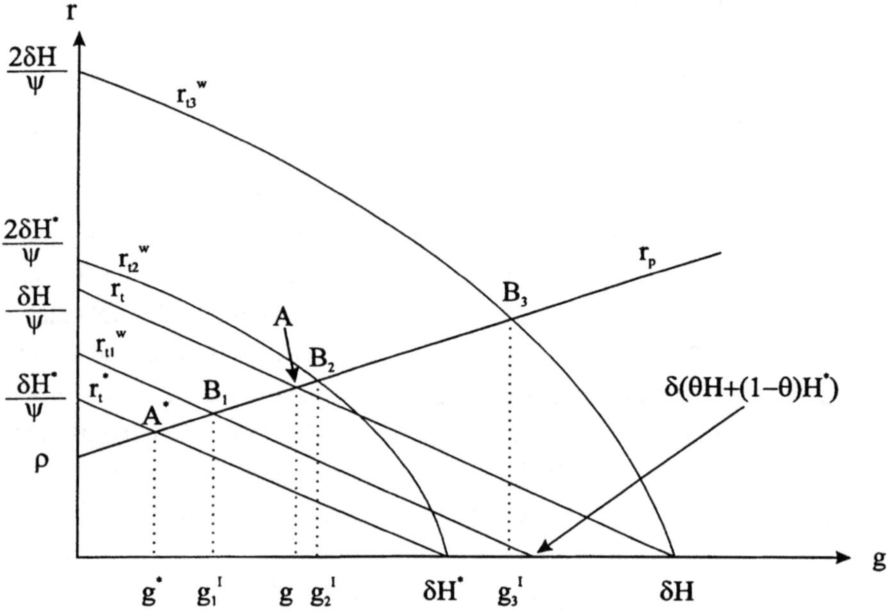

Abb. 4.9: Wachstumsgleichgewicht bei $H \neq H^*$ ohne Wissensdiffusion

Im folgenden wird gezeigt, daß es drei mögliche Integrationsgleichgewichte geben kann:

- In beiden Ländern bleiben die F&E-Sektoren aktiv.
- Das Inland übernimmt die gesamten F&E-Aktivitäten in der Welt, und das Ausland spezialisiert sich vollständig auf die Güterproduktion.
- Das Inland spezialisiert sich vollständig auf die Güterproduktion, und das Ausland übernimmt die gesamten F&E-Tätigkeiten.

Zunächst werden die Eigenschaften des Gleichgewichts untersucht, bei dem beide Länder F&E betreiben. Dieser Fall wird von Rivera-Batiz und Xie (1993) unterstellt. Dazu muß sich ein simultanes angebotsseitiges Gleichgewicht einstellen, das gemäß Gleichung (4.2.19) mit $A_A = A$ und $A_A^* = A^*$ durch folgenden Ausdruck gegeben ist:

$$r_t^w = \frac{\delta}{\psi}\left(\theta H + (1-\theta) H^*\right) - \frac{g^w}{\psi}, \tag{4.5.3}$$

hierbei beträgt die Weltinnovationsrate gemäß Gleichung (4.2.16)

$$g^{w} = \frac{\dot{A} + \dot{A}^{*}}{A + A^{*}} = \delta\, H_{A}\, \theta + \delta H_{A}^{*}\, (1 - \theta)\ . \qquad (4.5.4)$$

Formal läßt sich die gleichgewichtige Wachstumsrate bei Integration aus den Gleichungen (4.5.1) und (4.5.3) ableiten als

$$g^{w} = \frac{\delta\left(\theta\, H + (1 - \theta)\, H^{*}\right) - \rho\, \psi}{1 + \sigma\, \psi}\ . \qquad (4.5.5)$$

In Abb. 4.9 ist dieses Gleichgewicht durch den Schnittpunkt (B_1) der r_p-Kurve mit der r_{t1}^{w}-Kurve gekennzeichnet. Sowohl die Wachstumsrate bei Integration (g_1^{I}) als auch der Weltzins liegt zwischen den beiden nationalen Gleichgewichtswerten (g und g^*). Die Integration hätte also für das Inland Wachstumseinbußen zur Folge.

Die Lage der r_{t1}^{w}-Kurve hängt von der Verteilung des Wissensstandes in der Welt ab. Es muß also noch die Steady-state-Verteilung des Wissensstandes ermittelt werden. Außerdem muß gelten, daß die nationalen Anteile am Weltwissensstand konstant sind. Die Bewegungsgleichung hierfür lautet gemäß Gleichung (4.2.18) wie folgt

$$\frac{\dot{\theta}}{\theta} = \delta\, (1 - \theta) \left(H_{A} - H_{A}^{*}\right)\ . \qquad (4.5.6)$$

Voraussetzung für einen Steady-state mit zwei in der F&E aktiven Ländern ist, daß in beiden Ländern gleichviel Humankapital in der F&E beschäftigt ist ($H_A = H_A^*$). Die Frage ist nun, wie groß der gleichgewichtige Anteil des Inlandes am Weltwissensstand sein muß. Dazu werden zunächst die Löhne für Humankapital betrachtet. Da die Beschäftigung von Humankapital in der F&E in beiden Ländern gleich groß sein muß (Gleichung (4.5.6)) und der Bestand an Humankapital im Inland größer als im Ausland ist, muß bei Vollbeschäftigung der Humankapitaleinsatz in der Güterproduktion im Inland größer als im Ausland sein ($H_Y > H_Y^*$). Dies wiederum impliziert, daß der Lohn für Humankapital im Inland, das reichlicher mit diesem Faktor ausgestattet ist, kleiner sein muß als im Ausland. Dies zeigt die folgende Gleichung, die man erhält, wenn man die Gleichung (4.2.7) in die Gleichung (4.2.11) einsetzt:

$$w_{HY} = \alpha\, \gamma^{\frac{2\gamma}{\alpha+\beta}}\, (A + A^{*})\, L^{\frac{\beta}{\alpha+\beta}}\, r^{\frac{-\gamma}{\alpha+\beta}}\, H_{Y}^{\frac{-\beta}{\alpha+\beta}}\ . \qquad (4.5.7)$$

Nach Integration stellt sich in beiden Ländern ein einheitlicher Zinssatz ein. Deshalb muß der Lohn für Humankapital im Inland kleiner sein als im Ausland, da das Inland mehr Humankapital in der Güterproduktion einsetzt und dadurch das Grenzprodukt von Humankapital kleiner ist als im Ausland. Da intersektorale Lohngleichheit gelten muß, muß auch die Entlohnung im heimischen F&E-Sektor geringer als Ausland sein. Es folgt also:

$$w_{HA} = \frac{1-\gamma}{\gamma}(x+m^*)\,\delta A < \frac{1-\gamma}{\gamma}(x^*+m)\,\delta A^* = w^*_{HA}\,. \tag{4.5.8}$$

Da $x+m^*=x^*+m$ gilt, muß für ein simultanes angebotsseitiges Gleichgewicht der Wissensstand im Inland kleiner sein als der Wissensstand im Ausland ($A<A^*$). Als Resultat folgt unmittelbar, daß der Steady-state-Wert des inländischen Anteils am Weltwissensstand (θ) kleiner sein muß als 0,5. Dies wird auch deutlich, wenn man die beiden nationalen Gleichgewichtsbedingungen,

$$r_t = \frac{\delta}{\psi}\,\frac{x+m^*}{x}\,\theta H_Y \tag{4.5.9}$$

und

$$r_t^* = \frac{\delta}{\psi}\,\frac{x^*+m}{x^*}\left(1-\theta\right)H_Y^*\,, \tag{4.5.10}$$

gleichsetzt und die beiden Beziehungen (4.2.7) und (4.2.8) für x und x^* einsetzt. Es folgt

$$\frac{H_Y}{H_Y^*} = \left(\frac{A^*}{A}\right)^{\frac{\alpha+\beta}{\beta}} > 1\,. \tag{4.5.11}$$

Grafisch bedeutet dies, daß die $r_{t1}{}^{w}$-Kurve in Abb. 4.9 näher an der r_t^*-Kurve als an der r_t-Kurve liegt.

Offensichtlich kommt es, obwohl die Spezialisierung nicht vollständig ist, zu keinem internationalen Faktorpreisausgleich. Der Lohn für Humankapital im Inland muß, wie gezeigt, kleiner sein als im Ausland. Die Begründung hierfür ist, daß ohne Wissensdiffusion ein Kanal entfällt, der die Grenzproduktivitäten von Humankapital international angleichen würde. Solange dieser Kanal unterbrochen ist, können ungleiche Wissensstände einen Keil zwischen die nationalen Produktivitäten von Humankapital in der F&E treiben.

Es bleibt noch zu klären, ob dieses Gleichgewicht stabil ist. Mit anderen Worten: Gibt es Anpassungsmechanismen, die bewirken, daß sich der internationale Wissensstock in der beschriebenen Art und Weise auf die zwei Länder verteilt? Nehmen wir beispielsweise einmal an, daß, ausgehend von einer gleichgewichtigen Situation, der inländische Wissensstand (der Anteil am Weltwissensstand) exogen ansteigen würde. Dies hätte zur Folge, daß sich das intersektorale Lohnverhältnis von Humankapital zugunsten des F&E-Sektors verbessern würde, da ein größerer nationaler Wissensstand die Produktivität von Humankapital in der F&E stärker erhöhen würde als die Produktivität von Humankapital in der Güterproduktion. Dies hätte nun zur Folge, daß Humankapital von der Güterproduktion in die F&E wandern und die heimische Innovationsrate dadurch ansteigen würde. Dies wiederum würde über einen Zinsanstieg auf das Ausland zurückwirken. Da nämlich im Inland weniger Humankapital für die Güterproduktion zur Verfügung steht, steigt der Lohn für Humankapital in der Güterproduktion an, was über Substitutionsprozesse (Humankapital durch Sachkapital) auch zu einem Anstieg des Zinssatzes führt. Der steigende Zinssatz wiederum verändert das optimale Faktorpreisverhältnis im Ausland. Sachkapital wird im Verhältnis zu Humankapital teurer, was die Nachfrage nach Humankapital in der Güterproduktion steigen läßt und Humankapital aus der F&E in den güterproduzierenden Sektor lenkt. Die ausländische Innovationsrate sinkt.

Der Anstieg des heimischen Wissensstandes führt also von zwei Seiten, sowohl über die Expansion des heimischen F&E-Sektors als auch über die Kontraktion des ausländischen F&E-Sektors, zu einem Anstieg des inländischen Anteils am Weltwissensstand (θ). Dieser Prozeß setzt sich fort und kommt erst dann zum Erliegen, wenn im Ausland der gesamte Humankapitalbestand in der F&E beschäftigt ist und der Anteil des ausländische Wissensstandes in der Welt vernachlässigbar klein ($\theta = 1$) geworden ist. Das beschriebene Gleichgewicht ist also instabil. Wenn sich nicht genau die Steady-state-Verteilung des Wissens auf die beiden Länder einstellt, führen die Marktkräfte zu einer vollständigen Spezialisierung eines Landes auf die Güterproduktion. Würde der inländische Wissensstand, ausgehend von einem Gleichgewicht, nicht - wie oben angenommen - steigen sondern fallen, würde der F&E-Sektor des Auslandes expandieren und das Inland aus der F&E gedrängt werden.

Wie lassen sich die beiden Spezialisierungsgleichgewichte bestimmen? Spezialisiert sich etwa das Ausland auf die F&E und gibt das Inland die F&E-Aktivitäten auf, gilt Gleichung (4.5.9) nicht mehr und das Wachstumsgleichgewicht läßt sich aus (4.5.1) und (4.5.10) bestimmen. Dazu müssen die Gleichungen (4.2.7) und (4.2.8) für x^* und m eingesetzt werden. Wenn der Wissensstand des Inlandes sehr klein wird ($\theta = 0$), folgt:

$$r_{t2}^{w} = \frac{1}{\psi}\left(\delta H^{*} - g^{w} + \left(\delta H^{*}\right)^{\frac{\alpha}{\alpha+\beta}}\left(\delta H^{*} - g^{w}\right)^{\frac{\beta}{\alpha+\beta}}\right). \tag{4.5.12}$$

Aufgrund der Nichlinearität kann die gleichgewichtige Wachstumsrate analytisch nicht ermittelt werden. In Abb. 4.9 zeigt der Schnittpunkt der r_p-Kurve mit der r_{t2}^{w}-Kurve das Wachstumsgleichgewicht (Punkt B_2).

Der Schnittpunkt der r_{t3}^{w}-Kurve mit der r_p-Kurve zeigt das Gleichgewicht, wenn sich das Inland auf die F&E spezialisiert (Punkt B_3). Die Grafik zeigt, daß die erreichbare Wachstumsrate bei dieser Lösung am höchsten ist. Sie übersteigt in jedem Fall die Autarkiewachstumsraten der beiden Länder. Bei der Spezialisierung des Auslandes auf die F&E (Punkt B_2) kann die Weltwachstumsrate nach Integration kleiner als die Autarkiewachstumsrate des Inlandes sein. Dies ist um so wahrscheinlicher, je größer der Unterschied bei der Ausstattung der Länder mit Humankapital ist. Würde etwa das Ausland nur die Hälfte des inländischen Humankapitals zur Verfügung haben, dann wäre die Weltwachstumsrate in jedem Fall kleiner als die inländische Autarkiewachstumsrate, die r_{t2}^{w}-Kurve würde immer unterhalb der r_t-Kurve verlaufen.

Welche ökonomische Erklärung gibt es dafür, daß die Spezialisierungseffekte unbestimmt sind? Die Vorteilhaftigkeit der Spezialisierung wird im hier unterstellten Fall durch zwei Mechanismen hervorgerufen. Zum einen wird das Land, das besser mit Humankapital ausgestattet ist, einen komparativen Vorteil im F&E-Sektor besitzen, da dieser Sektor den Faktor Humankapital besonders intensiv nutzt. Dies entspricht dem klassischen Heckscher-Ohlin-Argument. Zum anderen wird jedoch auch dasjenige Land einen komparativen Vorteil in der F&E besitzen, das mit einem höheren Wissensstand und damit einer höheren F&E-Produktivität in die Integration startet. Die beiden Effekte können nun in die gleiche Richtung oder aber in entgegengesetzte Richtungen wirken. Wenn das Land mit mehr Humankapital auch einen höheren Wissensstand aufweist, hat es aufgrund beider Effekte einen komparativen Vorteil in der F&E. Startet es jedoch mit einem kleineren Wissensstand in die Integration, so kann, wenn der Wissensrückstand groß genug ist, aus dem komparativen Vorteil ein komparativer Nachteil werden. Dann würde sich dasjenige Land mit der kleineren Ausstattung mit Humankapital auf die F&E spezialisieren.

Lassen sich nun Aussagen darüber machen, welches der beschriebenen drei Gleichgewichte am wahrscheinlichsten zustande kommt? Das Gleichgewicht mit zwei Ländern, die aktiv in der F&E sind, wird nur dann eintreten, wenn zum Integrationszeitpunkt genau die Steady-state-Verteilung des Weltwissensstandes besteht. Recht unwahrscheinlich ist dieses Ergebnis darüber hinaus deshalb, weil das in Autarkie schneller wachsende Inland einen kleineren Wissensstand aufweisen müßte als das in Autarkie langsamer wachsende Ausland. Rivera-Batiz und Xie (1993) haben jedoch ausschließlich diesen Fall analysiert, so daß die Ergebnisse ihrer Arbeit stark in Frage zu stellen sind.

Auch das Gleichgewicht, bei dem sich das Ausland auf die F&E spezialisiert, setzt voraus, daß das in Autarkie langsamer wachsende Land einen höheren Wissensstand akkumuliert hat als das schneller wachsende Land. Eine solche Konstellation wird wohl nur in Ausnahmefällen auftreten. Somit bleibt als die mit Abstand wahrscheinlichste Lösung, daß sich das Land mit der besseren Ausstattung mit Humankapital auf die F&E spezialisiert - die Lösung also, die dem Heckscher-Ohlin-Argument entspricht und die stärksten Wachstumseffekte induziert.

4.5.2 Güterhandel mit Wissensdiffusion

Die Ergebnisse der Analyse in Kapitel 4.5.1 ändern sich grundlegend, wenn zusätzlich zum Güterhandel auch das Wissen international frei verfügbar wird, d. h. $A_A = A_A^* = A + A^*$ gilt. Es sei zunächst wieder angenommen, daß nach der Integration beide Länder aktiv in der F&E bleiben. Es muß sich dann ein simultanes angebotsseitiges Gleichgewicht einstellen, also gelten:

$$r_t = \frac{\delta}{\psi} \frac{x + m^*}{x} H_Y = \frac{\delta}{\psi} \frac{x^* + m}{x^*} H_Y^* = r_t^* \,. \tag{4.5.13}$$

Daraus läßt sich, wie in Kapitel 4.4.2, mit $x + m^* = x^* + m$ und den Gleichungen (4.2.7) und (4.2.8) für x und x^* folgende Bedingung ableiten:

$$\left(\frac{H_Y}{H_Y^*} \right)^{\frac{\beta}{\alpha + \beta}} = 1 \,. \tag{4.5.14}$$

Angebotsseitiges Gleichgewicht verlangt also, daß in beiden Ländern gleiche Mengen an Humankapital in der Güterproduktion eingesetzt werden müssen ($H_Y = H_Y^*$). Aus der Bewegungsgleichung für den Anteil des heimischen Wissensstandes in der Welt (Gleichung (4.2.18)) mit $\delta = \delta^*$ und $A_A = A_A^* = A + A^*$ folgt

$$\frac{\dot{\theta}}{\theta} = \delta\,(1-\theta)\left(\frac{H_A}{\theta} - \frac{H_A^*}{1-\theta}\right). \tag{4.5.15}$$

Ein Wachstumsgleichgewicht mit konstanten nationale Weltwissensanteilen tritt folglich dann auf, wenn gilt

$$\frac{H_A}{H_A^*} = \frac{A}{A^*}. \tag{4.5.16}$$

Da in beiden Ländern gleichviel Humankapital in der Güterproduktion beschäftigt sein muß und das Inland besser mit Humankapital ausgestattet ist, muß folglich gelten, daß der F&E-Sektor im Inland größer sein muß als im Ausland, d. h. $H_A > H_A^*$. Weiterhin folgt daraus, daß entlang eines gleichgewichtigen Wachstumspfades der Anteil des Wissens, das aus dem Inland stammt, größer sein muß als der Anteil des Auslandes, d. h. $A > A^*$ und $\theta > 0{,}5$. Nur dann wachsen die beiden nationalen Wissensstände gleich schnell.

Aus der Gleichung (4.5.13) kann die angebotsseitige Weltgleichgewichtskurve abgeleitet werden. Sie lautet:

$$r^w = \frac{\delta}{\psi}\left(H + H^*\right) - \frac{g^w}{\psi}. \tag{4.5.17}$$

Diese Beziehung ist in Abb. 4.10 als r_{t1}^w-Kurve abgebildet. Aus der obigen Gleichung, zusammen mit der Gleichung (4.5.1), läßt sich die gleichgewichtige Wachstumsrate berechnen:

$$g^w = \frac{\delta\left(H + H^*\right) - \rho\,\psi}{1 + \sigma\,\psi}. \tag{4.5.18}$$

Es wird deutlich, daß die Verteilung des Humankapitals auf die beiden Länder keinen Einfluß auf den gleichgewichtigen Wachstumspfad hat. Dadurch, daß die internationale Wissensdiffusion die Produktivitäten von Humankapital in der F&E in den beiden Ländern angleicht, unabhängig davon, wie hoch die jeweiligen Ein-

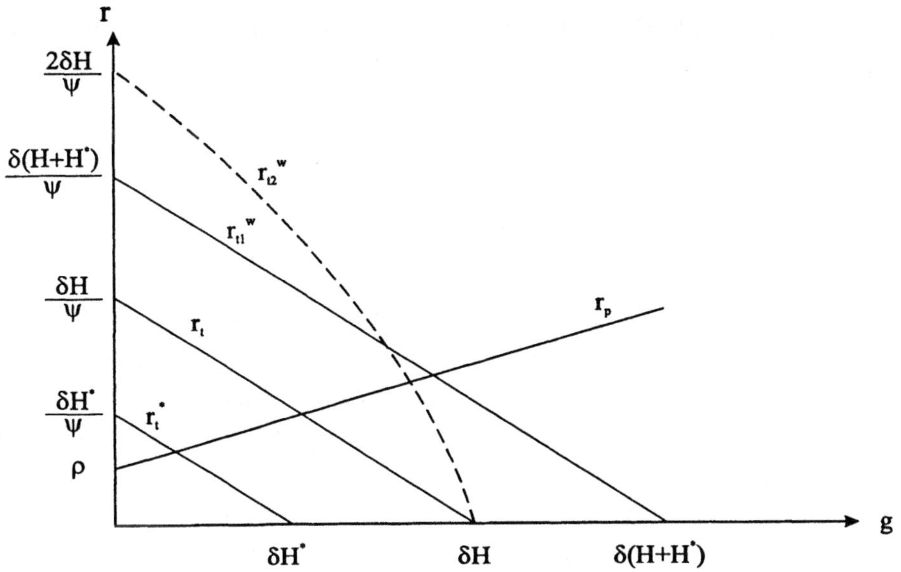

Abb. 4.10: Wachstumsgleichgewicht bei $H \neq H^*$ mit Wissensdiffusion

satzmengen sind, entsteht aufgrund der unterschiedlichen Faktorausstattung kein komparativer Vorteil mehr. Aus Effizienzgesichtspunkten macht es keinen Unterschied, ob die Forschung im Inland oder im Ausland betrieben wird. Der Wachstumssprung für das Ausland ist größer als für das Inland. Dies wird anhand von Abb. 4.10 deutlich, da nach Integration beide Länder mit der gleichen Wachstumsrate wachsen.

Die Frage ist nun, ob es, ausgehend von einer Situation, in der die internationale Verteilung des Wissensstandes nicht der gleichgewichtigen Verteilung entspricht, Kräfte gibt, die das System hin zum Gleichgewicht führen. Es sei etwa angenommen, daß, ausgehend von einem Gleichgewicht, der Wissensstand des Inlandes exogen ansteigt. Dies hätte zur Folge, daß der F&E-Output in beiden Ländern in gleichem Maße ansteigen würde. Die F&E-Produktivität je Humankapitaleinheit bleibt in beiden Ländern nach wie vor gleich groß. Weiterhin bleibt die Humankapitalallokation in beiden Ländern davon unberührt, da, wie bereits durch die Gleichungen (4.4.26) und (4.4.27) gezeigt, bei Wissensdiffusion beide Sektoren in gleichem Maße von einer Zunahme des Wissensstandes profitieren. Da also keine Allokationseffekte induziert werden und der relative Forschungsoutput der beiden Länder unverändert bleibt, wird sich wieder das alte Verhältnis der nationalen Wissensstände einstellen. Das Gleichgewicht ist also stabil.

Es soll nun gezeigt werden, daß bisher in der Literatur eine einschränkende Bedingung vernachlässigt wurde, die das Zustandekommen der oben diskutierten Lösung verhindern kann. Ein Wachstumsgleichgewicht, wenn beide Länder in der F&E aktiv bleiben, determiniert eindeutig eine bestimmte Menge an Humankapital in der Welt, die in der F&E eingesetzt werden muß. Diese verteilt sich wie folgt auf die beiden Länder:

$$H_A^w = H_A + H_A^* = H - H^* + 2H_A^* \,. \tag{4.5.19}$$

Bei der Ableitung der obigen Gleichung wurden die Beziehungen $H_Y = H_Y^*$ und $H_A - H_A^* = H - H^*$ verwendet. Nimmt man einmal an, daß die Weltausstattung mit Humankapital gegeben sei und nur die Verteilung des Humankapitals auf die beiden Länder sich ändern kann, dann zeigt die obige Gleichung, daß sich beispielsweise bei zwei gleich großen Ländern (der Fall aus Kapitel 4.3.2 und 4.4.2) die F&E-Aktivität gleichmäßig auf die beiden Länder verteilen würde ($H_A = H_A^*$). Steigt nun, ausgehend von dieser Situation, die Ausstattung mit Humankapital im Inland an, im Ausland sinkt sie im gleichen Ausmaß, so wird die gegebene Weltbeschäftigung von Humankapital in der F&E vermehrt im Inland erfolgen und im Ausland abnehmen. Das heißt, je ungleicher die beiden Länder mit Humankapital ausgestattet sind, um so kleiner ist der Anteil des Auslandes an den F&E-Aktivitäten in der Welt. Wird nun die Differenz der nationalen Ausstattungen größer als die notwendige Menge des in der F&E beschäftigten Humankapitals ($H - H^* > H_A^w$), so wird das Ausland seine F&E-Aktivitäten aufgeben und nur noch das Inland betreibt F&E. Dies hat zur Folge, daß ein Spezialisierungsgleichgewicht zustande kommt. Dieses Gleichgewicht ist in Abb. 4.11 durch die r_p-Kurve (Gleichung (4.5.1)) und durch die r_{t2}^w-Kurve beschrieben, die aus der nationalen Gleichgewichtsbedingung des Inlandes (linke Seite der Gleichung (4.5.13)) sowie den Gleichungen (4.2.7) und (4.2.8) für x und m^* folgt:

$$r_t^w = \frac{1}{\psi}\left(\delta H - g^w + \left(\delta H\right)^{\frac{\alpha}{\alpha+\beta}}\left(\delta H - g^w\right)^{\frac{\beta}{\alpha+\beta}}\right). \tag{4.5.20}$$

In Abb. 4.11 ist zum Vergleich die gestrichelte r_{t1}^w-Kurve eingezeichnet, die sich ergeben würde, wenn beide Länder aktiv in der F&E wären. Ein solches Gleichgewicht mit einer Wachstumsrate von δH_A^w kann sich jedoch nicht einstellen, da der Achsenabschnitt (δH_A^w) kleiner ist als die Strecke zwischen δH^* und δH. Die Grafik zeigt auch, daß bei der Integration zweier sehr ungleicher Länder das Spe-

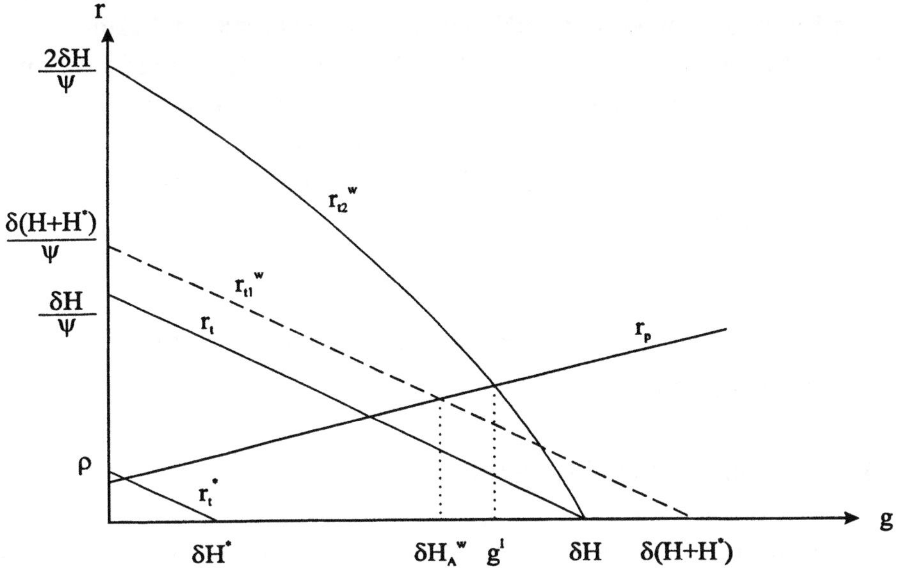

Abb. 4.11: Spezialisierungsgleichgewicht bei $H \neq H^*$

zialisierungsgleichgewicht zu einer höheren Wachstumsrate führt als ein fiktives Gleichgewicht mit zwei F&E-aktiven Ländern. Bei der Integration von Ländern hingegen, deren Ausstattung sich nicht so stark unterscheidet, führt das Spezialisierungsgleichgewicht in der Regel zu einer geringeren Wachstumsrate als bei einem Gleichgewicht mit zwei F&E-aktiven Ländern. Eine solche Spezialisierungskurve ist in Abb. 4.10 durch die gestrichelte r_{t2}^w-Linie dargestellt.

Auf einen Sachverhalt sei an dieser Stelle noch hingewiesen. Die Summe des bei Autarkie in beiden Ländern in der F&E beschäftigten Humankapitals ist größer als die Summe des nach Integration in der F&E beschäftigten Humankapitals. Dies läßt sich einfach zeigen, da der Quotient g/δ die gleichgewichtige Humankapitalbeschäftigung angibt. Aus den gleichgewichtigen Wachstumsraten folgt dann

$$H_A + H_A^* = \frac{\delta H - \rho \psi}{\delta(1 + \sigma \psi)} + \frac{\delta H^* - \rho \psi}{\delta(1 + \rho \psi)} > \frac{\delta(H + H^*) - \rho \psi}{\delta(1 + \sigma \psi)} = H_A^w . \qquad (4.5.21)$$

Dies läßt sich damit erklären, daß ein höheres Wachstum auch immer mit einem höheren Zinssatz verbunden sein muß, um die Haushalte für den erhöhten Konsumverzicht zu kompensieren. Dies wiederum führt dazu, daß die Opportunitätskosten der Sachkapitalbildung steigen und deshalb in der Güterproduktion Sachkapital durch Humankapital substituiert wird. In der Folge wandert bei steigenden Löhnen Humankapital aus der F&E in den güterproduzierenden Sektor.

Wie im Kapitel 4.4.2 führt der Handel in Verbindung mit internationaler Wissensdiffusion zum internationalen Faktorpreisausgleich. Da in beiden Ländern gleich viel Humankapital in der Güterproduktion eingesetzt wird ($H_Y = H_Y^*$), sind die Löhne für Arbeit und Humankapital in beiden Ländern identisch. Dies zeigen die Gleichungen (4.4.18) und (4.4.19).

4.6 *Integration zweier Länder mit unterschiedlichen Produktivitäten*

4.6.1 Güterhandel ohne Wissensdiffusion

Nicht nur die Ausstattung der Länder kann im internationalen Vergleich variieren, sondern auch die Fähigkeit, die gegebenen Ressourcen zu nutzen. Beispielhaft soll deshalb nun untersucht werden, welche Integrationseffekte auftreten, wenn ein Inland für einen gegebenen Wissensstand produktiver in der F&E ist ($\delta > \delta^*$). Dieser Fall wurde erstmals von Frenkel und Trauth (1995 und 1996c) diskutiert und wird in der vorliegenden Arbeit weiterführend analysiert. Zunächst sei wieder unterstellt, daß zwei Länder Handel miteinander aufnehmen, der internationale Wissenstransfer jedoch nicht zustande kommt. Um die sich ergebenden Implikationen isoliert auf die Produktivitätsdifferenzen zurückführen zu können, wird angenommen, daß beide Länder ansonsten vollständig symmetrisch sind. Insbesondere sei die Faktorausstattung der Länder identisch ($H = H^*$ und $L = L^*$). In Abb. 4.12 sind die Autarkiegleichgewichte in dem bereits bekannten Zins-Wachstumsraten-Schema dargestellt. Die r_t-Kurven in Autarkie werden durch folgende Gleichungen beschrieben,

$$r_t = \frac{\delta H}{\psi} - \frac{g}{\psi} , \tag{4.6.1}$$

und

$$r_t^* = \frac{\delta^* H}{\psi} - \frac{g}{\psi} . \tag{4.6.2}$$

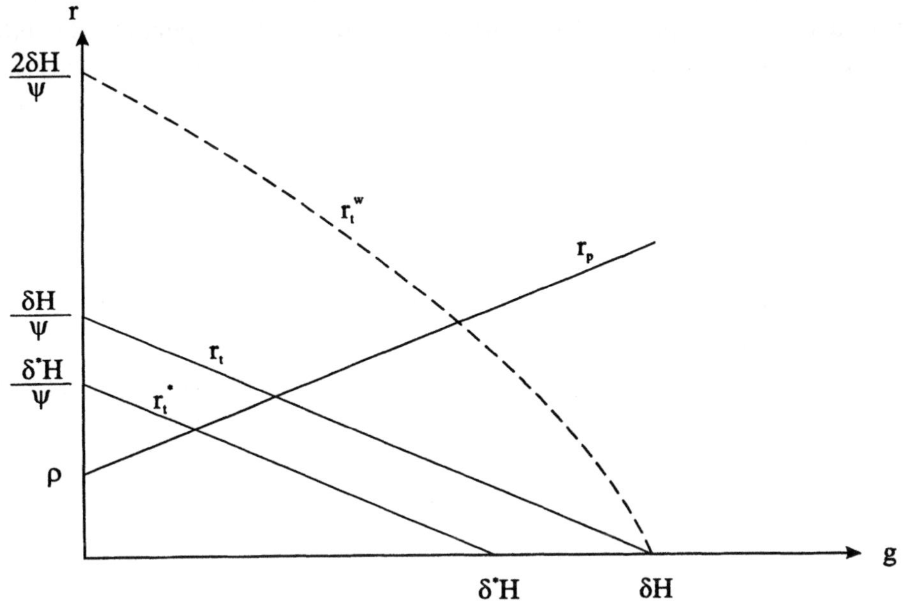

Abb. 4.12: Wachstumsgleichgewicht bei $\delta \neq \delta^*$

Die inländische r_t-Kurve verläuft rechts von der ausländischen r_t^*-Kurve. Beide r_t-Kurven haben das gleiche Anstiegsmaß. Die Nachfrageseite beider Länder wird durch die gleiche r_p-Kurve beschrieben. Im Autarkiegleichgewicht weist das Inland also einen höheren Zinssatz und eine höhere Wachstumsrate auf. Aus der Gleichung (3.2.11) für die gleichgewichtige Wachstumsrate und der Beziehung $g=\delta H_A$ folgt

$$H_A = \frac{H - \rho\,\psi\,\delta^{-1}}{1 + \sigma\,\psi}\,. \tag{4.6.3}$$

Es wird deutlich, daß das Inland mehr Humankapital in der F&E einsetzt als das Ausland. Die heimische Autarkiewachstumsrate ist also aus zwei Gründen höher: Zum einen ist im Inland die Produktivität von Humankapital höher als im Ausland und zum anderen wird im Inland mehr Humankapital in der F&E eingesetzt. Worauf ist dieser Allokationseffekt eines größeren Produktivitätsparameters zurückzuführen? Eine höhere Produktivität von Humankapital in der F&E lenkt über höhere Löhne Humankapital in den F&E-Sektor. Dieser Effekt wird aber dadurch gebremst, daß ein höheres Wachstum nur dann zustande kommt, wenn der Zinssatz zur Kompensation für den notwendigen Konsumverzicht steigt. Dieser Zinsanstieg wiederum verändert das optimale Faktoreinsatzverhältnis zwischen Sach- und Humankapital und lenkt dadurch wieder Humankapital aus der F&E zurück in die Güterproduktion. Dieser sekundäre Effekt kann jedoch den auslösenden Effekt, der Humankapital in den F&E-Sektor lenkt, nicht überkompensieren.

Auch bei unterschiedlichen Produktivitätsparametern gibt es prinzipiell drei mögliche Gleichgewichte:

- Erstens das Ausland stellt die F&E-Aktivitäten ein,
- zweitens das Inland stellt die F&E-Aktivitäten ein und
- drittens beide Länder bleiben innovativ.

Die letztgenannte Konstellation ist, wie in den vorhergehenden Kapiteln, instabil. Sie setzt nämlich voraus, daß die Verteilung des Weltwissens auf die beiden Länder konstant ist, also gemäß Gleichung (4.2.18) mit $A_A = A$ und $A_A^* = A^*$ gilt:

$$\frac{\dot{\theta}}{\theta} = (1-\theta)\left(\delta H_A - \delta^* H_A^*\right) = 0 . \tag{4.6.4}$$

Daraus folgt unmittelbar

$$\frac{H_A}{H_A^*} = \frac{\delta^*}{\delta} < 1 . \tag{4.6.5}$$

Das in der F&E produktivere Inland müßte also entgegen der Regel vom komparativen Vorteil weniger Ressourcen in der F&E einsetzen als das Ausland. Zusätzlich müßte sich ein simultanes angebotsseitiges Gleichgewicht einstellen, d. h. die beiden nationalen, den Humankapitalmarkt räumenden Zinssätze müßten gleich groß sein, also

$$r_t = \frac{\delta}{\psi}\,\theta\,\frac{x+m^*}{x}\,H_Y = \frac{\delta^*}{\psi}(1-\theta)\,\frac{x^*+m}{x^*}\,H_Y^* = r_t^* . \tag{4.6.6}$$

Stellt man die obige Gleichung etwas um und setzt dabei für x und x^* die Gleichungen (4.2.7) und (4.28) ein, erhält man

$$\frac{\delta}{\delta^*}\left(\frac{H_Y}{H_Y^*}\right)^{\frac{\beta}{\alpha+\beta}} = \frac{A^*}{A} > 1 . \tag{4.6.7}$$

Da bei einem Gleichgewicht mit zwei F&E-aktiven Ländern die Innovationsraten in beiden Ländern gleich groß sein müssen, muß das produktivere Land im Ausmaß seines Produktivitätsvorteils weniger Humankapital in der F&E einsetzen (Gleichung (4.6.5)). Daraus folgt bei gleich ausgestatteten Ländern, daß das Inland mehr Humankapital in der Güterproduktion einsetzt und damit die Grenzproduktivität von Humankapital in diesem Sektor aufgrund der abnehmenden Grenzerträge geringer ist als im Ausland. Da intersektorale Lohngleichheit gelten muß, muß folglich auch die Grenzproduktivität von Humankapital in der F&E im Inland geringer sein. Diese Konstellation kann nur dann eintreten, wenn das Inland einen geringeren Wissensstand aufweist als das Ausland. Darüber hinaus führt jede Abweichung von der notwendigen internationalen Wissensverteilung dazu, daß sich selbst verstärkende Allokationsprozesse einsetzen, die das eine Land aus der F&E drängen und im anderen Land eine Expansion des F&E-Sektors bewirken. Da das in Autarkie schneller wachsende Inland in der Regel einen höheren Wissensstand aufweisen wird als das Ausland, ist es sehr wahrscheinlich, daß sich das Inland auf die F&E spezialisiert. Die angebotsseitige Gleichgewichtsbedingung würde dann lauten

$$r_t^w = \frac{1}{\psi}\left(\theta\,\delta\,H - g^w + \left(\theta\,\delta\,H\right)^{\frac{\alpha}{\alpha+\beta}}\left(\theta\,\delta\,H - g^w\right)^{\frac{\beta}{\alpha+\beta}}\right). \tag{4.6.8}$$

Der Anteil des heimischen Wissensstandes in der Welt wird im beschriebenen Fall gegen eins gehen ($\theta \rightarrow 1$). Es resultiert die gestrichelte r_t^w-Kurve in Abb. 4.12. Im dann auftretenden Gleichgewicht ist die Weltwachstumsrate eindeutig höher als die beiden nationalen Autarkiewachstumsraten.

Die Spezialisierungswirkung der Integration richtet sich nach den komparativen Vorteilen der beiden Integrationsländer. Da keines der beiden Länder einen komparativen Vorteil im güterproduzierenden Sektor besitzt, kommt es nur auf die F&E-Produktivtitäten an. Diese werden durch die Größe der Wissensstände und den Produktivitätsparametern (δ und δ^*) bestimmt. Das Inland besitzt aufgrund des größeren Produktivitätsparameters für einen gegebenen Wissensstand einen komparativen Vorteil in der F&E. Darüber hinaus ist auch die relative Höhe des Wissensstandes von Bedeutung. Ist der heimische Wissensstand etwa höher als im Ausland, wird der komparative Vorteil noch verstärkt, ist er jedoch kleiner als im Ausland, wirkt er dem komparativen Vorteil aufgrund des höheren

Produktivitätsparameters entgegen und kann sogar dazu führen, daß das Ausland einen komparativen Vorteil in der F&E erlangt.

4.6.2 Güterhandel mit Wissensdiffusion

Im folgenden sollen die Wirkungen der Integration beschrieben werden, wenn die Länder sowohl Güter austauschen als auch vollständige internationale Wissensdiffusion auftritt. Als Voraussetzung für die Existenz eines Gleichgewichts mit zwei innovativen Ländern müssen beide Humankapitalmärkte geräumt sein, es muß also gelten

$$r_t = \frac{\delta}{\psi}\,\frac{x+m^*}{x}\,H_Y = \frac{\delta^*}{\psi}\,\frac{x^*+m}{x^*}\,H_Y^* = r_t^* \,. \tag{4.6.9}$$

Daraus läßt sich mit $x+m^*=x^*+m$ und den Gleichungen (4.2.7) und (4.2.8) für x und x^* ableiten, daß

$$\left(\frac{H_Y}{H_Y^*}\right)^{\frac{\beta}{\alpha+\beta}} = \frac{\delta^*}{\delta} \,. \tag{4.6.10}$$

Angebotsseitiges Gleichgewicht verlangt also, daß das Land mit der höheren Produktivität in der F&E - bei perfekter Wissensdiffusion sind die Wissensstände in beiden Ländern identisch - weniger Humankapital in der Güterproduktion einsetzt als das Ausland ($H_Y < H_Y^*$). Darüber hinaus liefert die Bewegungsgleichung für den Anteil des heimischen Wissensstandes in der Welt (Gleichung (4.2.18)) mit $A_A = A_A^* = A + A^*$ folgende Bedingung:

$$\frac{\dot{\theta}}{\theta} = (1-\theta)\left(\frac{\delta H_A}{\theta} - \frac{\delta^* H_A^*}{1-\theta}\right) . \tag{4.6.11}$$

Demzufolge kann ein Wachstumsgleichgewicht mit konstanten nationalen Weltwissensanteilen nur dann eintreten, wenn gilt

$$\frac{\delta H_A}{\delta^* H_A^*} = \frac{A}{A^*} \,. \tag{4.6.12}$$

Im Inland ist, wie bereits gezeigt, der Output an neuen Designs aus zwei Gründen größer als im Ausland. Die F&E-Produktivität und der Faktoreinsatz im F&E-Sektor sind größer als im Ausland. Infolgedessen muß zum Erreichen identischer Innovationsraten der Wissensstand im Inland größer als im Ausland sein. Der Anteil des heimischen Wissensstandes in der Welt (θ) muß im Gleichgewicht also größer sein als 0,5.

Die Weltinnovationsrate lautet gemäß der Gleichung (4.2.16) mit $A_A = A_A^* = A + A^*$

$$g^w = \frac{\dot{A} + \dot{A}^*}{A + A^*} = \delta H_A + \delta^* H_A^* . \qquad (4.6.13)$$

Aus den Gleichungen (4.6.9) und (4.6.13) kann die angebotsseitige Weltgleichgewichtskurve abgeleitet werden. Sie lautet:

$$r_t^w = \frac{(\delta + \delta^*) H}{\psi} - \frac{g^w}{\psi} . \qquad (4.6.14)$$

Zur Illustration kann Abb. 4.10 herangezogen werden, wobei nur die Bezeichnungen an den Achsen verändert werden müssen. H und H^* sind gleich groß und bei den Gleichgewichtskurven des Auslandes muß δ durch δ^* ersetzt werden. Die obige Gleichung wird dann durch die r_{t1}^w-Gerade dargestellt, die rechts von den beiden Autarkiekurven r_t und r_t^* verläuft. Aus der obigen Gleichung zusammen mit der Keynes-Ramsey-Regel folgt für die gleichgewichtige Wachstumsrate:

$$g^w = \frac{(\delta + \delta^*) H - \rho \psi}{1 + \sigma \psi} . \qquad (4.6.15)$$

Analoge Überlegungen wie in Kapitel 4.5.2 zeigen, daß dieses Gleichgewicht stabil ist. Ein exogen steigender inländischer Wissensstand führt zu keinerlei Allokationseffekten, so daß sich im Laufe der Zeit bei unverändertem Forschungsoutput im Inland und im Ausland wieder die gleichgewichtige Weltwissensverteilung einstellt.

Jedoch kann es auch hier zu Randlösungen kommen, wenn die F&E-Produktivitätsparameter zu unterschiedlich sind und deshalb mit den bestehenden nationalen Humankapitalausstattungen die notwendige Aufteilung auf die beiden Sektoren nicht mehr möglich ist. Dies kann durch folgende Beziehung veranschaulicht werden, die aus der Gleichung (4.6.10) folgt:

$$H_Y^* = \left(\frac{\delta}{\delta^*}\right)^{\frac{\alpha+\beta}{\beta}} H_Y \,. \tag{4.6.16}$$

Gleichung (4.6.15) zeigt, daß es bei der Bestimmung der gleichgewichtigen Wachstumsrate nur auf die Summe der beiden Produktivitätsparameter ankommt. Für die weiteren Überlegungen sei einmal angenommen, daß die Summe der Produktivitätsparameter unverändert bleibt und sich nur deren Verhältnis ändert. Es steigt also etwa δ, während δ^* in gleichem Maße sinkt. Dies würde bei unveränderter Wachstumsrate dazu führen, daß der F&E-Sektor im Inland mehr, der ausländische F&E-Sektor hingegen weniger Humankapital beschäftigen würde. Wird der Unterschied zwischen den Produktivitätsparametern sehr groß, kann die notwendige internationale Arbeitsteilung verlangen, daß das Ausland seine F&E-Aktivitäten ganz einstellen muß. In der Gleichung (4.6.16) wird H_Y^* größer als H. In diesem Fall würde sich wieder ein Spezialisierungsgleichgewicht bilden, das unter Umständen mit einer größeren Wachstumsrate verbunden sein kann als im Fall mit zwei aktiven F&E-Sektoren. Grafisch entspricht dieser Fall dem Spezialisierungsgleichgewicht, das in Abb. 4.11 durch den Schnittpunkt der konkaven r_{t2}^w-Kurve mit der r_p-Kurve beschrieben ist. Auch hier müßten nur die Achsenbezeichnungen geändert werden.

Trotz Wissensdiffusion tritt bei unterschiedlichen Produktivitätsparametern, im Gegensatz zum Fall unterschiedlicher Ausstattungen, kein perfekter Faktorpreisausgleich ein. Dies wird deutlich, wenn man die nationalen Löhne von Humankapital ins Verhältnis setzt:

$$\frac{w_{HA}}{w_{HA}^*} = \frac{(1-\gamma)\,\gamma^{-1}(x+m^*)\,\delta\,(A+A^*)}{(1-\gamma)\,\gamma^{-1}(x^*+m)\,\delta^*(A+A^*)} = \frac{\delta}{\delta^*} \,. \tag{4.6.17}$$

Der Lohn für Humankapital im Inland ist also um den Produktivitätsvorsprung höher als im Ausland. Dadurch, daß mehr Humankapital in der F&E und weniger Humankapital in der Güterproduktion eingesetzt wird, ist in der Güterproduktion das Grenzprodukt von Humankapital im Inland ebenfalls höher. Der Lohn für weniger qualifizierte Arbeit ist jedoch im Ausland höher, da dort jeder Arbeitseinheit in der Güterproduktion mehr Humankapital zur Seite gestellt ist.

Im hier diskutierten Szenario wird sich immer ein Handelsmuster herausbilden, bei dem das Inland einen Überschuß bei den Kapitalgütern erzielt. Wenn in beiden Ländern, wie bereits gezeigt, sowohl die Konsum- als auch die Investitionsausgaben gleich schnell wachsen, muß in einem Wachstumsgleichgewicht die Handelsbilanz insgesamt ausgeglichen sein. Deshalb muß im Inland dem Handelsüberschuß bei den Kapitalgütern ein gleich großes Handelsdefizit bei den Konsumgütern entsprechen. Das in der F&E produktivere Land exportiert folglich mehr High-Tech-Güter als es importiert, tauscht also innovative Güter gegen Konsumgüter. Dieser Zusammenhang wird deutlich, wenn man die Gleichung für den Handelsbilanzsaldo der Kapitalgüter (Gleichung (4.2.23)) mit der Beziehung $\dot{A}=gA$ verknüpft. Es folgt:

$$HB_x = \frac{1}{\gamma} g\left(A\,m^* - A^*\,m\right) > 0 \;. \tag{4.6.18}$$

Die obige Gleichung ist eindeutig größer als null. Zum einen muß im Wachstumsgleichgewicht, wie oben gezeigt, der heimische Wissensstand größer sein als im Ausland ($A > A^*$). Zum anderen ist die Beschäftigung von Humankapital in der Güterproduktion im Ausland höher als im Inland ($H_Y^* > H_Y$), wodurch die Nachfrage nach Kapitalgütern im Ausland größer als im Inland ist ($m^* > m$). Das Inland entwickelt folglich in jeder Periode mehr Kapitalgütervarianten als das Ausland und exportiert darüber hinaus von jeder Variante mehr Gütereinheiten.

4.7 Integration zweier Länder mit unterschiedlichen Zeitpräferenzen

4.7.1 Güterhandel ohne Wissensdiffusion

In den vorangegangenen Kapiteln wurden ausschließlich die Integrationseffekte untersucht, die bei nationalen Unterschieden auf der Angebotsseite auftreten. Die Analyse soll im folgenden um den Fall sich auf der Nachfrageseite unterscheidender Volkswirtschaften ergänzt werden. Die Analyse basiert auf den Ausführungen von Frenkel und Trauth (1995 und 1996c). Um die Effekte in aller Reinheit herausarbeiten zu können, wird unterstellt, daß die Länder gleiche Produktionsfunktionen und gleiche Faktorausstattungen aufweisen, die angebotsseitigen Bedingungen in beiden Ländern also identisch sind. Die Nachfrageseite im Romer-Modell wird allein durch die Keynes-Ramsey-Regel abgebildet, wobei das intertemporale Optimierungskalkül eines repräsentativen Haushalts zum Ausdruck kommt, der über die Höhe seiner Konsumausgaben und Ersparnisse entscheidet. Im wei-

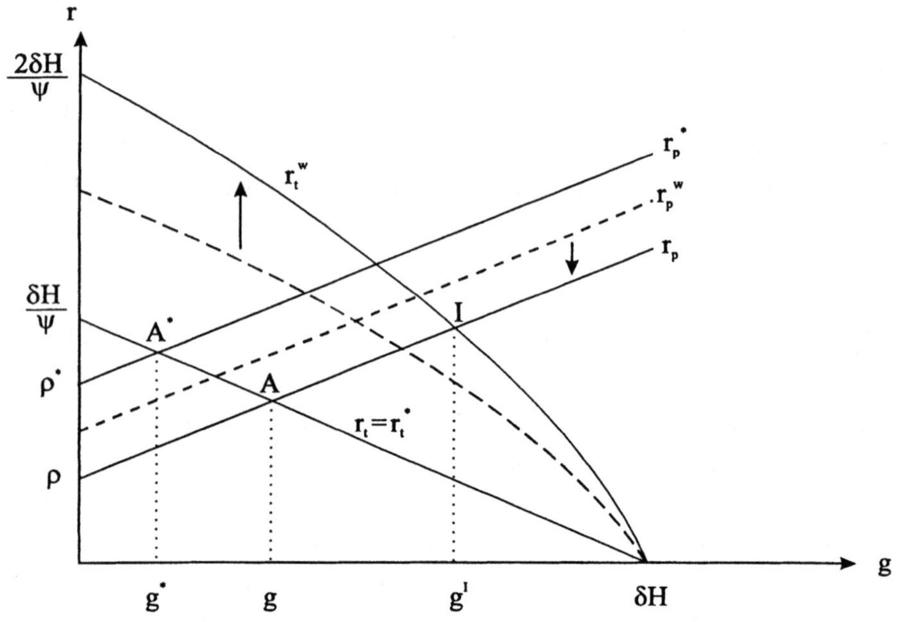

Abb. 4.13: Wachstumsgleichgewicht bei $\rho \neq \rho^*$ ohne Wissensdiffusion

teren sei angenommen, daß der repräsentative inländische Haushalt eine geringere Zeitpräferenzrate als sein ausländisches Pendant hat ($\rho < \rho^*$). Die Ausgangssituation ist in Abb. 4.13 dargestellt. Es zeigt sich, daß das Ausland in Autarkie eine geringere Wachstumsrate und einen höheren Zinssatz als das Inland aufweist. Diese Ausgangssituation spiegelt die empirisch zu beobachtenden nationalen Unterschiede wider. Insbesondere weniger gut entwickelte Länder sind durch hohe Zinsen und kleine Wachstumsraten gekennzeichnet. Abgesehen davon, daß im hier unterstellten Fall natürlich wichtige Unterscheidungsmerkmale im Nord-Süd-Vergleich nicht berücksichtigt werden, mögen die Wirtschaftssubjekte in den Entwicklungsländern im Durchschnitt relativ hohe Zeitpräferenzraten aufweisen, die über eine geringere Sparneigungen zu einer Verteuerung der Sachkapitalbildung und damit zu einem langsameren Wachstumstempo führen. Auch im Vergleich zwischen Industrieländern mögen die zu beobachtenden Unterschiede in den Sparquoten zum Teil auf unterschiedliche Zeitpräferenzraten zurückzuführen sein. So waren beispielsweise im Durchschnitt der Jahre 1991 bis 1995 die Sparquoten der privaten Haushalte in Japan (13,2%) und Deutschland (12,2%) deutlich höher als in den USA (5%), obgleich die Realzinsen in den USA, Japan und in Deutschland etwa auf dem gleichen Niveau lagen.

Um die Integrationseffekte zu untersuchen, soll zunächst wieder ein Gleichgewicht untersucht werden, bei dem der internationale Wissenstransfer unterbleibt. Die Weltkonsumausgaben wachsen gemäß folgender Definitionsgleichung:

$$\frac{\dot{C}+\dot{C}^*}{C+C^*} = \theta_C \frac{\dot{C}}{C} + (1-\theta_C)\frac{\dot{C}^*}{C^*}, \qquad mit\ \theta_C = \frac{C}{C+C^*}. \tag{4.7.1}$$

Daraus folgt unter Berücksichtigung der nationalen Keynes-Ramsey-Regeln

$$\frac{\dot{C}+\dot{C}^*}{C+C^*} = \frac{r}{\sigma} - \frac{1}{\sigma}\left[\theta_C \rho + (1-\theta_C)\rho^*\right]. \tag{4.7.2}$$

Man kann den Ausdruck in der eckigen Klammer der obigen Gleichung als die Weltzeitpräferenzrate interpretieren, die sich als gewogenes Mittel der nationalen Zeitpräferenzraten ergibt. Die r_p^w-Kurve, die alternative Haushaltsoptima für die Welt beschreibt, lautet folglich

$$r_p^w = \left[\theta_C \rho + (1-\theta_C)\rho^*\right] + \sigma g^w. \tag{4.7.3}$$

Diese Kurve ist in Abb. 4.13 eingezeichnet und liegt zwischen den beiden nationalen r_p-Kurven. Im Extremfall, wenn der Anteil eines Landes an den Weltkonsumausgaben eins wird, ist die r_p^w-Kurve deckungsgleich mit der r_p-Kurve dieses Landes in Autarkie.

Ein simultanes angebotsseitiges Gleichgewicht setzt voraus, daß der Weltzins beide Humankapitalmärkte räumt. Es gilt dann also

$$r_t = \theta \frac{\delta}{\psi} \frac{x+m^*}{x} H_Y = (1-\theta)\frac{\delta}{\psi}\frac{x^*+m}{x^*} H_Y^* = r_t^*. \tag{4.7.4}$$

Im Kapitel 4.4.1 wurde gezeigt, daß ein solches angebotsseitiges Weltgleichgewicht bei symmetrischen Ländern und fehlender internationaler Wissensdiffusion nur dann eintreten kann, wenn die beiden nationalen Wissensstände gleich groß sind. Ist diese Voraussetzung nicht gegeben, wird ein Spezialisierungsprozeß einsetzen, der dazu führt, daß das Land mit dem anfänglich höheren Wissensstand die gesamten F&E-Aktivitäten in der Welt übernimmt und sich das andere Land vollständig auf die Güterproduktion spezialisiert. Im weiteren wird angenommen, daß das Inland aufgrund des schnelleren Wachstums in Autarkie einen höheren Wissensstand erreicht hat und deshalb der beschriebene Spezialisierungsprozeß nach der Integration einsetzt. Es entsteht eine konkave r_t^w-Kurve,

$$r_t^w = \frac{1}{\psi}\left(\theta\,\delta\,H - g^w + \left(\theta\,\delta\,H\right)^{\frac{\alpha}{\alpha+\beta}}\left(\theta\,\delta\,H - g^w\right)^{\frac{\beta}{\alpha+\beta}}\right), \tag{4.7.5}$$

die sich sukzessive nach rechts oben verschiebt, bis schließlich der inländische Anteil am Weltwissensstand eins ist ($\theta=1$). Dies ist in Abb. 4.13 durch die beiden r_t^w-Kurven angedeutet, wobei die gestrichelte Linie für die Kurve im Anpassungsprozeß und die durchgezogene Linie für die Kurve nach erfolgtem Anpassungsprozeß steht.

Nun soll das Wachstumsgleichgewicht näher beschrieben werden. Eine entscheidende Rolle spielt dabei das Wachstum des Wissensstandes. Asymptotisch wird das Wachstum des Sachkapitalstocks und des Bruttoinlandsproduktes durch die Wachstumsrate des Wissensstandes determiniert. Zwar wird sich entlang des Anpassungspfades der Zins und damit die Kapitalgütermengen sowie die Humankapitalallokation in den beiden Ländern ändern, wenn jedoch der Wissensstand des Inlandes dominiert ($\theta=1$), bleiben der Zins, die Kapitalgütermengen und die Humankapitalallokation konstant. Es gilt:

$$\lim_{\theta\to 1}\frac{\dot{K}}{K} = \lim_{\theta\to 1}\frac{\dot{K}^*}{K^*} = \lim_{\theta\to 1}\frac{B\dot{I}P}{BIP} = \lim_{\theta\to 1}\frac{B\dot{I}P^*}{BIP^*} = \lim_{\theta\to 1}\frac{\dot{A}}{A+A^*} = \frac{\dot{A}}{A}. \tag{4.7.6}$$

Die beiden nationalen Bruttoinlandsprodukte und somit auch das Weltsozialprodukt wachsen mit gleichen Raten, die durch die Innovationsrate des Inlandes determiniert ist. Das Wachstum der Konsumausgaben in den beiden Ländern unterscheidet sich jedoch. Dies liegt daran, daß bei einem einheitlichen Weltzinssatz die inländischen Wirtschaftssubjekte, die eine kleinere Zeitpräferenzrate aufweisen als die ausländischen Haushalte, ein schnelleres Wachstum wünschen. Es gilt nämlich:

$$r = \rho + \sigma\frac{\dot{C}}{C} = \rho^* + \sigma\frac{\dot{C}^*}{C^*}. \tag{4.7.7}$$

Gleichung (4.7.1) zeigt, daß die Weltkonsumausgaben mit einer Rate wachsen, die sich als gewichteter Durchschnitt der beiden nationalen Wachstumsraten ergibt. Die Wachstumsrate der Weltkonsumausgaben muß im Wachstumsgleichgewicht mit der gleichen Rate wachsen wie das Weltsozialprodukt. Dies wiederum erzwingt, daß die Konsumwachstumsrate des Inlandes größer, die des Auslandes kleiner, als die Wachstumsrate der Bruttoinlandsprodukte sein muß. Weiterhin wird der heimische Anteil an den Weltkonsumausgaben ständig steigen und schließlich eins erreichen ($\theta_C \rightarrow 1$).

Welche Auswirkungen hat dies nun für das Gleichgewicht in der Anpassungsphase? In dem Maße wie der heimische Anteil an den Weltkonsumausgaben wächst, nimmt die Bedeutung der ausländischen Zeitpräferenzrate ab. Die durchschnittliche Weltzeitpräferenzrate nähert sich der inländischen Zeitpräferenzrate an.[21] In Abb. 4.13 verschiebt sich deshalb die r_p^w-Kurve nach unten, bis sie schließlich (bei $\theta_C = 1$) deckungsgleich mit der r_p-Kurve des Inlandes in Autarkie ist. Demzufolge entspricht das langfristige Gleichgewicht genau demjenigen Gleichgewicht, das sich bei symmetrischen Ländern ohne internationale Wissensdiffusion ergeben würde, wenn das Ausland die F&E-Aktivitäten aufgeben würde.

Welche Konsequenzen ergeben sich für das Handelsmuster? Da das Ausland aufgrund der beschriebenen Spezialisierungseffekte keine neuen Designs mehr erstellt, die Designs aber die Grundlage für die Kapitalgüterproduktion sind, wird das Ausland ausschließlich Konsumgüter produzieren und den Kapitalstock durch den Import von Kapitalgütern aufbauen. Es kommt folglich zum Tausch ausländischer Konsumgüter gegen inländische Kapitalgüter. Zusätzlich ist im Gegensatz zu den vorangegangenen Kapiteln die Gesamthandelsbilanz nicht mehr ausgeglichen. Dies ist darauf zurückzuführen, daß sich die nationalen Konsumwachstumsraten von den Wachstumsraten des Bruttoinlandsproduktes unterscheiden. Das Inland, dessen Konsumwachstum schneller als das Produktionswachstum ist, wird zunächst einen Handelsbilanzüberschuß verzeichnen und Nettoauslandsvermögen bilden. Das Ausland hingegen wird zunächst ein Handelsbilanzdefizit aufweisen, verbunden mit wachsenden Verbindlichkeiten gegenüber dem Inland. Da der unbegrenzte Aufbau von Nettoauslandspositionen nicht mit einem Gleichgewicht vereinbar ist - die intertemporale Budgetrestriktion wäre dann verletzt - müssen sich die Handelsbilanzsalden umkehren. Das Inland wird nach einer gewissen Zeit

[21] Dieses Ergebnis entspricht der Analyse von Blanchard und Fischer (1989), S. 69f. Diese Autoren kommen zu dem Ergebnis, daß im Steady-state der Zinssatz der kleinsten Zeitpräferenzrate entsprechen muß. Sie gehen dabei von einem stationären Gleichgewicht aus, d. h. einer gleichgewichtigen Wachstumsrate von null. Im hier unterstellten Modell ist die gleichgewichtige Wachstumsrate jedoch positiv, so daß, der Keynes-Ramsey-Regel folgend, gelten muß: $r - \sigma g = \rho$. In Analogie ist hier für die Bestimmung des Haushaltsoptimums nur die niedrigste (die inländische) Zeitpräferenzrate maßgebend.

eine defizitäre Handelsbilanz, das Ausland einen Handelsbilanzüberschuß aufweisen.

4.7.2 Güterhandel mit Wissensdiffusion

Im Unterschied zu den vorangehenden Ausführungen sei nun unterstellt, daß vollständige internationale Wissensdiffusion auftritt. Als Voraussetzung für die Existenz eines Gleichgewichts mit zwei innovativen Ländern müssen beide Humankapitalmärkte geräumt sein, also gelten

$$r_t = \frac{\delta}{\psi}\frac{x+m^*}{x}H_Y = \frac{\delta}{\psi}\frac{x^*+m}{x^*}H_Y^* = r_t^* . \tag{4.7.8}$$

Daraus läßt sich mit $x+m^*=x^*+m$ und den Gleichungen (4.2.7) und (4.2.8) für x und x^* ableiten, so daß gelten muß:

$$\left(\frac{H_Y}{H_Y^*}\right)^{\frac{\beta}{\alpha+\beta}} = 1 . \tag{4.7.9}$$

Angebotsseitiges Gleichgewicht verlangt also, daß in beiden Ländern gleich viel Humankapital in der Güterproduktion und damit auch in der F&E eingesetzt wird ($H_Y=H_Y^*$ und $H_A=H_A^*$). Darüber hinaus lautet die Bewegungsgleichung für den Anteil des heimischen Wissensstandes in der Welt (Gleichung (4.2.18)) mit $A_A=A_A^*=A+A^*$:

$$\frac{\dot{\theta}}{\theta} = \delta\,(1-\theta)\left(\frac{H_A}{\theta} - \frac{H_A}{1-\theta}\right). \tag{4.7.10}$$

Ein Wachstumsgleichgewicht kann demgemäß nur dann eintreten, wenn gilt:

$$\frac{H_A}{H_A^*} = \frac{A}{A^*} . \tag{4.7.11}$$

Demnach müssen auch die beiden nationalen Wissensstände gleich groß sein ($A=A^*$). Die Weltinnovationsrate lautet gemäß der Gleichung (4.2.16) mit $A_A=A_A^*=A+A^*$ und $H_A=H_A^*$

$$g^{w} = \frac{\dot{A} + \dot{A}^{*}}{A + A^{*}} = 2\,\delta\,H_{A}\ . \qquad (4.7.12)$$

Aus den Gleichungen (4.7.8) und (4.7.12) kann die angebotsseitige Weltgleichgewichtskurve abgeleitet werden. Sie wird durch folgende Gleichung beschrieben:

$$r_{t}^{w} = \frac{2\,\delta\,H}{\psi} - \frac{g^{w}}{\psi}\ . \qquad (4.7.13)$$

Zur Illustration kann Abb. 4.14 herangezogen werden. Die Weltgleichgewichtskurve (r_t^w) verläuft rechts von den nationalen r_t-Kurven in Autarkie (r_t und r_t^*). Die r_p^w-Kurve (gestrichelte Linie in Abb. 4.14) wird durch die Gleichung (4.7.3) beschrieben und verläuft mit gleichem Anstiegsmaß zwischen den beiden nationalen r_p-Kurven in Autarkie. Da die Konsumausgaben der Inländer aufgrund der geringeren Zeitpräferenzrate schneller wachsen als die Konsumausgaben der Ausländer, wird der Ausdruck in der eckigen Klammer in der Gleichung (4.7.3) sinken und sich dem Wert der inländischen Zeitpräferenzrate (ρ) annähern. Die r_p^w-Kurve wird sich solange nach unten verschieben, bis sie deckungsgleich mit der inländischen r_p-Kurve in Autarkie ist. Die gleichgewichtige Weltwachstumsrate ergibt sich aus den Gleichungen (4.7.3) und (4.7.13) wie folgt:

$$g^{w} = \frac{2\,\delta\,H - \left[\theta_{C}\,\rho + \left(1 - \theta_{C}\right)\rho^{*}\right]\psi}{1 + \sigma\,\psi}\ . \qquad (4.7.14)$$

In der langen Frist wird die Zeitpräferenzrate des Auslandes an Bedeutung verlieren. Es gilt:

$$\lim_{\theta_{C} \to 1}\ g^{w} = \frac{2\,\delta\,H - \rho\,\psi}{1 + \sigma\,\psi}\ . \qquad (4.7.15)$$

Im hier unterstellten Fall führt die Integration dazu, daß es zu einem vollständigen internationalen Faktorpreisausgleich kommt. Dies wird anhand folgender Gleichungen deutlich, wenn man berücksichtigt, daß $H_Y = H_Y^*$ gilt und deshalb auch aufgrund der internationalen Zinsgleichheit $x = x^*$:

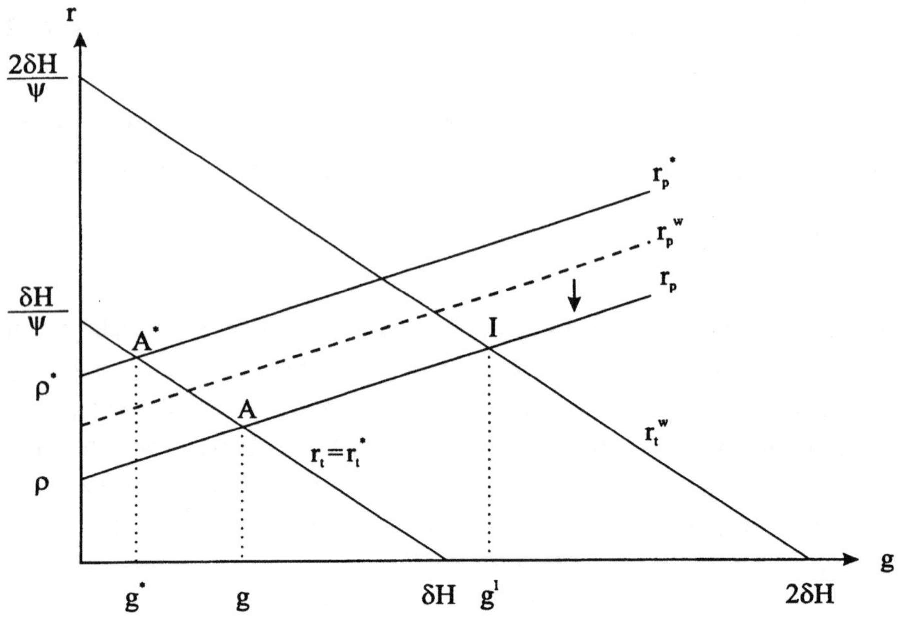

Abb. 4.14: Wachstumsgleichgewicht bei $\rho \neq \rho^*$ mit Wissensdiffusion

$$\frac{w_L}{w_L^*} = \frac{\beta H_Y^\alpha L^{\beta-1}(A + A^*)x^\gamma}{\beta \left(H_Y^*\right)^\alpha L^{\beta-1}(A + A^*)(x^*)^\gamma} = 1 \tag{4.7.16}$$

und

$$\frac{w_H}{w_H^*} = \frac{\alpha H_Y^{\alpha-1} L^\beta (A + A^*)x^\gamma}{\alpha \left(H_Y^*\right)^{\alpha-1} L^\beta (A + A^*)(x^*)^\gamma} = 1 \, . \tag{4.7.17}$$

Diese Ergebnisse stehen im Gegensatz zu den Resultaten des Kapitels 4.7.2 mit unterschiedlichen F&E-Produktivitätsparametern, wo kein Faktorpreisausgleich zustande kommt. Offensichtlich können also angebotsseitige Asymmetrien den vollständigen Faktorpreisausgleich verhindern, nachfrageseitige Asymmetrien jedoch nicht. Dies wiederum steht im Gegensatz zur Analyse von Wälde (1994), der zu dem Ergebnis kommt, daß in einem intertemporalen Kontext mit ungleichen Zeitpräferenzraten kein internationaler Faktorpreisausgleich möglich ist. Im Unterschied zum hier unterstellten Modellrahmen nimmt Wälde jedoch an, daß sich die nationalen Zinssätze unterscheiden und den jeweiligen Zeitpräferenzraten entsprechen.

Welche Handelsmuster stellen sich ein? Im Wachstumsgleichgewicht wird die Handelsbilanz für Kapitalgüter ausgeglichen sein. Dies wird anhand der folgenden Gleichung mit $m=m^*$ und $A=A^*$ deutlich:

$$HB_x = \frac{1}{\gamma} g\left(A\,m^* - A^*\,m\right) = 0 \,. \qquad (4.7.18)$$

Dieses Ergebnis reflektiert die Symmetrie auf der Angebotsseite. Für die Gesamthandelsbilanz ergeben sich jedoch die gleichen Ergebnisse wie in Kapitel 4.7.1: Das Inland weist zunächst einen Handelsbilanzüberschuß und anschließend ein Handelsbilanzdefizit auf.

4.8 Zusammenfassung der Ergebnisse und Schlußfolgerungen

Die Analyse der dynamischen Integrationseffekte hat ergeben, daß der Übergang von Autarkie zu Freihandel in allen Fällen zu einem höheren Einkommensniveau und/oder zu einem höheren Wachstumstempo geführt hat. Der hier gewählte Modellrahmen liefert folglich Argumente für eine sehr positive Beurteilung handelsliberalisierender Maßnahmen. Diese basieren vor allem auf Skaleneffekten sowohl in der Güterproduktion als auch in der F&E. Beide Produktionsfunktionen weisen positive Skalenerträge auf.

Die Analyse hat weiterhin gezeigt, daß die Wachstumsimpulse für Länder, die in Autarkie relativ langsam wachsen, besonders groß sind. Dies läßt den Schluß zu, daß Entwicklungsländer besonders stark von handelsliberalisierenden Maßnahmen profitieren können, da sie durch den internationalen Technologietransfer in einen Wachstumsverbund mit den Industrieländern kommen, der beiden Ländergruppen ein im Vergleich zur Autarkiesituation höheres Wachstumstempo bringt. Auch der Niveaueffekt ist für die Entwicklungsländer relativ groß, da dort der relative Produktivitätsanstieg in beiden Sektoren größer ist als in den Industrieländern.

Im Unterschied zur traditionellen Handelstheorie ergeben sich die Handelsgewinne nicht in erster Linie daraus, daß Spezialisierungseffekte einen effizienteren Faktoreinsatz ermöglichen, sondern dadurch, daß ein Technologietransfer stattfindet. Dies geschieht zum einen indirekt über den Zugang zu zusätzlichen High-

Tech-Gütern, die das technologische Know-how des Erfinderlandes beinhalten, und zum anderen direkt über die internationale Wissensdiffusion. Der Technologietransfer ermöglicht es den Volkswirtschaften, die Güterproduktion zu erhöhen und ein schnelleres Wachstum zu realisieren.[22]

Die Aufnahme von Handel führt wie in der traditionellen Handelstheorie dazu, daß sich die Faktorpreise international angleichen. Im gesamten Kapitel 4 wurde unterstellt, daß die Mobilität der Kapitalgüter perfekt ist, so daß sich auch die Kapitalgüterpreise und die Zinsen international entsprechen müssen. Im Gegensatz dazu wurde angenommen, daß Humankapital und Arbeit international immobil sind. Wie erläutert, kommt es unter Umständen trotzdem zum perfekten Faktorpreisausgleich. Dies erfolgt dann, wenn neben dem Handel auch internationale Wissensdiffusion auftritt und sich dadurch die Produktivität von Humankapital auch in der F&E angleicht. Es wurde gezeigt, daß sich die Produktivitäten trotz perfekter Wissensdiffusion nicht angleichen können, wenn die nationalen Produktivitätsparameter (δ und δ^*) ungleich sind.

Differieren die Grenzproduktivitäten der Faktoren international, so können durch Reallokation der Faktoren Effizienzgewinne erzielt werden. Beispielsweise könnte weltweit das Sozialprodukt sowie der F&E-Output und damit die Wachstumsrate gesteigert werden, wenn Humankapital in das Land mit der höheren Grenzproduktivität wandern würde. Die internationale Migration von Humankapital hätte jedoch Folgen für die Einkommensverteilung von unqualifizierter Arbeit, insbesondere dann, wenn wenig qualifizierte Arbeit international immobil wäre. Dann nämlich würden die Löhne für Arbeit in dem Land steigen, in das Humankapital einwandert, da dort die durchschnittliche Ausstattung jedes Arbeitsplatzes mit Humankapital und damit die Arbeitsproduktivität steigen würde.

Aus der Handelsstruktur lassen sich Terms-of-trade-Effekte ableiten. Es werden zwei Gütergruppen gehandelt, die Konsumgüter und die Kapitalgüter. Der Konsumgüterpreis ist in beiden Ländern identisch und auf eins normiert. Der relative Preis der Kapitalgüter ist durch das Preissetzungsverhalten der Kapitalgüterproduzenten determiniert und entspricht dem Markup-Faktor $1/\gamma$. Sind die Teilhandelsbilanzen ausgeglichen, so sind die Terms-of-trade demnach genau eins. Weist jedoch ein Land einen Handelsbilanzüberschuß bei den Kapitalgütern auf, so ist im Vergleich zur Situation mit ausgeglichenem Handel der Exportanteil

[22] Grossman und Helpman (1995) weisen in diesem Zusammenhang darauf hin, daß es weitere Übertragungswege für den Technologietransfer gibt. Dies sind vor allem Produktimitationen, internationale Produktlizensierungen und internationale Direktinvestitionen.

der Kapitalgüter gestiegen, der Importanteil der Kapitalgüter gesunken. Aufgrund dessen verbessern sich die Terms-of-trade, da der durchschnittliche Exportgüterpreis gestiegen und der durchschnittliche Importgüterpreis gesunken ist.

Da der hier gewählte analytische Rahmen die langfristigen Folgen von Handel und Integration abstellt, finden strukturelle Anpassungsprobleme beispielsweise in Form von Friktionsverlusten keinen Niederschlag. Jedoch ist gerade in der kurzen Frist damit zu rechnen, daß insbesondere schrumpfende Sektoren aufgrund von Preisrigiditäten und mangelnder Faktormobilität negativ vom Strukturwandel betroffen werden. Das Ausmaß dieser Anpassungsprobleme hängt neben den Faktoren Preisflexibilität und Faktormobilität entscheidend von der Stärke der notwendigen Allokationseffekte ab. Die Analyse hat gezeigt, daß bei fehlender internationaler Wissensdiffusion der notwendige Strukturwandel größer ist als bei perfekter Wissensdiffusion. Dies folgt daraus, daß es bei fehlender Wissensdiffusion zur vollständigen Spezialisierung der F&E in einem Land kommt. Bei vollständiger internationaler Wissensdiffusion ist das Ausmaß des Strukturwandels um so größer, je unterschiedlicher die Integrationsländer sind. Eine Berücksichtigung dieser friktionellen Probleme würde die Handelseffekte in der kurzen Frist negativ beeinflussen. Langfristig jedoch werden in aller Regel die positiven Effekte die Friktionsverluste überkompensieren.

Wie bereits in Kapitel 2.6 gezeigt, erklärt eine Modellgruppe der Neuen Wachstumstheorie den Wachstumsmotor über die Bildung von Humankapital. Von diesem Mechanismus wurde im vorliegenden Modell abstrahiert und die Ausstattung mit Humankapital als exogen gegeben angenommen. Gleichwohl bestehen zwischen der F&E und der Humankapitalbildung Interdependenzen. In einem Land, wo intensiv geforscht wird und Innovationstätigkeiten eine herausragende Rolle spielen, wird die Humankapitalbildung sicherlich über viele Kanäle positiv beeinflußt werden. Deshalb ist anzunehmen, daß F&E-intensive Länder über den Humankapitalbildungsprozeß einen zusätzlichen Wachstumsimpuls erhalten. Zusätzlich kann davon ausgegangen werden, daß solche Länder besonders begabte Menschen aus weniger entwickelten Regionen anziehen und so das Wachstumspotential in den Zuwanderungsländern weiter steigt, in den weniger entwickelten Ländern jedoch sinkt (*brain drain*). Dies könnte eine Erklärung dafür sein, daß einige Länder trotz Handel und freier Wissensdiffusion im Entwicklungsstand zurückbleiben.

Die Annahme, daß die Kosten der Kapitalgüterproduktion in beiden Ländern identisch sind, führt dazu, daß kein Land in der Lage ist, die Kapitalgüterproduzenten im anderen Land zu unterpreisen und damit vom Markt zu verdrängen. Dies ist jedoch ein häufig zu beobachtendes Phänomen: Weniger entwickelte Länder können aufgrund eines niedrigeren Lohnniveaus Weltmarktanteile gewinnen, indem sie High-Tech-Produkte imitieren und zu geringeren Kosten produzieren. Dieser Mechanismus spielt im Nord-Süd-Handel eine wichtige Rolle. Es läßt sich oftmals ein Produktlebenszyklus beschreiben, bei dem High-Tech-Produkte zunächst im innovativen Norden hergestellt werden. Nach einer gewissen Zeit lernen die weniger entwickelten Länder, wie diese Produkte zu imitieren sind, und verdrängen aufgrund geringerer Produktionskosten das innovative Unternehmen vom Markt. Grossman und Helpman (1991) haben in einem etwas anderen Modellrahmen diese Zusammenhänge analysiert.

Führt die Marktöffnung dazu, daß das weiterentwickelte Land alle F&E-Aktivitäten übernimmt und alleine die High-Tech-Produkte exportiert, kann es zu ökonomischen Abhängigkeiten kommen. Das weniger entwickelte Land ist auf den Import der High-Tech-Produkte angewiesen, während das Industrieland sowohl High-Tech-Güter als auch herkömmliche Güter produziert. Solche Befürchtungen können dazu führen, daß die Regierungen in solchen Ländern versuchen werden, durch wirtschaftspolitische Maßnahmen einen eigenen F&E-Sektor zu unterhalten. Im nächsten Kapitel werden die Implikationen einer Forschungsförderungspolitik untersucht.

Kapitel 5

Subventionspolitik als Wachstumspolitik

5.1 Gründe für eine Subventionspolitik

Im Kapitel 3 wurde gezeigt, daß in einer dezentralen Volkswirtschaft zwei Verzerrungen auftreten, die beide zu einer suboptimalen Wachstumsrate führen. Erstens wird durch die Monopolpreisbildung bei den Kapitalgütern ein Keil zwischen die kumulierten Grenzerträge der Kapitalgüter und die Grenzkosten der Kapitalgüterproduktion getrieben. Zweitens erhalten die F&E-Unternehmen für die Vergrößerung des Wissensstandes keine Kompensation.

Durch die Monopolpreisbildung im Kapitalgütersektor sind die Kapitalgüterpreise zu hoch und der Zinssatz zu niedrig. Dies führt zu einem nicht optimalen Faktoreinsatzverhältnis und damit zu einem zu geringen Outputniveau. Darüber hinaus sinken die Innovationsanreize, was zu einer suboptimalen Wachstumsrate führt. Dies läßt sich wie folgt erklären. Der Erlös je Erfindung und damit die Innovationsanreize der F&E-Unternehmen sind durch den Designpreis ($P_A = (1-\gamma)x/\gamma$) gegeben. Je größer also die Menge der abgesetzten Kapitalgüter ist, desto größer ist die gesamte Monopolrente eines Kapitalgüterproduzenten, da die Monopolrente je Gütereinheit aufgrund konstanter Grenzkosten und dem konstanten Markup-Faktor fixiert ist. Da in der Situation ohne Subventionen der Kapitalgüterpreis zu hoch ist, ist die nachgefragte Kapitalgütermenge zu klein. Eine Subventionierung der Kapitalgüterproduzenten hat nun zur Folge, daß der Kapitalgüterpreis sinkt und die Nachfrage nach Kapitalgütern sowie die Innovationsanreize steigen.

Die fehlende Entlohnung der F&E-Unternehmen für die Vergrößerung des Wissensstandes resultiert daraus, daß das Wissen ein öffentliches Gut ist. Zwar erhöht die Vergrößerung des Wissensstandes die Produktivität aller Forscher und

Entwickler, das innovative Unternehmen kann jedoch dafür keine Kompensation erlangen, was die Innovationsanreize und in der Folge das Wachstumstempo senkt. Durch die Subventionierung des F&E-Sektors können die F&E-Unternehmen für die Vergrößerung des Wissensstandes entlohnt werden.

Zur Erreichung des gesamtwirtschaftlichen Optimums müssen entsprechend zweier Verzerrungen zwei wirtschaftspolitische Instrumente eingesetzt werden. Die intertemporale Externalität kann durch die Subventionierung des F&E-Sektors korrigiert werden, die Preisverzerrung bei den Kapitalgütern kann durch die Subventionierung der Kapitalgüterproduzenten behoben werden.

Im Kapitel 5.2 werden die Subventionswirkungen der genannten Subventionsinstrumente untersucht. Dabei werden verschiedene Arten von Subventionen analysiert und die optimalen Subventionssätze bestimmt. Es wird sich zeigen, daß die Ausgestaltung der Subventionsinstrumente entscheidenden Einfluß auf den optimalen Policy-mix hat. Zu diesem Zweck wird zunächst von einer geschlossenen Volkswirtschaft ausgegangen. Dabei wird die Analyse von Frenkel und Trauth (1996d) weitergeführt. Im Kapitel 5.3 werden dann Probleme diskutiert, die im Zusammenhang mit den internationalen Rückwirkungen einer nationalen Subventionspolitik verbunden sind. Dieses Kapitel basiert auf der Arbeit von Frenkel und Trauth (1996b). In allen weiteren Ausführungen wird von Ad-valorem-Subventionen ausgegangen und unterstellt, daß die Finanzierung der Subventionen verzerrungsfrei möglich ist.

5.2 Subventionspolitik in Autarkie

5.2.1 Subventionierung des F&E-Sektors

Zunächst sei untersucht, wie eine Erlössubvention für F&E-Unternehmen wirkt. Diese Subvention hat zum Ziel, die F&E-Unternehmen für den intertemporalen Spillover zu kompensieren. Durch den Ad-valorem-Subventionssatz (z_E^F) übersteigt der Stückerlös eines F&E-Unternehmens den Designpreis und wird $(1+z_E^F)P_A$. Der tiefgestellte Buchstabe zur Subventionsvariablen z gibt an, ob es sich um eine Erlössubvention (E) oder eine Kostensubvention (K) handelt. Der hochgestellte Buchstabe gibt an, ob die Subvention den F&E-Unternehmen (F) oder den Kapitalgüterproduzenten (K) zugute kommt. Die gestiegenen Erlöse der

F&E-Unternehmen treiben den Lohnsatz, der im F&E-Sektor gezahlt wird, nach oben. Da auch weiterhin intersektorale Lohngleichheit gelten muß, folgt:

$$w_{HY} = \frac{\alpha}{\gamma^2} \frac{A x}{H_Y} r = (1 + z_E^F) \frac{1-\gamma}{\gamma} \delta A x = w_{HA} . \tag{5.2.1}$$

Dies führt zu einem angebotsseitigen Gleichgewichtszins von

$$r_t = \left(1 + z_E^F\right)\left(\frac{\delta H}{\psi} - \frac{g}{\psi}\right) . \tag{5.2.2}$$

Da der Lohnsatz für Humankapital in der Güterproduktion nicht direkt beeinflußt wird, führt die Subventionierung des F&E-Sektors zu einer Verlagerung von Humankapital in die F&E. Dies läßt die gleichgewichtige Wachstumsrate ansteigen, die sich aus der obigen Gleichung und der Keynes-Ramsey-Regel wie folgt ergibt:

$$g = \frac{\left(1 + z_E^F\right) \delta H - \rho \psi}{1 + z_E^F + \sigma \psi} . \tag{5.2.3}$$

Ein Anstieg des Subventionssatzes führt zu einem positiven, aber abnehmenden Wachstumseffekt. Es gilt nämlich:

$$\frac{\partial g}{\partial z_E^F} = \frac{\sigma \psi \delta H + \rho \psi}{\left(1 + z_E^F + \sigma \psi\right)^2} > 0 ; \quad \frac{\partial^2 g}{\partial z_E^{F\,2}} = \frac{-2\left(\sigma \psi \delta H + \rho \psi\right)}{\left(1 + z_E^F + \sigma \psi\right)^3} < 0 . \tag{5.2.4}$$

In Abb. 5.1 ist die Wirkung einer F&E-Subvention illustriert: Die r_t-Kurve dreht sich um den Schnittpunkt mit der Abszisse nach rechts oben. Würde der Subventionssatz unendlich groß werden, so würde die r_t-Kurve vertikal verlaufen und die Volkswirtschaft mit der maximalen Rate ($g = \delta H$) wachsen. Der gesamte Humankapitalbestand wäre dann im F&E-Sektor beschäftigt.

Eine wirtschaftspolitische Alternative wäre es, die Subventionshöhe an die Lohnstückkosten zu koppeln. Der Staat würde sich also an den Lohnstückkosten beteiligen. Der Designpreis wäre dann:

$$P_A = \left(1 - z_K^F\right) \frac{w_{HA}}{\delta A} . \tag{5.2.5}$$

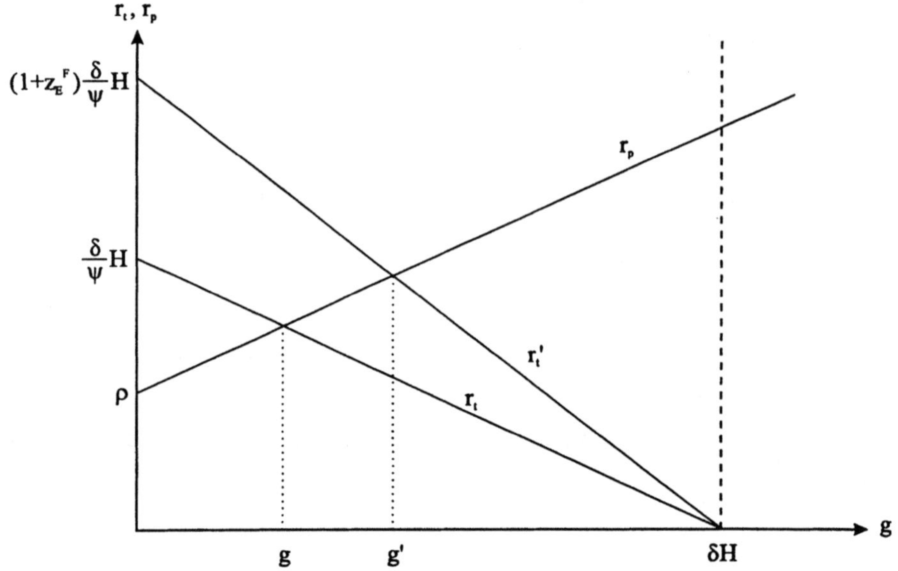

Abb. 5.1: Wirkung einer F&E-Subvention

Würde beispielsweise ein Subventionssatz (z_K^F) von 10% gewährt, müßten die F&E-Unternehmen nur für 90% ihrer Lohnstückkosten selbst aufkommen. Für das angebotsseitige Gleichgewicht folgt dann:

$$w_{HY} = \frac{\alpha}{\gamma^2}\frac{A\,x}{H_Y}r = \frac{1}{1-z_K^F}\frac{1-\gamma}{\gamma}\delta\,A\,x = w_{HA}\,. \tag{5.2.6}$$

Demnach gilt für den gleichgewichtigen Zinssatz:

$$r_t = \frac{1}{1-z_K^F}\left(\frac{\delta\,H}{\psi} - \frac{g}{\psi}\right). \tag{5.2.7}$$

Zusammen mit der Keynes-Ramsey-Regel ergibt sich für die gleichgewichtige Wachstumsrate:

$$g = \frac{\delta\,H - \rho\,\psi\left(1 - z_K^F\right)}{1 + \sigma\,\psi\left(1 - z_K^F\right)}\,. \tag{5.2.8}$$

Ein steigender Subventionssatz hat immer einen positiven Wachstumseffekt. Es gilt nämlich:

$$\frac{\partial g}{\partial z_K^F} = \frac{\sigma\psi\delta H + \rho\psi}{\left(1+\sigma\psi\left(1-z_K^F\right)\right)^2} > 0\ ; \quad \frac{\partial^2 g}{\partial z_K^{F2}} = \frac{2\left(\sigma\psi\delta H + \rho\psi\right)}{\left(1+\sigma\psi\left(1-z_K^F\right)\right)^3} > 0\ . \qquad (5.2.9)$$

Im Unterschied zur Erlössubvention nimmt jedoch der Wachstumseffekt mit zunehmendem Subventionssatz zu. Wie ist dieses Ergebnis zu interpretieren? Zunächst sei angenommen, daß keine Subvention gewährt wird. Wird nun ein Subventionssatz von 1% gewährt, so beträgt die relative Kostenentlastung für die F&E-Unternehmen 1%, da sie nach der Subventionierung immer noch 99% ihrer Kosten selbst tragen müssen. Ist der Subventionssatz aber bereits 99%, die F&E-Unternehmen tragen nur noch 1% der Kosten, so führt eine Erhöhung des Subventionssatzes um einen weiteren Prozentpunkt zu einer Kostenentlastung von 100%. Bei einem Subventionssatz von 100% ($z_K^F=1$) werden die entstehenden Lohnkosten in vollem Umfang durch die Regierung getragen, so daß die F&E-Unternehmen einen Lohnsatz gewähren können, bei dem der gesamte Humankapitalbestand attrahiert wird.

Ansonsten sind die Wirkungen der beiden Subventionsarten gleich. Für jeden kostenentlastenden Subventionssatz z_K^F kann ein erlösmehrender Subventionssatz z_E^F berechnet werden, der die gleiche Wirkung hervorruft. Abb. 5.1 kann demnach zur Beschreibung beider Subventionsarten herangezogen werden.

Welche Einflußfaktoren bestimmen nun das Ausmaß des Wachstumseffekts? Aufschluß geben die beiden ersten Ableitungen in den Gleichungen (5.2.4) und (5.2.9). Der Wachstumseffekt eines bestimmten Subventionssatzes ist um so größer, je größer der Produktivitätsparameter (δ), je größer die Zeitpräferenzrate (ρ) und je größer die Humankapitalausstattung (H) ist.

Ein interessanter Aspekt tritt auf, wenn man den Einfluß der F&E-Subvention auf die Humankapitalallokation untersucht. Zwar wird mit einem steigenden Subventionssatz mehr Humankapital in den F&E-Sektor gelenkt, dieser Effekt ist jedoch um so kleiner, je produktiver das Humankapital im F&E-Sektor ist, d. h. je größer der Produktivitätsparameter (δ) ist. Im Wachstumsgleichgewicht ist die Menge des im F&E-Sektor beschäftigten Humankapitals bei einer erlösmehrenden Subvention gegeben durch:

$$H_A = \frac{\left(1+z_E^F\right)H - \rho\psi\delta^{-1}}{1+z_E^F+\sigma\psi}\ . \qquad (5.2.10)$$

Leitet man die obige Gleichung nach z_E^F und δ ab, erhält man:

$$\frac{\partial H_A}{\partial z_E^F} = \frac{\sigma \psi H + \rho \psi \delta^{-1}}{\left(1 + z_E^F + \sigma \psi\right)^2} > 0 ; \quad \frac{\partial^2 H_A}{\partial z_E^F \partial \delta} = \frac{-\rho \psi \delta^{-2}}{\left(1 + z_E^F + \sigma \psi\right)^2} < 0 . \tag{5.2.11}$$

Wie ist dieses Ergebnis zu interpretieren? Ein Anstieg des Subventionssatzes führt zu einer Verlagerung von Humankapital aus dem güterproduzierenden Sektor in den F&E-Sektor. Dies folgt aus dem gestiegenen Lohn für Humankapital in der F&E. Durch den Rückgang des Humankapitaleinsatzes in der Güterproduktion steigt die Grenzproduktivität von Humankapital dort an, so daß sich die Löhne in den beiden Sektoren wieder angleichen. Je größer nun die Grenzproduktivität von Humankapital in der Ausgangslage ist, je größer also etwa der Produktivitätsparameter δ ist, desto weniger muß der Humankapitaleinsatz in der Güterproduktion sinken, um den Ausgleich der Löhne in beiden Sektoren sicherzustellen.[1] Mit anderen Worten: Je größer der Produktivitätsparameter δ ist, desto weniger zusätzliches Humankapital in der F&E wird benötigt, um das höhere Wachstumstempo sicherzustellen.

Im weiteren werden zunächst die Wirkungen einer Subventionierung der Kapitalgüterproduzenten untersucht, um dann in Kapitel 5.2.3 eine optimale Subventionspolitik zu bestimmen.

5.2.2 Subventionierung der Kapitalgüterproduzenten

Im Gegensatz zur obigen Analyse hängen die Wirkungen einer Subventionierung der Kapitalgüterproduzenten entscheidend davon ab, ob der Subventionstarif an die Erlöse oder an die variablen Kosten geknüpft ist. Zunächst sei der Fall einer erlösmehrenden Subvention untersucht. Der Subventionssatz z_E^K erhöht die Erlöse eines Kapitalgüterproduzenten und damit auch die Monopolrenten. Es gilt:

$$\pi = \left(1 + z_E^K\right) p x - x . \tag{5.2.12}$$

Da die monopolistischen Kapitalgüterproduzenten ihre Monopolrenten maximieren, setzen sie einen Preis:

---

[1] Eine hohe Grenzproduktivität bedeutet, daß ein Punkt auf der Grenzproduktkurve zustande kommt, bei dem die Steigung relativ groß ist.

$$p = \frac{1}{\left(1 + z_E^K\right)\gamma} \; . \tag{5.2.13}$$

Für den Zinssatz gilt dann:

$$r = \left(1 + z_E^K\right)\gamma^2 H_Y^\alpha L^\beta x^{\gamma-1} \; . \tag{5.2.14}$$

Der Kapitalgüterpreis sinkt also infolge der Subvention, so daß mehr Kapitalgüter nachgefragt werden. Das relativ teurer gewordene Humankapital wird in der Güterproduktion durch Sachkapital substituiert, wodurch Humankapital in den F&E-Sektor wandert. Die Monpolrente eines repräsentativen Kapitalgüterproduzenten nach der Subvention ist:

$$\pi = \frac{1-\gamma}{\gamma} x \; . \tag{5.2.15}$$

Sie ist aufgrund der höheren Absatzmenge an Kapitalgütern gestiegen. Das intersektorale Gleichgewicht ist erreicht, wenn gilt:

$$w_{HY} = \frac{1}{1 + z_E^K} \frac{\alpha}{\gamma^2} \frac{A x}{H_Y} r = \frac{1-\gamma}{\gamma} x \delta A = w_{HA} \; . \tag{5.2.16}$$

Der angebotsseitige Gleichgewichtszinssatz ist dann:

$$r_t = \left(1 + z_E^K\right)\left(\frac{\delta H}{\psi} - \frac{g}{\psi}\right) . \tag{5.2.17}$$

Vergleicht man die obige Gleichung mit der Gleichung (5.2.2) wird deutlich, daß die beschriebene Subvention den gleichen Effekt auf den Gleichgewichtszins ausübt wie eine F&E-Subvention. Infolgedessen beschreibt Abb. 5.1 den Wachstumseffekt der Kapitalgütersubvention. Demzufolge kann die Gleichung (5.2.3) herangezogen werden, um die gleichgewichtige Wachstumsrate nach Subventionierung anzugeben. Es muß nur die Variable z_E^F durch die Variable z_E^K ersetzt werden.[2]

[2] Es wurde gezeigt, daß eine Erlössubvention für die Kapitalgüterproduzenten Humankapital in den F&E-Sektor lenkt und damit die Wachstumsrate erhöht. Dieses Ergebnis steht im Gegensatz zu den Ausführungen von Grossman und Helpman (1991), S. 65f. Dort löst eine solche Subvention weder einen Allokations- noch einen Wachstumseffekt aus. Erklären lassen sich die

(Fortsetzung...)

Auf den ersten Blick mag dieses Ergebnis überraschen. Unterschiedliche Subventionsarten, die ausgelegt sind, um unterschiedliche Verzerrungen zu beheben, führen zu exakt den gleichen Allokations- und Wachstumseffekten. Dies läßt sich jedoch damit erklären, daß in den Gleichungen (5.2.1), (5.2.6) und (5.2.16) die Gleichgewichtsbedingungen für den Markt für Designs (die rechten Seiten der Gleichungen) verknüpft werden mit den Bedingungen für das optimale Faktoreinsatzverhältnis im güterproduzierenden Sektor (linke Seiten der Gleichungen). Jedoch unterscheiden sich die Niveaueffekte der verschiedenen Subventionsarten. Solange nämlich das Faktorpreisverhältnis verzerrt ist, ist der Output geringer als im Optimum, da das Faktoreinsatzverhältnis nicht optimal ist. Bei einer F&E-Subvention bleibt der Keil zwischen den Grenzerträgen und den Grenzkosten der Kapitalgüter unverändert, diese Verzerrung bleibt also bestehen. Vergleicht man nun die Wirkungen einer Erlössubvention für F&E-Unternehmen mit einer gleich hohen Erlössubvention für die Kapitalgüterproduzenten, so wird zwar der gleiche Wachstumseffekt erzielt, die Kapitalgütersubvention wirkt jedoch gleichzeitig outputerhöhend auf den relativen Preis zwischen Kapital- und Konsumgüter.

Es kann nun gezeigt werden, daß eine Subvention, die die variablen Kosten der Kapitalgüterproduzenten reduziert, andere Wirkungen hervorruft als eine Erlössubvention. Bei einer Kostensubvention ergibt sich nämlich die Monopolrente als:

$$\pi = px - \left(1 - z_K^K\right)x \tag{5.2.18}$$

und der Preis, der die Monopolrente maximiert, als:

$$p = \frac{1 - z_K^K}{\gamma} \,. \tag{5.2.19}$$

Der Zinssatz ist dann:

---

[2] (...Fortsetzung)
unterschiedlichen Modellimplikationen durch die etwas andere Modellstruktur bei Grossman und Helpman (1991). Sie unterstellen nämlich, daß neben dem F&E-Sektor nur differenzierte Konsumgüter hergestellt werden. Aufgrund dieser Tatsache kann eine Expansion des Produktionssektors nur zu Lasten des F&E-Sektors gehen. Tatsächlich steigt aber die Profitabilität in beiden Sektoren gleichmäßig an. In der vorliegenden Arbeit hingegen können der F&E-Sektor und der Kapitalgütersektor gleichzeitig zu Lasten des Konsumgütersektors expandieren.

$$r = \frac{1}{1 - z_K^K} \gamma^2 H_Y^{\alpha} L^{\beta} x^{\gamma-1} , \tag{5.2.20}$$

und die Monopolrente ist:

$$\pi = \left(1 - z_K^K\right) \frac{1-\gamma}{\gamma} x . \tag{5.2.21}$$

Man kann zeigen, daß die beschriebene Kostensubvention die Monopolrente im Vergleich zum Fall ohne Subvention (einem Subventionssatz von null) ansteigen läßt. Dies läßt sich wie folgt erklären. Die Kostensubvention bewirkt, daß der Kapitalgüterpreis um den Faktor (1-z_K^K) sinkt (Gleichung (5.2.19)). Die Nachfrage nach Kapitalgütern ist jedoch relativ elastisch,[3] so daß die Nachfrage nach dem repräsentativen Kapitalgut (x) stärker als um diesen Faktor ansteigt. Dies hat zur Folge, daß die Monopolrente in der Gleichung (5.2.21) zwar aufgrund des Faktors (1-z_K^K) sinkt, daß dieser Effekt aber durch den Anstieg der Kapitalgüternachfrage überkompensiert wird, die Monopolrente also mit steigendem Subventionssatz (z_K^K) wächst.

Vergleicht man jedoch die Monopolrente bei einer Kostensubvention (Gleichung (5.2.21)) mit der Monopolrente bei einer Erlössubvention (Gleichung (5.2.15)), so stellt man fest, daß bei äquivalenten Subventionssätzen ($1/(1-z_K^K)=1+z_E^K$) die Erlössubvention immer zu einer höheren Monopolrente führt. Bei äquivalenten Subventionssätzen ergeben sich nämlich identische Kapitalgüterpreise und Kapitalgüternachfragen.

Das intersektorale Gleichgewicht ist erreicht, wenn gilt:

$$w_{HY} = \left(1 - z_K^K\right) \frac{\alpha}{\gamma^2} \frac{A x}{H_Y} r = \left(1 - z_K^K\right) \frac{1-\gamma}{\gamma} \delta A x = w_{HA} . \tag{5.2.22}$$

Die obige Gleichung zeigt, daß die Subvention keinen Einfluß auf die intersektorale Allokation von Humankapital hat. Demzufolge wird sich auch die r_t-Kurve in Abb. 5.1 nicht verschieben, so daß sich weder der Gleichgewichtszins noch die Steady-state-Wachstumsrate verändert. Die Subvention hat zwar die Opportunitätskosten der Kapitalgüterproduktion gesenkt, was für sich genommen zu einer steigenden Grenzproduktivität von Humankapital in der Güterproduktion führt. Die Reallokation von Humankapital bleibt jedoch aus, da im gleichen Maße die

---

[3] Die Preiselastizität der Kapitalgüternachfrage ist betragsmäßig größer als eins ($1/(1-\gamma) > 1$).

Grenzproduktivität von Humankapital im F&E-Sektor steigt. Dies resultiert, wie bereits oben ausgeführt, aus der erhöhten Nachfrage nach Kapitalgütern und den dadurch gestiegenen Monopolrenten. Es läßt sich nun zeigen, daß gleichwohl ein positiver Niveaueffekt auftritt. Das Bruttoinlandsprodukt nimmt bei unverändertem Einsatz von Arbeit und Humankapital zu, da die Menge der eingesetzten Kapitalgüter (x) und somit der Sachkapitalstock (Ax/γ) gestiegen ist.

Warum unterscheiden sich nun die beiden Subventionsarten für die Kapitalgüterproduzenten in ihrer Wirkung? Wie die Gleichungen (5.2.15) und (5.2.21) zeigen, werden die Monopolrenten unterschiedlich stark erhöht. Bei der Kostensubvention steigen die Monopolrenten und die Designpreise weniger stark an, wodurch auch die Innovationsanreize weniger stark steigen als bei einer Erlössubvention. Dies läßt sich wie folgt erklären: Während die Kostensubvention nur an den variablen Kosten ansetzt und somit die fixen Kosten, die durch den Erwerb eines Designs entstehen, unberücksichtigt läßt, führt die Erlössubvention zu einer höheren Entlastung der Kapitalgüterproduzenten. Dies resultiert aus der Tatsache, daß im hier unterstellten Fall die Erlöse den gesamten Kosten der Kapitalgüterproduzenten entsprechen.

5.2.3 Der optimale Policy-mix

Bisher wurden die Wirkungen von verschiedenen Subventionsarten untersucht und verglichen. Im weiteren soll eine Subventionspolitik abgeleitet werden, die zu einem gesamtwirtschaftlich optimalen Ergebnis führt. Wie noch zu zeigen sein wird, gibt es hierfür zwei gleichwertige Politikalternativen. Die Ausgestaltung des Policy-mix hängt entscheidend davon ab, ob eine Erlös- oder eine Kostensubvention für den Kapitalgütersektor gewählt wird. Die Eigenschaften eines Wohlfahrtsoptimums wurden im Kapitel 3.3 abgeleitet. Zunächst sollen die optimalen Subventionssätze bei den Kapitalgüterproduzenten und dann die jeweils nötigen Subventionssätze bei den F&E-Unternehmen abgeleitet werden. Anschließend werden die optimalen Policy-mixes gegenübergestellt.

Bei unverzerrter Preisbildung auf dem Kapitalgütermarkt würde sich ein Kapitalgüterpreis von eins herausbilden. Die Opportunitätskosten der Produktion einer Einheit eines Kapitalgutes bestehen nämlich genau in der Aufgabe der Produktion einer Konsumgütereinheit. Aus den Gleichungen (5.2.13) und (5.2.19) folgt unmittelbar, daß der Subventionssatz dann optimal ist (der Kapitalgüterpreis genau gleich eins ist), wenn entweder gilt $1+z_E{}^K=1/\gamma$ oder $1-z_E{}^K=\gamma$. In beiden Fällen ergibt sich der Zinssatz als:

$$r = \gamma H_Y^{\alpha} L^{\beta} x^{\gamma-1} . \tag{5.2.23}$$

Dieser Zinssatz entspricht genau dem Grenzprodukt einer Kapitalgütereinheit und gleichzeitig dem Zinssatz in der zentral geplanten Volkswirtschaft (Gleichung (3.3.8)).

Weiter oben wurde gezeigt, daß die Kostensubvention weder die Humankapitalallokation noch die gleichgewichtige Wachstumsrate beeinflußt. Die Erlössubvention hingegen lenkt Humankapital in den F&E-Sektor. Die r_t-Kurve bei einem optimalen Subventionssatz kann aus der Gleichung (5.2.17) abgeleitet werden als:

$$r_t = \frac{\delta H}{\gamma \psi} - \frac{g}{\gamma \psi} . \tag{5.2.24}$$

Die r_t-Kurve dreht sich um den Schnittpunkt mit der Abszisse nach oben, wie dies auch in Abb. 5.1 illustriert ist. Die neue Wachstumsrate ist dann:

$$g = \frac{\delta H - \rho \psi \gamma}{1 + \sigma \psi \gamma} . \tag{5.2.25}$$

Die Subventionierung der Kapitalgüterproduzenten hat im Vergleich zum Fall ohne Subvention eindeutig die Wachstumsrate erhöht (Gleichung (3.2.11)), der Zins ist gestiegen, und es wird mehr Humankapital in der F&E beschäftigt. Jedoch ist die Wachstumsrate immer noch kleiner als bei zentraler Planung (Gleichung (3.3.18)).

Zusätzlich soll nun untersucht werden, wie eine optimale F&E-Subvention ausgestaltet sein muß. Im Kapitel 3.3 wurde gezeigt, daß die Monopolrente, die dem Preis für Designs entspricht, optimal ist, wenn gilt:

$$\pi = P_A = \frac{1-\gamma}{\gamma} x \frac{r}{r-g} . \tag{5.2.26}$$

Die F&E-Subvention muß demnach so ausgestaltet sein, daß die obige Monopolrente sichergestellt wird. Jedoch wurde bereits gezeigt, daß je nachdem, ob eine Kostensubvention oder eine Erlössubvention für die Kapitalgüterproduzenten gewählt wird, unterschiedliche Monopolrenten entstehen. Untersucht sei deshalb zunächst der Fall einer optimalen Kostensubvention. Für die Monopolrente ergibt sich dann aus der Gleichung (5.2.21) mit dem optimalen Subventionssatz ($1-z_K^K=\gamma$):

$$\pi = \left(1 - \gamma\right) x \,. \tag{5.2.27}$$

Um nun die intertemporale Verzerrung zu beseitigen, muß entweder eine Kostensubvention oder eine Erlössubvention für die F&E-Unternehmen gewährt werden. Da beide Instrumente äquivalente Wirkungen hervorrufen, können alternativ beide Instrumente eingesetzt werden. Um mit Hilfe einer F&E-Subvention die Monopolrente aus Gleichung (5.2.27) auf die optimale Monopolrente (Gleichung (5.2.26)) anzuheben, benötigt man einen F&E-Subventionssatz von:

$$1 + z_E^F = \frac{1}{1 - z_K^F} = \frac{r}{r - g} \frac{1}{\gamma} \,. \tag{5.2.28}$$

Mit Hilfe des beschriebenen Policy-mix werden die Verzerrungen korrigiert, und es folgt für die gleichgewichige Wachstumsrate:

$$g = \frac{\delta H - \rho \psi \gamma}{(1 - \psi \gamma) + \sigma \psi \gamma} \,. \tag{5.2.29}$$

Dies entspricht genau der Wachstumsrate bei zentraler Planung (Gleichung (3.3.18)).

Wie weiter oben gezeigt wurde, hat eine Erlössubvention bei den Kapitalgüterproduzenten auch einen Wachstumseffekt. Die Monopolrente ist in diesem Fall, unabhängig von der Höhe des Subventionssatzes, gegeben durch Gleichung (5.2.15). Um die Monopolrente auf das optimale Niveau anzuheben, ist deshalb ein geringerer F&E-Subventionssatz nötig. Er lautet im Optimum:

$$1 + z_E^F = \frac{1}{1 - z_K^F} = \frac{r}{r - g} \,. \tag{5.2.30}$$

Auch hier wird die optimale Wachstumsrate (Gleichung (3.3.18)) realisiert und beide Externalitäten korrigiert. In der Tabelle 5.1 sind noch einmal die optimalen Policy-mix-Möglichkeiten im Überblick zusammengestellt.

Tabelle 5.1: Optimaler Policy-mix

	Policy-mix bei einer Erlössubvention im Kapitalgütersektor	Policy-mix bei einer Kostensubvention im Kapitalgütersektor
Optimaler Subventionssatz im Kapitalgütersektor	$1+z_E^K=\frac{1}{\gamma}$	$1-z_K^K=\gamma$
Optimaler Subventionssatz im F&E-Sektor	$1+z_E^F=\frac{1}{1-z_K^F}=\frac{r}{r-g}$	$1+z_E^F=\frac{1}{1-z_K^F}=\frac{r}{r-g}\frac{1}{\gamma}$

In der vorangegangen Analyse wurde gezeigt, daß das Standardergebnis der finanzwissenschaftlichen Literatur, nach dem Erlös- und Kostensubventionen äquivalente Wirkungen hervorrufen, nur in einer Partialanalyse uneingeschränkt gilt. In einem Mehrsektorenmodell hingegen kann es zu Interdependenzen kommen, die für die Wahl des optimalen Subventionstarifes ausschlaggebend sind. Dabei ist besonders hervorzuheben, daß die Entscheidung bezüglich des einen Instruments die Entscheidung über das andere Instrument beeinflußt. Die Politiker müssen demzufolge die Politikmaßnahmen simultan planen.

5.3 Subventionspolitik in einer offenen Volkswirtschaft

5.3.1 Allokations- und Wachstumseffekte einer F&E-Subvention

Nachdem im vorangegangenen Abschnitt die Wirkungen von Kapitalgütersubventionen und F&E-Subventionen für den Autarkiefall untersucht worden sind, wird nun die Analyse für offene Volkswirtschaften erweitert. Die Wirkungsmechanismen lassen sich besonders gut am Beispiel von F&E-Subventionen zeigen, wobei unterstellt wird, daß neben dem Güterhandel perfekte nationale und internationale Wissensdiffusion besteht und keine Redundanzen in den Wissensständen auftreten. Zunächst sei weiterhin angenommen, daß die Länder symmetrisch sind. Später wird diese Annahme aufgehoben und Unterschiede in den nationalen F&E-

Produktivitäten zugelassen. Die folgende Analyse wird die Wirkungen einer F&E-Subvention auf die Allokation, die Handelsstruktur, die Verteilung sowie die gleichgewichtige Wachstumsrate zum Gegenstand haben, wobei insbesondere bei einer einseitigen nationalen Subventionspolitik auf die resultierenden internationalen Rückwirkungen eingegangen wird. Es sei zunächst unterstellt, daß nur das Inland eine F&E-Subvention gewährt, während das Ausland auf die einseitige Politikmaßnahme nicht reagiert.

Die F&E-Subvention wird als Erlössubvention *ad valorem* gewährt. Der Subventionssatz (z) erhöht den Lohn für Humankapital, den die F&E-Unternehmen zu zahlen bereit sind. Im folgenden werden die in Kapitel 5.2 verwendeten Indizes weggelassen, da nicht mehr zwischen verschiedenen Subventionsarten unterschieden wird. Analog zur Gleichung (4.2.10) ergibt sich

$$w_{HA} = (1+z)\,\frac{1-\gamma}{\gamma}\,(x+m^*)\,\delta\,(A+A^*)\ . \tag{5.3.1}$$

Der Anstieg des Lohnsatzes in der Forschung führt dazu, daß Humankapital aus dem Produktionssektor in den F&E-Sektor wandert. Dieser Reallokationsprozeß hält solange an, bis sich durch den resultierenden Anstieg der Grenzproduktivität von Humankapital in der Produktion wieder intersektorale Lohngleichheit einstellt. Setzt man die obige Gleichung mit der Lohngleichung im güterproduzierenden Sektor (4.2.12) gleich, folgt die modifizierte angebotsseitige Gleichgewichtsbedingung:

$$r_t = (1+z)\,\frac{\delta}{\psi}\,\frac{x+m^*}{x}\,H_Y\ . \tag{5.3.2}$$

In einem internationalen Gleichgewicht muß der Zinssatz beide nationalen Humankapitalmärkte simultan räumen, d. h. es muß gelten: $r_t = r_t^*$. Dazu muß die obige Gleichung mit der korrespondierenden Beziehung für das Ausland gleichgesetzt werden. Unter Berücksichtigung der Gleichungen (4.2.7) und (4.2.8) sowie von $x + m^* = x^* + m$ resultiert:

$$\frac{H_Y}{H_Y^*} = \left(1+z\right)^{-\frac{\alpha+\beta}{\beta}}\ . \tag{5.3.3}$$

Um die Allokationseffekte einer Subvention zeigen zu können, kann nun die obige Gleichung in die nationalen r_t- und r_t^*-Beziehungen eingesetzt werden, wobei für die Kapitalgütermengen die Gleichungen (4.2.7) und (4.2.8) verwendet werden. Es folgt

$$r_t = \left(1 + z\right)\frac{\delta}{\psi}\left[1 + \left(1 + z\right)^{\frac{\alpha}{\beta}}\right] H_Y \tag{5.3.4}$$

und

$$r_t^* = \frac{\delta}{\psi}\left[1 + \left(\frac{1}{1 + z}\right)^{\frac{\alpha}{\beta}}\right] H_Y^* \, . \tag{5.3.5}$$

Die beiden obigen Beziehungen geben die nationalen angebotsseitigen Gleichgewichtsbedingungen an, wobei die gleichgewichtigen Zinssätze (r_t und r_t^*) nur noch von der Einsatzmenge des Humankapitals im jeweiligen Land abhängt. Die Subventionierung des F&E-Sektors im Inland führt, wie bereits gezeigt, zu einem Anstieg der Entlohnung des Humankapitals in der F&E. Daraus resultiert ein Reallokationsprozeß, im Zuge dessen Humankapital aus der Güterproduktion in die F&E wandert. Die Verknappung von Humankapital für Produktionszwecke und der damit verbundene Anstieg des Lohnsatzes für Humankapital läßt die Nachfrage nach Kapitalgütern steigen und wirkt somit zinserhöhend. Dieser Zinsanstieg überträgt sich auch auf das Ausland. Dort verteuert sich das Sachkapital relativ zum Humankapital, wodurch im güterproduzierenden Sektor Sachkapital durch Humankapital substituiert wird. Der induzierte Anstieg der Nachfrage nach Humankapital lenkt diesen Faktor aus der F&E in die Güterproduktion. Die Allokationswirkungen einer F&E-Subvention sind also in den beiden Ländern genau entgegengesetzt. Das subventionierende Land drängt im Partnerland F&E-Aktivitäten zurück.[4] Dies kann dazu führen, daß das nicht subventionierende Land seine F&E-Aktivitäten ganz einstellt.

[4] Die beschriebenen Wirkungen können auch anhand der Gleichungen (5.3.4) und (5.3.5) abgelesen werden. Ein Anstieg des Subventionssatzes (z) in der Gleichung (5.3.5) führt zum Sinken der rechten Gleichungsseite und zum Anstieg des Zinses (der linken Seite). Zum Erreichen eines erneuten Gleichgewichts muß H_Y^* steigen, H_A^* sinken. In der Gleichung (5.3.4) steigen nach einem Anstieg des Subventionssatzes beide Gleichungsseiten an, wobei sich zeigen läßt, daß die rechte Seite stärker ansteigen muß als die linke. H_Y muß folglich sinken, H_A steigen. H_A muß auch deshalb steigen, da die Weltwachstumsrate steigt. Dies kann jedoch nur geschehen, wenn im Inland mehr Humankapital in der F&E eingesetzt wird, da, wie oben gezeigt, das in der F&E beschäftigte Humankapital im Ausland abgenommen hat.

Um die Wachstumswirkungen einer F&E-Subvention zu untersuchen, wird zunächst die Weltgleichgewichtskurve (r_t^w) abgeleitet. Dazu werden die Gleichungen (5.3.4) und (5.3.5) mit Hilfe der Beziehung $x/(x+m^*)+x^*/(x^*+m)=1$ umgestellt. Hieraus folgt

$$r_t^w = q\left(\frac{2\,\delta\,H}{\psi} - \frac{g^w}{\psi}\right), \qquad (5.3.6)$$

wobei q definiert ist als[5]

$$q = \frac{1 + z + \left(1 + z\right)^{\frac{\alpha+\beta}{\beta}}}{1 + \left(1 + z\right)^{\frac{\alpha+\beta}{\beta}}} \geq 1\ . \qquad (5.3.7)$$

Der Vergleich der r_t^w-Funktion (Gleichung (5.3.6)) mit der entsprechenden Funktion für den Autarkiefall (Gleichung (5.2.2)) zeigt, daß der Parameter q mit dem Ausdruck $(1+z_E^F)$ für den Autarkiefall korrespondiert. Es kann gezeigt werden, daß q größer oder gleich eins ist.

Das Konsumoptimum wird durch die Subventionspolitik nicht direkt beeinflußt, so daß die Funktion ($r_p^w=\rho+\sigma g^w$) aus Gleichung (4.3.15) unverändert Anwendung findet. Um die Wachstumswirkungen einer Subvention zu illustrieren, kann Abb. 5.1 herangezogen werden. Es müssen lediglich die Variablen als Weltgrößen uminterpretiert werden. Die Weltwachstumsrate ergibt sich als:

$$g^w = \frac{q\,2\,\delta\,H - \rho\,\psi}{q + \sigma\,\psi} \qquad (5.3.8)$$

mit

$$\frac{\partial g^w}{\partial q} = \frac{\sigma\,\psi\,2\,\delta\,H + \rho\,\psi}{\left(q + \sigma\,\psi\right)^2} > 0\ . \qquad (5.3.9)$$

Da q immer positiv ist, ist auch die Wachstumsrate nach der Subvention immer größer als die Wachstumsrate ohne Subvention. Der Vergleich mit der Gleichung (5.2.3) macht erneut deutlich, daß der Faktor q im Zwei-Länder-Fall bei einer

[5] Die Ableitung von q erfolgt im Anhang 5A.

einseitigen Subventionspolitik mit dem Faktor $(1+z_E{}^F)$ in Autarkie korrespondiert. Gleichzeitig bleibt festzuhalten, daß, für jeden von null verschiedenen Subventionssatz z, $(1+z)>q$ gilt. Daraus folgt, daß der Wachstumseffekt eines gegebenen Subventionssatzes in einer offenen Volkswirtschaft kleiner ist als in Autarkie, wenn das Partnerland keine Subventionspolitik betreibt.

5.3.2 Struktureffekte einer F&E-Subvention

In diesem Abschnitt wird gezeigt, wie die Subventionierung des F&E-Sektors im Inland die Handelsstruktur und die Produktionsstruktur im In- und Ausland verändert. Im Kapitel 4 wurde gezeigt, daß im Wachstumsgleichgewicht die Handelsbilanzen beider Länder ausgeglichen sind, es sei denn, die Länder unterscheiden sich bezüglich ihrer Zeitpräferenzraten. Da in diesem Kapitel identische Zeitpräferenzraten unterstellt sind, muß auch hier die Handelsbilanz ausgeglichen sein. Jedoch können Unterschiede in den Teilhandelsbilanzen auftreten. Die Handelsbilanz für Kapitalgüter des Inlandes, ausgedrückt in Konsumgütereinheiten (TB_x), ist definiert als:

$$TB_x = \frac{1}{\gamma}\dot{A}\,m^* - \frac{1}{\gamma}\dot{A}^*\,m\ . \tag{5.3.10}$$

Wie bereits gezeigt, führt eine F&E-Subvention im Inland dazu, daß Humankapital von der Güterproduktion in die F&E wandert, während im Ausland Humankapital von der Güterproduktion in die F&E wandert. Diese Allokationsvorgänge beeinflußen die Kapitalgüterbilanz über zwei Kanäle. Zum ersten steigt im Inland die Zahl der erstellten Designs ($\dot{A}$), während der Output des F&E-Sektors im Ausland ($\dot{A}^*$) sinkt. Zum zweiten sinkt im Inland, relativ zum Ausland, die Kapitalgüternachfrage, da im Inland weniger und im Ausland mehr Humankapital zur Güterproduktion zur Verfügung steht, d. h. m/m^* sinkt.[6] Beide Mechanismen bewirken eine Verbesserung der heimischen und eine Verschlechterung der ausländischen Kapitalgüterbilanz. Da die Gesamthandelsbilanz weiterhin ausgeglichen ist, werden die Änderungen in den Teilbilanzen für Kapitalgüter durch genau entgegengesetzte Änderungen in den Teilbilanzen für Konsumgüter kompensiert.

---

[6] Zu beachten ist, daß der induzierte Zinsanstieg zu einem Rückgang der Kapitalgüternachfrage in beiden Ländern führt, d. h. m und m^* sinken. Jedoch werden dadurch die beschriebenen relativen Effekte nicht tangiert.

Neben den Handelsstruktureffekten einer F&E-Subvention treten auch Änderungen der Produktionsstruktur auf. Diese sollen nun diskutiert werden. Was kann über die Größe des F&E-Sektors ausgesagt werden? Mißt man die Größe des F&E-Sektors am Output, also an der Anzahl der Designs, die erstellt werden, so kann man die relative Größe des heimischen F&E-Sektors im Vergleich zum fremden F&E-Sektor ausdrücken als $\dot{A}/\dot{A}^*$. Da die nationalen Bestände an Designs mit der gleichen Rate (g^w) wachsen, kann mit Hilfe der Beziehungen $\dot{A}=g^w A$ und $\dot{A}^*=g^w A^*$ die relative Größe des heimischen F&E-Sektors durch die Bestandsgrößen ausgedrück werden, also durch A/A^* oder durch den heimischen Anteil der Designs in der Zwei-Länder-Welt ($\theta=A/(A+A^*)$).

Die relative Größe des High-Tech-Sektors (Kapitalgütersektors) kann analog ermittelt werden. Der Output der beiden nationalen High-Tech-Sektoren ist $\dot{A}(x+m^*)$ und $\dot{A}^*(x^*+m)$. Mit Hilfe der Beziehungen $\dot{A}=g^w A$, $\dot{A}^*=g^w A^*$ und $(x+m^*)=(x^*+m)$ folgt, daß auch die relative Größe des heimischen High-Tech-Sektors durch den Ausdruck A/A^* gegeben ist und damit der relativen Größe des heimischen F&E-Sektors entspricht.

Die obigen Ergebnisse können verwendet werden, um den Einfluß der F&E-Subvention auf die Produktionsstruktur zu analysieren. Das Verhältnis A/A^* hängt nämlich von der Humankapitalallokation ab. Dies wird deutlich, wenn die beiden F&E-Produktionsfunktionen eingesetzt werden in die nationalen r_p-Funktionen. Es folgt dann bei internationaler Zinsgleichheit:

$$r_p = \rho + \sigma \delta \frac{A + A^*}{A} H_A = r_p^* = \rho + \sigma \delta \frac{A + A^*}{A^*} H_A^* . \qquad (5.3.11)$$

Es ergibt sich unmittelbar die folgende Gleichgewichtsbedingung:

$$\frac{H_A}{H_A^*} = \frac{\theta}{(1 - \theta)} = \frac{A}{A^*} . \qquad (5.3.12)$$

Da die F&E-Subvention des Inlands zu einem Anstieg von H_A und zu einem Sinken von H_A^* führt, muß also im neuen Gleichgewicht A relativ zu A^* gestiegen sein. Im Inland produziert der F&E-Sektor also mehr Designs, der ausländische F&E-Sektor weniger Designs, und der High-Tech-Sektor im Inland produziert im Verhältnis zum ausländischen High-Tech-Sektor mehr Kapitalgüter als vor der Erhöhung der F&E-Subvention.

Bei der Beurteilung der Subventionswirkung auf das Ausland muß man berücksichtigen, daß, obwohl dort sowohl der High-Tech-Sektor als auch der F&E-Sektor schrumpft, das Wachstumstempo in gleichem Maße wie im Inland ansteigt. Dies deutet darauf hin, daß das Ausland durchaus von der Subventionspolitik des Inlandes profitieren kann.

5.3.3 Verteilungswirkungen einer F&E-Subvention

Im weiteren soll untersucht werden, welchen Einfuß die F&E-Subvention auf die funktionelle Einkommensverteilung hat. Da im F&E-Sektor nur Humankapital beschäftigt wird, ist es naheliegend zu vermuten, daß in erster Linie dieser Faktor von der Subventionspolitik profitiert. Leitet man aus der Produktionsfunktion (4.2.3) die Grenzprodukte für Humankapital und Arbeit ab und bildet den Quotienten, erhält man das Lohnverhältnis:[7]

$$\frac{w_H}{w_L} = \frac{\alpha}{\beta}\frac{L}{H_Y} . \tag{5.3.13}$$

Es wird deutlich, daß auch die Verteilungswirkung entscheidend von den induzierten Allokationseffekten bestimmt wird. Expandiert der F&E-Sektor auf Kosten des güterproduzierenden Sektors, so daß H_Y sinkt, steigt die Entlohnung des Faktors Humankapital relativ zu der Entlohnung des Faktors Arbeit an. Da die Ausstattung der Volkswirtschaften mit Humankapital und Arbeit gegeben ist, spiegeln Lohnänderungen gleiche Änderungen in der funktionellen Einkommensverteilung wider. Eine F&E-Subvention im Inland hat demnach zur Folge, daß sich die Einkommensverteilung im Inland zugunsten des Humankapitals ändert, während sich im Ausland der Faktor Arbeit relativ zum Faktor Humankapital besserstellt. Die beschriebenen Vorgänge haben auch Auswirkungen auf den internationalen Faktorpreisausgleich. In Kapitel 4.4.2 wurde gezeigt, daß sich bei symmetrischen Ländern und perfekter Wissensdiffusion die Faktorpreise vollständig angleichen. Dieses Ergebnis muß bei einer einseitigen Subvention revidiert werden. Die Gleichung (4.4.29) gibt das Verhältnis der nationalen Humankapitallöhne an und lautet etwas vereinfacht:

---

[7] Vgl. hierzu auch die Gleichung (4.4.20).

$$\frac{w_H}{w_H^*} = \left(\frac{H_Y}{H_Y^*}\right)^{-\frac{\beta}{\alpha+\beta}} = 1 + z\ . \tag{5.3.14}$$

Zur Ableitung des rechten Terms wurde die Gleichung (5.3.3) verwendet. Analog kann die Gleichung (4.4.28) für das Verhältnis der Arbeitslöhne modifiziert werden zu:

$$\frac{w_L}{w_L^*} = \left(\frac{H_Y}{H_Y^*}\right)^{\frac{\alpha}{\alpha+\beta}} = \left(1 + z\right)^{-\frac{\alpha}{\beta}}\ . \tag{5.3.15}$$

In der Situation ohne Subvention kam internationaler Faktorpreisausgleich zustande. Die Berechnungen zeigen, daß die F&E-Subvention einen Keil zwischen die nationalen Lohnsätze der Faktoren Arbeit und Humankapital treibt. Dieser Keil entspricht im Fall der Humankapitallöhne genau dem Faktor $(1+z)$. Weiterhin ist festzuhalten, daß das heimische Humankapital im internationalen Vergleich gewinnt, die heimischen Arbeitskräfte hingegen verlieren.

5.3.4 Der Einfluß unterschiedlicher F&E-Produktivitäten

Einige interessante Implikationen ergeben sich, wenn Unterschiede zwischen den nationalen F&E-Produktivitäten auftreten ($\delta \neq \delta^*$). Dieser Fall wurde in Kapitel 4.6.2 diskutiert. Berücksichtigt man unterschiedliche Produktivitätsparameter in der Bedingung für simultanes angebotsseitiges Gleichgewicht (Gleichung (5.3.3)), so ergibt sich

$$\frac{H_Y}{H_Y^*} = \left(\frac{\delta^*}{\delta}\right)^{\frac{\alpha+\beta}{\beta}} (1 + z)^{-\frac{\alpha+\beta}{\beta}}\ . \tag{5.3.16}$$

Das Land mit dem Produktivitätsvorsprung in der F&E wird gemäß seinem komparativen Vorteil mehr Humankapital in der F&E und weniger Humankapital in der Produktion einsetzen als das Partnerland. Dies muß jedoch nicht der Fall sein, wenn das Land mit der geringeren F&E-Produktivität seinen F&E-Sektor subventioniert. Dann würde gelten $\delta < \delta^*$, wobei bei einem genügend großen Subventionssatz (z) folgen könnte, daß $H_Y < H_Y^*$. In diesem Fall würde mehr Humankapital im F&E-Sektor des weniger produktiven Landes eingesetzt als im produktiveren Land.

Verfährt man wie in Kapitel 5.3.1, kann die gleichgewichtige Wachstumsrate wie folgt ermittelt werden:

$$g^{w} = \frac{q(\delta + \delta^{*})H - \rho\,\psi}{q + \sigma\,\psi} \,. \tag{5.3.17}$$

wobei gilt

$$q = \frac{1 + z + (1+z)^{\frac{\alpha+\beta}{\beta}} \left(\frac{\delta}{\delta^{*}}\right)^{\frac{\alpha}{\beta}}}{1 + (1+z)^{\frac{\alpha+\beta}{\beta}} \left(\frac{\delta}{\delta^{*}}\right)^{\frac{\alpha}{\beta}}} \geq 1 \,. \tag{5.3.18}$$

Wie im Fall symmetrischer Länder ist der Term q immer größer als eins.[8]

Um den Einfluß des Produktivitätsunterschieds auf das Wachstum zu untersuchen, sei vereinfachend unterstellt, daß die Summe der F&E-Produktivitätsparameter $(\delta+\delta^{*})$ konstant ist. Unter dieser Voraussetzung wird die Änderung der Wachstumsrate aufgrund einer marginalen Änderung der relativen F&E-Produktivität des subventionierenden Landes durch folgenden Ausdruck beschrieben:

$$\frac{\partial g^{w}}{\partial(\delta/\delta^{*})} = \frac{\partial g^{w}}{\partial q}\,\frac{\partial q}{\partial(\delta/\delta^{*})} \,. \tag{5.3.19}$$

Die Gleichung (5.3.9) zeigt, daß die Ableitung $\partial g^{w}/\partial q$ immer positiv ist. Das Vorzeichen des Ausdrucks $\partial q/\partial(\delta/\delta^{*})$ kann bestimmt werden, indem der Ausdruck für q aus der Gleichung (5.3.18) differenziert wird. Es folgt

$$\frac{\partial q}{\partial(\delta/\delta^{*})} = \frac{-z\,\frac{\alpha}{\beta}(1+z)^{\frac{\alpha+\beta}{\beta}} \left(\frac{\delta}{\delta^{*}}\right)^{\frac{\alpha}{\beta}-1}}{\left[1 + (1+z)^{\frac{\alpha+\beta}{\beta}} \left(\frac{\delta}{\delta^{*}}\right)^{\frac{\alpha}{\beta}}\right]^{2}} < 0 \,. \tag{5.3.20}$$

[8] Die Ableitung von q erfolgt im Anhang 5A.

Berücksichtigt man die Vorzeichen der Gleichungen (5.3.9) und (5.3.20) in der Gleichung (5.3.19), wird deutlich, daß die Wachstumsrate um so größer ist, je kleiner die F&E-Produktivität des subventionierenden Landes relativ zur F&E-Produktivität des nichtsubventionierenden Landes ist.[9] Mit anderen Worten: Die Wachstumswirkung einer F&E-Subvention (für einen gegebenen Subventionssatz) ist am größten, wenn das subventionierende Land im Vergleich zum Ausland besonders ineffizient in der F&E ist. Dieses Ergebnis erscheint zunächst paradox zu sein. Zur Erklärung dieses Phänomens müssen zwei Aspekte berücksichtigt werden. Zum einen ist dies der Einfluß der Subventionspolitik auf die durchschnittliche Weltproduktivität in der F&E und zum anderen der Einfluß auf die Weltallokation von Humankapital.

Um die durchschnittliche Welt-Produktivität in der F&E zu bestimmen, werden die beiden nationalen F&E-Produktionsfunktionen addiert. Es ergibt sich die Welt-Produktionsfunktion:

$$\dot{A} + \dot{A}^* = \left[\delta \left(A + A^* \right) \frac{H_A}{H_A + H_A^*} + \delta^* \left(A + A^* \right) \frac{H_A^*}{H_A + H_A^*} \right] \left(H_A + H_A^* \right) . \quad (5.3.21)$$

Der Ausdruck in den eckigen Klammern gibt die durchschnittliche F&E-Produktivität an, die mit den nationalen Anteilen des Humankapitaleinsatzes in der Welt gewichtet ist. Da eine F&E-Subvention im weniger produktiven Land ($\delta < \delta^*$) zu einem Anstieg von H_A und einem Sinken von H_A^* führt, nimmt die durchschnittliche F&E-Produktivität ab.

Der zweite Aspekt zur Erklärung der Wachstumswirkung einer Subvention in Abhängigkeit von der relativen Produktivität betrifft den Einfluß der Subvention auf die Weltbeschäftigung von Humankapital in der F&E. Aus der Gleichung (5.3.16) kann man ablesen, daß die Allokationswirkung der Subvention dann besonders groß ist, wenn das subventionierende Land eine geringe relative F&E-Produktivität (δ/δ^*) aufweist. Wie oben gezeigt, geht ein Sinken der relativen F&E-Produktivität einher mit einem Rückgang der durchschnittlichen Weltproduktivtität. Gleichzeitig steigt aber die Wachstumsrate und damit der Weltoutput an Designs. Es muß also der Allokationseffekt den Rückgang der Weltproduktivi-

[9] Dies gilt jedoch nur für einen bestimmten Bereich der relativen F&E-Produktivität. Liegen die Produktivitätsparamter nämlich sehr weit auseinander, so kommt es zu einem Gleichgewicht mit vollständiger Spezialisierung des produktiveren Landes auf die F&E. Vgl. hierzu die Ausführungen im Kapitel 4.6.2.

tät überkompensieren. Dies kann wie folgt erklärt werden. Es sei einmal unterstellt, daß in der Ausgangssituation keine Subventionszahlungen erfolgen. In Kapitel 4.6.2 wurde gezeigt, daß sich in einem solchen Fall das Land mit der höheren F&E-Produktivität im Vergleich zum Partnerland stärker auf die F&E spezialisieren wird. Gewährt nun das produktivere Land eine F&E-Subvention, wird dieser Spezialisierungsprozeß weiter verstärkt. Dieser Umstand impliziert jedoch, daß ein gegebener Subventionssatz zu einem relativ kleinen Allokationseffekt führt, da die Grenzrate der Transformation zwischen der Güterproduktion und der Designproduktion schon relativ groß ist. Im Vergleich dazu führt eine F&E-Subvention im weniger produktiven Land zu einer Umkehrung der ursprünglichen Spezialisierungsrichtung, so daß ein gegebener Subventionssatz relativ starke Allokationswirkungen hervorruft.

Ein weiteres Ergebnis betrifft die Handelsstruktur der beiden Länder. Wie im Fall symmetrischer Länder führt eine F&E-Subvention zu einer Verbesserung der Handelsbilanz für Kapitalgüter im subventionierenden Land. Ist nun in der Ausgangssituation, d. h. ohne Politikmaßnahmen, das subventionierende Land weniger produktiv in der F&E als das Partnerland, so weist es zunächst ein Defizit in der Kapitalgüterbilanz auf. Ein genügend großer F&E-Subventionssatz kann jedoch dazu führen, daß sich das Handelsmuster ändert und das Defizitland bei den High-Tech-Gütern zu einem Überschußland wird.

Ähnliches gilt für die Produktionsstruktur. Das in der F&E weniger produktive Land wird in der Ausgangssituation ohne Subventionen sowohl einen kleineren F&E-Sektor als auch einen kleineren High-Tech-Sektor aufweisen. Durch einen genügend großen F&E-Subventionssatz kann es jedoch die Produktionsstrukturen derart ändern, daß der eigene F&E-Sektor und der eigene High-Tech-Sektor größer werden als im nicht subventionierenden Land.

5.3.5 Optimale Subventionspolitik

Eine Subventionspolitik ist immer dann optimal, wenn sie die Preisverzerrungen eliminiert, die im Vergleich zu einer Situation mit vollständigem Wettbewerb und fehlenden Externalitäten auftreten. Da die im Romer-Modell auftretende Verzerrung der Kapitalgüterpreise, annahmegemäß in beiden Ländern in gleichem Maße auftritt, kann diese, wie in Kapitel 5.2.2 beschrieben, in beiden Ländern durch Kapitalgütersubventionen beseitigt werden, die sich nach dem Markup-Faktor (γ) bemessen. Die F&E-Subvention sollte der Höhe nach so bemessen sein, daß sie genau der Höhe der intertemporalen Spillovers entspricht. Bei symmetrischen Ländern folgt daraus unmittelbar, daß auch hier die Subvention in beiden Ländern gleich hoch sein sollte. Gilt dies jedoch auch für den Fall unterschiedlicher Länder? Dazu wurde im Anhang 5B der optimale Designpreis für die offene Volkswirtschaft abgeleitet. Er lautet:

$$P_A = \frac{1-\gamma}{\gamma}\left(x + m^*\right)\frac{r}{r-g} \,. \qquad (5.3.22)$$

Auch im Subventionsfall gilt: $x+m^*=x^*+m$.[10] Darüber hinaus sind in beiden Ländern sowohl der Zinssatz als auch die Wachstumsrate identisch, was nach der obigen Beziehung gleiche optimale Designpreise impliziert. Daraus folgt, daß trotz etwaiger Unterschiede, beispielsweise in den nationalen F&E-Produktivitäten, die optimalen F&E-Subventionssätze in beiden Ländern gleich groß sind und durch folgenden Ausdruck gegeben sind:

$$\tilde{z} = \frac{r-g}{r}\frac{1}{\gamma} \,. \qquad (5.3.23)$$

Da also bei einer optimalen Subventionspolitik in beiden Ländern gleiche Subventionssätze gewährt werden, sind auch die induzierten Allokationswirkungen die gleichen. Dies kann gezeigt werden, indem die beiden angebotsseitigen Gleichgewichtsbedingungen herangezogen werden:

$$r_t = (1+z)\frac{\delta}{\psi}\frac{x+m^*}{x}H_Y \qquad (5.3.24)$$

und

$$r_t^* = (1+z^*)\frac{\delta^*}{\psi}\frac{x^*+m}{x^*}H_Y^* \,. \qquad (5.3.25)$$

Es folgt für $z=z^*$ die Bedingung für simultanes angebotsseitiges Gleichgewicht:

---

[10] Dies gilt nur dann, wenn in beiden Ländern die Subventionssätze im Kapitalgütersektor gleich groß sind.

$$\frac{H_Y}{H_Y^*} = \left(\frac{\delta^*}{\delta} \right)^{\frac{\alpha+\beta}{\beta}} . \tag{5.3.26}$$

Bei identischen Subventionssätzen bleibt demnach die relative Humankapitalallokation unbeeinflußt. Die Weltgleichgewichtsbedingung lautet dann:

$$r_t^w = (1+z)\left(\frac{(\delta + \delta^*) H}{\psi} - \frac{g^w}{\psi} \right) \qquad mit\ z = z^* . \tag{5.3.27}$$

Zusammen mit der Keynes-Ramsey-Regel folgt für die Wachstumsrate:

$$g^w = \frac{(1+z)(\delta + \delta^*) H - \rho \psi}{1 + z + \sigma \psi} . \tag{5.3.28}$$

Durch die Subvention steigt die gleichgewichtige Wachstumsrate an, was einhergeht mit einer höheren Beschäftigung von Humankapital in der F&E. Gleichung (5.3.26) zeigt, daß in beiden Ländern in gleichem Ausmaß Humankapital von der Güterfertigung in den F&E-Sektor wandert. Vergleicht man die obige Wachstumsrate für die offene Volkswirtschaft mit der Wachstumsrate in Autarkie (Gleichung (5.2.3)), wird deutlich, daß die Wachstumswirkung einer F&E-Subvention in Autarkie genau dann erreicht wird, wenn im Zwei-Länder-Fall beide Länder einen Subventionssatz wählen, der dem Subventionssatz in Autarkie genau entspricht.

Wie sollte eine optimale Subventionspolitik ausgestaltet sein, wenn nur noch ein Land aktiv in der F&E ist, sich also ein Spezialisierungsgleichgewicht gebildet hat? Die Aussagen zur Gestaltung der Subvention im Kapitalgütersektor bleiben unverändert. Da nur noch in einem Land intertemporale Spillovers entstehen, muß folglich auch nur noch dort eine F&E-Subvention gewährt werden.[11] Obwohl dadurch in beiden Ländern der Zinssatz ansteigt, bleiben die weiter oben beschriebenen intersektoralen Allokationseffekte aus, da im Partnerland schon der gesamte Humankapitalbestand in der Güterfertigung beschäftigt ist.

[11] Man könnte in diesem Fall auch im anderen Land eine entsprechende F&E-Subvention einführen, die jedoch nicht zur Auszahlung kommen würde, da dort F&E-Aktivitäten nicht lohnend sind.

5.4 Praktische Probleme und Kritik

Zwar können theoretisch die optimalen Subventionssätze bestimmt werden, jedoch entstehen einige Probleme bei der praktischen Ausgestaltung der Subventionspolitik. Erstens müssen auf der mikroökonomischen Ebene diejenigen F&E-Unternehmen herausgefunden werden, deren Designs besonders hohe zukünftige Erträge bringen. Zweitens müßte die Höhe dieser Erträge ermittelt werden, was außerordentlich schwierig ist. Drittens entstehen bei der Finanzierung von Subventionen in der Regel zusätzliche Verzerrungen, die unter Umständen die Subventionspolitik konterkarieren können. Schließlich können viertens die induzierten internationalen Struktur- und Verteilungswirkungen zu politischen Kontroversen führen.

Im hier diskutierten Ansatz wird unterstellt, daß die Faktorausstattung exogen gegeben ist und die Faktoren international immobil sind. Jedoch kann gerade in der langen Frist die Subventionierung des F&E-Sektors die nationalen Faktorangebote beeinflussen. So wurde beispielsweise gezeigt, daß besonders der Faktor Humankapital von der Subventionspolitik der heimischen Regierung profitiert. Dies erhöht die Anreize der Bevölkerung, Humankapital zu bilden. In der Folge wäre zu erwarten, daß sich das Angebot an Humankapital im Verhältnis zum Angebot an weniger qualifizierter Arbeit erhöht. Weiterhin wurde gezeigt, daß die einseitige F&E-Subvention dazu führt, daß sich international die Löhne für Humankapital auseinander bewegen. Dies kann dazu führen, daß das subventionierende Land Humankapital aus den Partnerländern attrahiert, was wiederum ungewollte Wohlfahrtseffekte hervorrufen kann.

Anhang 5A: Die Ableitung von q

Aus den beiden nationalen r_t-Kurven (Gleichung (5.3.2) und der korrespondierenden Gleichung für das Ausland) folgt für den angebotsseitigen Weltgleichgewichtszins:

$$r_t^w = (1+z)\frac{\delta H_Y}{\psi} + \frac{\delta^* H_Y^*}{\psi} . \tag{5A.1}$$

Die Weltwachstumsrate ist definiert als:

$$g^w = \delta H_A + \delta^* H_A^* = (\delta + \delta^*) H - \delta H_Y - \delta^* H_Y^* . \tag{5A.2}$$

Löst man die Gleichung (5A.2) nach dem Ausdruck $\delta H_Y + \delta^* H_Y^*$ auf und setzt ihn in die Gleichung (5A.1) ein, erhält man:

$$r_t^w = \frac{(\delta+\delta^*)H - g^w}{\psi} + \frac{z\,\delta H_Y}{\psi} . \tag{5A.3}$$

Um den rechten Term der obigen Gleichung zu eliminieren, wird die Gleichung (5.3.16) nach H_Y aufgelöst und in die Gleichung (5A.2) eingesetzt. Es ergibt sich:

$$g^w = (\delta+\delta^*)H - \delta H_Y - \delta^* H_Y \left(\frac{\delta(1+z)}{\delta^*}\right)^{\frac{\alpha+\beta}{\beta}} . \tag{5A.4}$$

Löst man nun nach δH_Y auf, folgt:

$$\delta H_Y = \frac{(\delta+\delta^*)H - g^w}{1 + (1+z)^{\frac{\alpha+\beta}{\beta}}\left(\frac{\delta}{\delta^*}\right)^{\frac{\alpha}{\beta}}} . \tag{5A.5}$$

Diesen Ausdruck setzt man in die Gleichung (5A.3) ein und erhält:

$$r_t^w = \frac{(\delta+\delta^*)H - g^w}{\psi} + \frac{(\delta+\delta^*)H - g^w}{\psi}\,\frac{z}{1 + (1+z)^{\frac{\alpha+\beta}{\beta}}\left(\frac{\delta}{\delta^*}\right)^{\frac{\alpha}{\beta}}} . \tag{5A.6}$$

Der obige Ausdruck läßt sich vereinfachen zu:

$$r_t^w = q\,\frac{(\delta+\delta^*)H - g^w}{\psi} , \tag{5A.7}$$

wobei gilt:

$$q = \frac{1 + z + (1 + z)^{\frac{\alpha+\beta}{\beta}} \left(\frac{\delta}{\delta^*} \right)^{\frac{\alpha}{\beta}}}{1 + (1 + z)^{\frac{\alpha+\beta}{\beta}} \left(\frac{\delta}{\delta^*} \right)^{\frac{\alpha}{\beta}}} \geq 1 \; . \tag{5A.8}$$

Für positive Subventionssätze ist der Zähler des obigen Ausdrucks immer größer als der Nenner, so daß q in diesen Fällen immer größer als eins ist. Für einen Subventionssatz von null folgt unmittelbar, daß q gleich eins ist.

Für den Fall symmetrischer Länder ($\delta = \delta^*$) folgt der Ausdruck in Gleichung (5.3.7):

$$q = \frac{1 + z + (1 + z)^{\frac{\alpha+\beta}{\beta}}}{1 + (1 + z)^{\frac{\alpha+\beta}{\beta}}} \geq 1 \; . \tag{5A.9}$$

Anhang 5B: Der optimale Designpreis in einer offenen Volkswirtschaft

Die Höhe des Designpreises ist optimal, wenn er den kumulierten zukünftigen Erträgen eines zusätzlichen Designs (einer zusätzlichen Wisseneinheit) entspricht. In Kapitel 3.3 wurde der optimale Designpreis für den Autarkiefall mit Hilfe der Hamiltonfunktion berechnet. Hier wird nun gezeigt, daß dies auch ohne diesen mathematischen Ansatz möglich ist. Die kumulierten Erträge eines weiteren Designs in der Welt lassen sich wie folgt beschreiben:

$$P_A = \int_s^{\infty} e^{-r(t-s)} \frac{\partial\left(Y + Y^* + P_A\left(\dot{A} + \dot{A}^*\right)\right)}{\partial A} dt \,. \tag{5B.1}$$

Der Output im heimischen güterproduzierenden Sektor (Y) kann mit Hilfe der Gleichung (4.2.3) geschrieben werden als:

$$Y = H_Y^{\alpha} L^{\beta} \left(A^{1-\gamma} X^{\gamma} + A^{*^{1-\gamma}} M^{\gamma}\right), \quad mit\ X = A\,x\ und\ M = A^*\,m\,. \tag{5B.2}$$

X gibt die Anzahl der Kapitalgüter an, die im Inland hergestellt und eingesetzt werden, und M die Anzahl der importierten Kapitalgüter. Eine analoge Gleichung gilt für den Güteroutput des Auslandes (Y^*). Der Designpreis (P_A) gibt den Wert eines Designs in Konsumgütereinheiten wieder, und der Ausdruck $Y+Y^*+P_A(\dot{A}+\dot{A}^*)$ gibt die Höhe des Weltsozialprodukts an. Setzt man nun die Gleichung (5B.2), die entsprechende Gleichung für das Ausland, die Produktionsfunktionen $\dot{A}=\delta H_A(A+A^*)$ und $\dot{A}^*=\delta H_A^*(A+A^*)$ in die Gleichung (5B.1) ein und löst das Integral unter der Annahme eines konstanten Zinssatzes (r), folgt:

$$P_A = \frac{(1-\gamma) H_Y^{\alpha} L^{\beta} x^{-\gamma} + (1-\gamma) H_Y^{*^{\alpha}} L^{*^{\beta}} m^{*^{-\gamma}} + P_A\left(\delta H_A + \delta^* H_A^*\right)}{r} \,. \tag{5B.3}$$

Löst man obige Gleichung nach P_A auf, wobei die Gleichung (4.2.7) und (4.2.8) sowie die Beziehung $g=\delta H_A+\delta^* H_A^*$ verwendet werden, folgt für den optimalen Designpreis:

$$P_A = \frac{1-\gamma}{\gamma} \left(x + m^*\right) \frac{r}{r-g} \,. \tag{5B.4}$$

Dieser Preis entspricht dem optimalen Designpreis für Autarkie in Gleichung (3.3.14). Gleichung (4.2.9) gibt den Designpreis an, der sich ohne Interventionen am Markt bildet ($P_A = (1-\gamma)(x+m^*)/\gamma$). Um den optimalen Designpreis zu erreichen, muß folglich eine F&E-Subvention mit folgendem Satz gewährt werden:

$$\tilde{z} = \frac{r-g}{r}\frac{1}{\gamma} \; . \tag{5B.5}$$

Kapitel 6

Zusammenfassung, Kritik und wirtschaftspolitische Implikationen

Gegenstand dieser Arbeit war die Frage, wie der internationale Handel das Wachstum und das Niveau des Volkseinkommens beeinflußt. Es wurde gezeigt, daß die Handelsgewinne durch den Austausch von High-Tech-Produkten und der damit verbundenen größeren Vielfalt des Kapitalstocks sowie durch den Austausch technischen Wissens hervorgerufen werden. Wenngleich die verwendeten Modelle sehr stilisiert sind, liefern sie doch Erklärungen für eine Vielzahl der in der Einleitung beschriebenen empirischen Befunde. So bieten die beschriebenen Ansätze Erklärungsmuster zu den Studien

- über die positiven Wachstumswirkungen handelsliberalisierender Maßnahmen,
- über die Konvergenz von Ländern, die sich den Weltmärkten öffnen, und über die Divergenz von Ländern, die sich vom Weltmarkt abschotten,
- über die positive Korrelation von Humankapitalausstattung und Wachstumstempo sowie
- über die Bedeutung der Wissens-Spillovers für das Produktivitätswachstum.

Trotz der offensichtlichen Erklärungskraft des in der vorliegenden Arbeit verwendeten Modellrahmens bleiben einige Interdependenzen und Wirkungsmechanismen unberücksichtigt, die gleichwohl von großer Bedeutung für die Abbildung der Realität sind. Beispielsweise leistet die Humankapitalbildung einen wichtigen Beitrag zur Erklärung des Wachstums. In der vorliegenden Arbeit wurde jedoch unterstellt, daß der Humankapitalbestand einer Volkswirtschaft exogen gegeben ist. Somit bleiben die sicherlich vorhandenen Interdependenzen zwischen Humankapitalbildung und F&E-Aktivitäten unberücksichtigt. Zwei solche Wirkungsmechanismen seien hier kurz erwähnt. Erstens kann es zur internationalen Migration von Humankapital kommen. Im Kapitel 4 wurde gezeigt, daß die Humankapitallöhne in den Ländern, die sich auf die F&E spezialisieren, unter Umständen höher sind als in den Partnerländern.[1] Dies würde, wenn man die Annahme international immobilen Humankapitals aufgibt, dazu führen, daß qualifizierte Arbeitskräfte in die besonders forschungsaktiven Länder abwandern, was die relative Position dieser Länder verbessern würde. Zweitens würde sich ein ähnliches Ergebnis auch bei international immobilem Humankapital einstellen, wenn in Ländern mit einem besonders aktiven F&E-Sektor eine vermehrte Humankapitalbildung auftreten würde. Dies könnte durch die dort höheren Löhne für Humankapital und die damit verbundenen höheren Anreize zur Humankapitalbildung erklärt werden. Die beschriebenen Zusammenhänge könnten eine Erklärung dafür sein, daß die Einkommensniveaus international nur recht langsam konvergieren. Außerdem würde die Berücksichtigung der genannten Aspekte zu einer weniger optimistischen Beurteilung des Nord-Süd-Handels führen.

Darüber hinaus können die vereinfachenden Annahmen bei der Analyse der Innovationstätigkeiten kritisiert werden. Auch hier bleiben einige Aspekte unberücksichtigt. Erstens ist es fraglich, ob die Innovationsanreize bei einem unbefristeten Patentschutz wirklich maximal sind oder ob nicht vielmehr die auf ewig gesicherten Monopolstellungen zu einem "Schlafmützenverhalten" führen, wodurch neue Innovationen ausbleiben. Gleichzeitig läßt sich beobachten, daß gerade in Märkten mit hoher Wettbewerbsintensität, wie etwa im Automobilmarkt, hohe Innovationsraten auftreten. Zweitens wurde unterstellt, daß die Anzahl der Kapitalgütervarianten ständig steigt, ohne daß alte Produkte vom Markt verdrängt werden. In der Realität zeigt sich hingegen, daß bestehende Produkte durch innovative Produkte abgelöst werden. Ein Beispiel hierfür ist die digitale Compact disc (CD), die die analoge Langspielplatte (LP) fast vollständig vom Markt verdrängt hat. Ein Modell, das diesem Umstand Rechnung trägt, ist der "Qualitätsleiteransatz", der von Aghion und Howitt (1992) entwickelt wurde und von Grossman und Helpman (1991) auf den Fall offener Volkswirtschaften angewendet wird. Die beiden letztgenannten Autoren haben jedoch gezeigt, daß die Analyseergebnisse des Qualitätsleitermodells den Implikationen eines Modells mit steigender Variantenzahl sehr ähnlich sind. Drittens schließlich spielen nationale und

[1] Dies trifft dann zu, wenn ein Land die gesamten F&E-Aktivitäten ausführt (das Partnerland die F&E-Aktivitäten vollständig aufgibt) oder wenn ein Land eine höhere F&E-Produktivität aufweist als das Partnerland ($\delta > \delta^*$).

internationale Imitationen eine wichtige Rolle. Wenn die Innovation nicht oder nicht ausreichend geschützt wird, werden Unternehmen versuchen, ein erfolgreiches Produkt zu kopieren. Der Einfluß der Imitation auf die Innovationsanreize ist dabei nicht eindeutig. Einerseits werden die Vorsprungsgewinne und damit der Ertrag der F&E-Tätigkeit durch den entstehenden Wettbewerb geschmälert, andererseits erwächst daraus jedoch der Zwang zur ständigen Weiterentwicklung der Produkte, um den Vorsprung vor den imitierenden Unternehmen zu wahren. Die Ausführungen deuten darauf hin, daß die F&E-Wachstumsmodelle durch eine bessere mikroökonomische Fundierung des F&E-Sektors weiterentwickelt werden sollten.

Weiterhin hängt der Wachstumserfolg von Volkswirtschaften entscheidend von einigen wichtigen Faktoren ab, die bisher nicht oder nur unzureichend in makroökonomische Wachstumsmodelle integriert wurden. Zu nennen sind etwa das Ausmaß der mikroökonomischen Flexibilität, der ordnungspolitische Rahmen sowie die Qualität der Fiskal- und Geldpolitik.[2]

Abschließend sollen einige Aspekte der Beschlüsse der Uruguay-Runde aus der Sicht der Neuen Wachstumstheorie bewertet werden.[3] Kern dieser Beschlüße waren Maßnahmen zur weiteren Liberalisierung des Warenhandels und einer zusätzlichen schrittweisen Liberalisierung des internationalen Dienstleistungsverkehrs. Die Neue Wachstumstheorie zeigt, daß eine solche Vorgehensweise neben den traditionellen statischen Handelsgewinnen auch die Wachstumsaussichten der Teilnehmerländer erhöht. Es wird nämlich der Austausch von Technologie und Wissen gefördert.

Das im neuen WTO-Vertragswerk beschlossene Subventionsabkommen schränkt die Möglichkeiten der Mitgliedsländer hinsichtlich der Subventionspraxis deutlich ein. So sind spezifische Subventionen, d. h. nur bestimmten Unternehmen oder Branchen zustehende Beihilfen, weitgehend untersagt. Ausgenommen vom Subventionsverbot sind u. a. staatliche Förderungsprogramme für F&E-Aktivitäten. Diese Regelungen stehen im Einklang mit den F&E-Modellen der Neuen Wachstumstheorie. Wohlfahrtstheoretisch gibt es jedoch, wie in Kapitel 5 gezeigt wurde, eine ganze Reihe von Schwierigkeiten bei der optimalen Ausgestaltung einer Subventionspolitik. Beispiele sind die Bestimmung der Höhe der intertempo-

[2] Vgl. hierzu auch Pack (1994), S. 69.
[3] Vgl. hierzu auch Frenkel und Trauth (1996a).

ralen Spillovers und die notwendige internationale Koordination der Subventionspolitiken.

Das WTO-Vertragswerk sieht erstmals internationale Regelungen zum Schutz geistigen Eigentums vor, die sogenannten TRIPs (*trade related intellectual property rights*). Auch diese Regelungen sind aus der Sicht der Neuen Wachstumstheorie im Prinzip positiv zu bewerten, da Monopolrenten gesichert und somit Innovationsanreize geschaffen werden. Jedoch wurde weiter oben ausgeführt, daß eine Antwort auf die Frage, unter welchen Umständen die Innovationsanstrengungen am höchsten sind, einige Probleme aufwirft. Zum einen können dauerhafte Monopole zum Erlahmen der Innovationstätigkeit führen, zum anderen rufen Imitationen gesamtwirtschaftlich positive Wirkungen hervor. Insofern kann die vereinbarte zeitliche Befristung der TRIPs als ein sinnvoller Kompromiß angesehen werden, der sowohl Vorsprungsgewinne zur Kompensation der F&E-Anstrengungen gewährleistet als auch die positiven Wirkungen von Imitationen und einsetzendem Wettbewerb möglich macht.

Raum für zusätzliche Regelungen im WTO-Vertragswerk gibt es noch bei den Beziehungen zwischen Industrie- und Entwicklungsländern. Insbesondere bei Maßnahmen der Handelsliberalisierung zwischen ungleichen Ländern kann es dazu kommen, daß die Länder unterschiedlich stark gewinnen. Die wohlfahrts- und allokationstheoretisch richtige Maßnahme wäre hier die Vereinbarung von Transferzahlungen der Gewinner an die Verlierer. Dies ist jedoch eine Frage mit ausgesprochen hoher politischer Brisanz. Außerdem gibt es bisher weder theoretisch noch empirisch eindeutige Kriterien zur Bemessung solcher Transfers.

Literaturverzeichnis

Aghion, P.; Howitt, P. (1992): A Model of Growth Through Creative Destruction, in: Econometrica 60, 323-351.

Arrow, K.J. (1962a): Economic Welfare and the Allocation of Resources for Inventions, in: Nelson, R.R. (Hrsg.): The Rate and Direction of Inventive Activity, Princeton, N.J., Princeton University Press.

Arrow, K.J. (1962b): The Economic Implications of Learning by Doing, in: Review of Economic Studies 29, 155-173.

Arrow, K.J.; Chenery, H.B.; Minhas, B.S.; Solow, R.M. (1961): Capital-Labor Substitution and Economic Efficiency, in: Review of Economics and Statistics 43, 225-250.

Baldwin, R. (1989): The Growth Effects of 1992, in: Economic Policy 9, 247-270.

Baldwin, R.; Seghezza, E. (1996): Growth and European Integration: Towards an Empirical Assessment, Centre for Economic Policy Research, London, Discussion Paper No. 1393.

Barro, R.J. (1990): Government Spending in a Simple Model of Endogenous Growth, in: Journal of Political Economy 98, 103-125.

Barro, R.J. (1991): Economic Growth in a Cross Section of Countries, in: Quarterly Journal of Economics 106, 407-443.

Barro, R.J. (1996): Determinants of Economic Growth: A Cross-Country Empirical Study, National Bureau of Economic Research, Cambridge, MA, Working Paper No. 5698.

Barro, R.J.; Sala-i-Martin, X. (1995): Economic Growth, New York, McGraw-Hill.

Bayoumi, T.; Coe, D.T.; Helpman, E. (1996): R&D Spillovers and Global Growth, National Bureau of Economic Research, Cambridge, MA, Working Paper No. 5628.

Ben-David, D. (1993): Equalizing Exchange: Trade Liberalization and Income Convergence, in: Quarterly Journal of Economics 108, 653-679.

Ben-David, D. (1994): Income Disparity Among Countries and the Effects of Freer Trade, in: Pasinetti, L.L.; Solow, R.M. (Hrsg.): Economic Growth and the Structure of Long Run Development, IEA Conference Volume, Basingstoke, Hampshire, Macmillan, 45-64.

Ben-David, D. (1995): Trade and Convergence Among Countries, Centre for Economic Policy Research, London, Discussion Paper No. 1126.

Bender, D. (1994): Neuere Entwicklungen der Theorie internationaler Handelsbeziehungen, in: Jahrbuch für Sozialwissenschaft 45, 1-49.

Blanchard, O.J.; Fischer, S. (1989): Lectures on Marcoeconomics, Cambridge, MA, MIT Press.

Bronstein, I.N.; Semendjajew, K.A. (1985): Taschenbuch der Mathematik, 22. Aufl., Frankfurt/Main, Harri Deutsch.

Chiang, A.C. (1984): Fundamental Methods of Mathematical Economics, 3. Aufl., New York, McGraw-Hill.

Chui, M.; Levine, P.; Pearlman, J.; Sentance, A. (1996): Innovation, Imitation and Growth in a Changing World Economy, in: London Business School Economic Outlook, May 1996, 14-21.

Chung, J.W. (1994): Utility and Production Functions, Oxford, Blackwell.

Coe, D.T.; Helpman, E. (1995): International R&D Spillovers, in: European Economic Review 39, 859-889.

Coe, D.T.; Helpman, E.; Hoffmaister, A.W. (1995): North-South R&D Spillovers, National Bureau of Economic Research, Cambridge, MA, Working Paper No. 5048.

Devereux, M.B.; Lapham, B.J. (1994): The Stability of Economic Integration and Endogenous Growth, in: Quarterly Journal of Economics 109, 299-305.

Dixit, A.; Stiglitz, J.E. (1977): Monopolistic Competition and Optimum Product Diversity, in: American Economic Review 67, 297-308.

Dollar, D. (1992): Outward-Oriented Developing Economies Really Do Grow More Rapidly: Evidence from 95 LDCs, 1976-1985, in: Economic Development and Cultural Change 40, 523-544.

Eaton, J.; Kortum, S. (1995a): Trade in Ideas: Patenting and Productivity in the OECD, National Bureau of Economic Research, Cambridge, MA, Working Paper No. 5049.

Eaton, J.; Kortum, S. (1995b): Engines of Growth: Domestic and Foreign Sources of Innovation, National Bureau of Economic Research, Cambridge, MA, Working Paper No. 5207.

Edwards, S. (1992): Trade Orientation, Distortions, and Growth in Developing Countries, in: Journal of Development Economics 39, 31-57.

Ethier, W.J. (1982): National and International Returns to Scale in the Modern Theory of International Trade, in: American Economic Review 72, 389-405.

Europäisches Patentamt, Hrsg. (1994): Nutzung des Patentschutzes in Europa, München.

Falvey, R.E. (1994): The Theory of International Trade, in: Greenaway, D.; Winters, L.A. (Hrsg.): Surveys in International Trade, Oxford, Blackwell, 9-42.

Findlay, R. (1984): Growth and Development in Trade Models, in: Jones, R.W.; Kenen, P.B. (Hrsg.): Handbook of International Economics, Vol. II, Amsterdam, Elsevier Science Publisher, 185-236.

Fischer, S. (1991): Growth, Macroeconomics, and Development, in: Blanchard, O.J.; Fischer, S. (Hrsg.): NBER Macroeconomics Annual 1991, Cambridge, MA, MIT Press, 329-364.

Fischer, S. (1993): The Role of Macroeconomic Factors in Growth, in: Journal of Monetary Economics 32, 485-512.

Flemming, J; Götz, G. (1993): Externalitäten, Nichtkonvexitäten und endogener technischer Fortschritt, in: Jahrbuch für Sozialwissenschaft 44, 203-215.

Fratianni, M.; Huang, H. (1995): New Growth Theory: A Survey from a Policy Perspective, in: Kredit und Kapital 28, 62-86.

Frenkel, J.A.; Razin, A. (1994): Fiscal Policies and the World Economy, 2. Aufl., Cambridge, MA, MIT Press.

Frenkel, M.; Trauth, T. (1995): Growth Effects of Integration Among Unequal Countries, Universität des Saarlandes, Forschungsberichte des Europa-Instituts, Nr. 9502, Juli 1995, erscheint in: Global Finance Journal.

Frenkel, M.; Trauth, T. (1996a): Die Beschlüsse der Uruguay-Runde aus Sicht der Neuen Wachstumstheorie, in: Frenkel, M; Bender, D. (Hrsg.): GATT und neue Welthandelsordnung, Wiesbaden, Gabler, 201-226.

Frenkel, M.; Trauth, T. (1996b): R&D Subsidies and International Transmission in an Endogenous Growth Model, presented at the 1996 Midwest Macroeconomics Meetings, September 13-15, 1996, Columbus, Ohio.

Frenkel, M.; Trauth, T. (1996c): Time Preference, Productivity, and the Growth Effects of Integration, Georgetown University, Department of Economics, Working Paper #96-01.

Frenkel, M.; Trauth, T. (1996d): The Effects of Subsidies in a Research-Driven Endogenous Growth Model, Georgetown University, Department of Economics, Working Paper #96-06.

Greenaway, D.; Winters, L.A., Hrsg. (1994): Surveys in International Trade, Oxford, Blackwell.

Gries, T.; Wigger, B.; Hentschel, C. (1994): Endogenous Growth and R&D Models, in: Jahrbücher für Nationalökonomie und Statistik 213, 64-84.

Griliches, Z. (1994): Productivity, R&D, and the Data Constraint, in: American Economic Review 84, 1-23.

Griliches, Z. (1995): R&D and Productivity: Econometric Results and Measurement Issues, in: Stoneman, P. (Hrsg.): Handbook of the Economics of Innovation and Technological Change, Oxford, Blackwell, 52-89.

Grossman, G.M.; Helpman, E. (1990): Comparative Advantage and Long-Run Growth, in: American Economic Review 80, 796-815.

Grossman, G.M.; Helpman, E. (1991): Innovation and Growth in the Global Economy, Cambridge, MA, MIT Press.

Grossman, G.M.; Helpman, E. (1995): Technology and Trade, in: Grossman, G.M.; Rogoff, K. (Hrsg.): Handbook of International Economics, Vol. III, Amsterdam, Elsevier Science Publisher, 1279-1337.

Hammond, P.J.; Rodriguez-Clare, A. (1993): On Endogenizing Long-Run Growth, in: Anderson, T.M.; Moene, L.O. (Hrsg.): Endogenous Growth, Oxford, Blackwell, 1-36.

Harrison, A. (1995): Openness and Growth: A Time-Series, Cross-Country Analysis for Developing Countries, National Bureau of Economic Research, Cambridge, MA, Working Paper No. 5221.

Helpman, E. (1992): Endogenous Macroeconomic Growth Theory, in: European Economic Review 36, 237-267.

Helpman, E. (1993): Innovation, Imitation, and Intellectual Property Rights, in: Econometrica 61, 1247-1280.

Henrekson, M.; Torstensson, J.; Torstensson R. (1996): Growth Effects of European Integration, Centre for Economic Policy Research, London, Discussion Paper No. 1465.

Homburg, S. (1995): Humankapital und endogenes Wachstum, in: Zeitschrift für Wirtschafts- und Sozialwissenschaften 115, 339-366.

Internationaler Währungsfonds (1994a): International Trade Policies, The Uruguay Round and Beyond, Volume I, Principal Issues, Washington, D.C., IMF Publication Services.

Internationaler Währungsfonds (1994b): International Trade Policies, The Uruguay Round and Beyond, Volume II, Background Papers, Washington, D.C., IMF Publication Services.

Jones, C.I. (1995a): R&D-Based Models of Economic Growth, in: Journal of Political Economy 103, 759-784.

Jones, C.I. (1995b): Time Series Tests of Endogenous Growth Models, in: Quarterly Journal of Economics 110, 495-525.

Judd, K.L. (1985): On the Performance of Patents, in: Econometrica 53, 567-585.

Kaldor, N. (1961): Capital Accumulation and Economic Growth, in: Lutz, F.A.; Hague, D.C. (Hrsg.): The Theory of Capital, New York, St. Martin's Press, 177-222.

King, R.G.; Levine, R. (1993a): Finance and Growth: Schumpeter Might Be Right, in: Quarterly Journal of Economics 108, 717-737.

King, R.G.; Levine, R. (1993b): Finance, Entrepreneurship, and Growth: Theory and Evidence, in: Journal of Monetary Economics 32, 513-542.

Kormendi, R.C.; Meguire, P.C. (1985): Macroeconomic Determinants of Growth: Cross Country Evidence, in: Journal of Monetary Economics 16, 141-163.

Lucas, R.E. (1988): On the Mechanics of Economic Development, in: Journal of Monetary Economics 22, 3-42.

Lundborg, P.; Segerstrom, P.S. (1995): International Migration and Economic Growth: A Theoretical Analysis, Michigan State University, Working Paper.

Maddison, A. (1995): Monitoring the World Economy 1820-1992, Paris, OECD.

Mankiw, N.G. (1995): The Growth of Nations, in: Brainard, W.C.; Perry, G.L. (Hrsg.): Brookings Papers on Economic Activity, No. 1, 1995, Washington, D.C., Brookings Institution, 275-326.

Mankiw, N.G.; Romer, D.; Weil, D.N. (1992): A Contribution to the Empirics of Economic Growth, in: Quarterly Journal of Economics 107, 407-437.

OECD (1996): OECD Economic Outlook, June 1996, Paris, Organisation for Economic Co-Operation and Development.

Pack, H. (1994): Endogenous Growth Theory: Intellectual Appeal and Empirical Shortcomings, in: Journal of Economic Perspectives 8, 55-72.

Ramsey, F. (1928): A Mathematical Theory of Saving, in: Economic Journal 38, 543-559.

Rivera-Batiz, F.L. (1994): The Effects of Immigration on Economic Growth, Columbia University, New York, Working Paper.

Rivera-Batiz, L.A.; Romer, P.M. (1991a): Economic Integration and Endogenous Growth, in: Quarterly Journal of Economics 106, 531-555.

Rivera-Batiz, L.A.; Romer, P.M. (1991b): International Trade with Endogenous Technological Change, in: European Economic Review 35, 971-1001.

Rivera-Batiz, L.A.; Xie, D. (1993): Integration Among Unequals, in: Regional Science and Urban Economics 23, 337-354.

Romer, D. (1996): Advanced Macroeconomics, New York, McGraw-Hill.

Romer, P.M. (1986): Increasing Returns and Long-Run Growth, in: Journal of Political Economy 94, 1002-1073.

Romer, P.M. (1987): Growth Based on Increasing Returns Due to Specialization, in: American Economic Review, Papers and Proceedings 77, 56-62.

Romer, P.M. (1990a): Are Nonconvexities Important for Understanding Growth?, in: American Economic Review, Papers and Proceedings 80, 97-103.

Romer, P.M. (1990b): Endogenous Technological Change, in: Journal of Political Economy 98, 71-102.

Rose, K. (1987): Grundlagen der Wachstumstheorie, 5. Aufl., Göttingen, Vandenhoeck & Ruprecht.

Rose, K.; Sauernheimer, K. (1995): Theorie der Außenwirtschaft, 12. Aufl., München, Vahlen.

Saarenheimo, T. (1993): Trade, Human Capital Accumulation, and Growth in an Underdeveloped Economy, in: Anderson, T.M.; Moene, L.O. (Hrsg.): Endogenous Growth, Oxford, Blackwell, 145-168.

Sachs, J.D.; Warner, A. (1995): Economic Reform and the Process of Global Integration, in: Brainard, W.C.; Perry, G.L. (Hrsg.): Brookings Papers on Economic Activity, No. 1, 1995, Washington, D.C., Brookings Institution, 1-118.

Schmookler, J. (1966): Invention and Economic Growth, Cambridge, MA, Harvard University Press.

Schneider, J.; Ziesemer, T. (1995): What's New and What's Old in New Growth Theory: Endogenous Technology, Microfoundation, and Growth Rate Predictions, in: Zeitschrift für Wirtschafts- und Sozialwissenschaften 115, 429-472.

Schumpeter, J.A. (1934): The Theory of Economic Development, Cambridge, MA, Harvard University Press.

Schumpeter, J.A. (1942): Capitalism, Socialism and Democracy, New York, Harper.

Shell, K. (1967): A Model of Inventive Activity and Capital Accumulation, in: Shell, K. (Hrsg.): Essays on the Theory of Optimal Economic Growth, Cambridge, MA, MIT Press, 67-85.

Sheshinski, E. (1967): Optimal Accumulation with Learning by Doing, in: Shell, K. (Hrsg.): Essays on the Theory of Optimal Economic Growth, Cambridge, MA, MIT Press, 31-52.

Sjöholm, F. (1996): International Transfer of Knowledge: The Role of International Trade and Geographic Proximity, in: Weltwirtschaftliches Archiv 132, 97-115.

Solow, R.M. (1956): A Contribution to the Theory of Economic Growth, in: Quarterly Journal of Economics 70, 65-94.

Summers, R.; Heston, A. (1991): The Penn World Table (Mark 5): An Expanded Set of International Comparisons, 1950-1988, in: Quarterly Journal of Economics 106, 327-368.

Swan, T.W. (1956): Economic Growth and Capital Accumulation, in: Economic Record 32, 334-361.

Syrquin, M.; Chenery, H. (1989): Three Decades of Industrialization, in: World Bank Economic Review 3, 145-181.

Tang, P.J.G.; Wälde, K. (1996): International Competition, Growth, and Welfare, Sonderforschungsbereich 178, Universität Konstanz, Diskussionsbeiträge, Serie II, Nr. 316, Oktober 1996.

Uzawa, H. (1965): Optimal Technical Change in an Aggregative Model of Economic Growth, in: International Economic Review 6, 18-31.

Varian, H.R. (1992): Microeconomic Analysis, 3. Aufl., New York, Norton.

Verspagen, B. (1992): Endogenous Innovation in Neo-Classical Growth Models: A Survey, in: Journal of Macroeconomics 14, 631-662.

Wälde, K. (1994): On an Additional Condition for Factor-price Equalisation in Intertemporal Heckscher-Ohlin Models, in: Economics Letters 44, 411-414.

World Economic Forum; IMD (1995): The World Competitiveness Report, Genf, Lausanne.

Young, A. (1993): Substitution and Complementarity in Endogenous Innovation, in: Quarterly Journal of Economics 108, 775 - 807.

Wirtschaftswissenschaftliche Beiträge

Band 118: J. Windsperger, Transaktionskostenansatz der Entstehung der Unternehmensorganisation, 1996, ISBN 3-7908-0891-1

Band 119: M. Carlberg, Deutsche Vereinigung, Kapitalbildung und Beschäftigung, 1996, ISBN 3-7908-0896-2

Band 120: U. Rolf, Fiskalpolitik in der Europäischen Währungsunion, 1996, ISBN 3-7908-0898-9

Band 121: M. Pfaffermayr, Direktinvestitionen im Ausland, 1996, ISBN 3-7908-0908-X

Band 122: A. Lindner, Ausbildungsinvestitionen in einfachen gesamtwirtschaftlichen Modellen, 1996, ISBN 3-7908-0912-8

Band 123: H. Behrendt, Wirkungsanalyse von Technologie- und Gründerzentren in Westdeutschland, 1996, ISBN 3-7908-0918-7

Band 124: R. Neck (Hrsg.) Wirtschaftswissenschaftliche Forschung für die neunziger Jahre, 1996, ISBN 3-7908-0919-5

Band 125: G. Bol, G. Nakhaeizadeh/ K.-H. Vollmer (Hrsg.) Finanzmarktanalyse und -prognose mit innovativen quantitativen Verfahren, 1996, ISBN 3-7908-0925-X

Band 126: R. Eisenberger, Ein Kapitalmarktmodell unter Ambiguität, 1996, ISBN 3-7908-0937-3

Band 127: M. J. Theurillat, Der Schweizer Aktienmarkt, 1996, ISBN 3-7908-0941-1

Band 128: T. Lauer, Die Dynamik von Konsumgütermärkten, 1996, ISBN 3-7908-0948-9

Band 129: M. Wendel, Spieler oder Spekulanten, 1996, ISBN 3-7908-0950-0

Band 130: R. Olliges, Abbildung von Diffusionsprozessen, 1996, ISBN 3-7908-0954-3

Band 131: B. Wilmes, Deutschland und Japan im globalen Wettbewerb, 1996, ISBN 3-7908-0961-6

Band 132: A. Sell, Finanzwirtschaftliche Aspekte der Inflation, 1997, ISBN 3-7908-0973-X

Band 133: M. Streich, Internationale Werbeplanung, 1997, ISBN-3-7908-0980-2

Band 134: K. Edel, K.-A. Schäffer, W. Stier (Hrsg.) Analyse saisonaler Zeitreihen, 1997, ISBN 3-7908-0981-0

Band 135: B. Heer, Umwelt, Bevölkerungsdruck und Wirtschaftswachstum in den Entwicklungsländern, 1997, ISBN 3-7908-0987-X

Band 136: Th. Christiaans, Learning by Doing in offenen Volkswirtschaften, 1997, ISBN 3-7908-0990-X

Band 137: A. Wagener, Internationaler Steuerwettbewerb mit Kapitalsteuern, 1997, ISBN 3-7908-0993-4

Band 138: P. Zweifel et al., Elektrizitätstarife und Stromverbrauch im Haushalt, 1997, ISBN 3-7908-0994-2

Band 139: M. Wildi, Schätzung, Diagnose und Prognose nicht-linearer SETAR-Modelle, 1997, ISBN 3-7908-1006-1

Band 140: M. Braun, Bid-Ask-Spreads von Aktienoptionen, 1997, ISBN 3-7908-1008-8

Band 141: M. Snelting, Übergangsgerechtigkeit beim Abbau von Steuervergünstigungen und Subventionen, 1997, ISBN 3-7908-1013-4

Band 142: Ph. C. Rother, Geldnachfragetheoretische Implikationen der Europäischen Währungsunion, 1997, ISBN 3-7908-1014-2

Band 143: E. Steurer, Ökonometrische Methoden und maschinelle Lernverfahren zur Wechselkursprognose, 1997, ISBN 3-7908-1016-9

Band 144: A. Groebel, Strukturelle Entwicklungsmuster in Markt- und Planwirtschaften, 1997, ISBN 3-7908-1017-7

GPSR Compliance

The European Union's (EU) General Product Safety Regulation (GPSR) is a set of rules that requires consumer products to be safe and our obligations to ensure this.

If you have any concerns about our products, you can contact us on ProductSafety@springernature.com

In case Publisher is established outside the EU, the EU authorized representative is:

Springer Nature Customer Service Center GmbH
Europaplatz 3
69115 Heidelberg, Germany

Batch number: 10815974

Printed by Printforce, the Netherlands

TECHNIK, WIRTSCHAFT und POLITIK 37

Schriftenreihe des Fraunhofer-Instituts
für Systemtechnik und Innovationsforschung (ISI)